LINCOLN

Doris Kearns Goodwin

Lincoln

Tradução de
Waldéa Barcellos

20ª edição

EDITORA RECORD
RIO DE JANEIRO • SÃO PAULO
2025

CIP-BRASIL. CATALOGAÇÃO NA FONTE
SINDICATO NACIONAL DOS EDITORES DE LIVROS, RJ

Goodwin, Doris Kearns.
G655L Lincoln / Doris Kearns Goodwin; tradução de Waldéa Barcellos. – 20ª ed. –
20ª ed. Rio de Janeiro: Record, 2025.

Tradução de: Team of rivals
ISBN 978-85-01-40135-9

1. Lincoln, Abraham, 1809-1865. 2. Lincoln, Abraham, 1809-1865 – Visão política e social. 3. Presidentes – Estados Unidos – Biografia 4. Estados Unidos – Política e governo. I. Título.

CDD: 923.173
12-9060 CDU: 929:32(73)

Título original em inglês:
TEAM OF RIVALS

Texto revisado segundo o Acordo Ortográfico da Língua Portuguesa de 1990.

Direitos exclusivos de publicação em língua portuguesa para o Brasil
adquiridos pela
EDITORA RECORD LTDA.
Rua Argentina, 171 – 20921-380 – Rio de Janeiro, RJ – Tel.: (21) 2585-2000
que se reserva a propriedade literária desta tradução

Impresso no Brasil

ISBN 978-85-01-40135-9

Introdução

Em 1876, o orador Frederick Douglass proferiu o discurso de inauguração de um monumento em Washington, D.C., erguido por negros americanos em homenagem a Abraham Lincoln. O ex-escravo disse ao público que não havia "nesta ocasião, necessidade de falar longamente e de forma crítica a respeito desse grande e bom homem e de sua elevada missão no mundo. Isso já foi feito à exaustão. (...) Todo o campo de fatos e fantasias já foi colhido, recolhido e armazenado. Qualquer um pode dizer coisas verdadeiras sobre Abraham Lincoln, mas ninguém pode dizer nada de novo a respeito dele".

Discursando apenas 11 anos após a morte de Lincoln, Douglass não dispunha de distanciamento suficiente para aquilatar o fascínio que esse líder simples, porém complexo, sagaz, porém transparente, terno, porém inquebrantável, exerceria ao longo de gerações de americanos. Nos quase duzentos anos desde seu nascimento, incontáveis historiadores e escritores descobriram novos documentos, apresentaram novas abordagens e desenvolveram uma compreensão cada vez mais profunda do 16º presidente dos Estados Unidos.

Em meu esforço de lançar luz sobre o caráter e a carreira de Abraham Lincoln, fiz uma associação do relato de sua vida com a história dos homens extraordinários que foram seus rivais na indicação para a candidatura à presidência pelo Partido Republicano em 1860: o senador de Nova York, William H. Seward, o governador de Ohio, Salmon P. Chase, e o sábio e ilustre estadista do Missouri, Edward Bates. Quando Lincoln saiu vitorioso, cada um de seus célebres rivais acreditou que o homem errado tinha sido escolhido.

Lincoln parecia ter surgido do nada — um advogado interiorano que passara pela Câmara de Representantes, num mandato medíocre, e perdera duas eleições consecutivas para o Senado americano. Os contemporâneos atribuíram sua surpreendente indicação à sorte, à sua posição moderada quanto à escravidão e ao fato de ele ser oriundo do Estado de Illinois, indefinido quanto a apoiar os republicanos ou os democratas. No entanto, como veremos, a vitória de Lincoln, em particular quando comparada com os esforços de seus rivais, deveu-se em grande parte a uma acuidade política notável e imprevista, bem como a uma força emocional moldada no cadinho da adversidade e do infortúnio.

Que Lincoln, depois de eleito presidente, tenha tomado a decisão sem precedentes de incorporar seus ilustres rivais à sua família política — o Gabinete — constituiu uma prova de autoconfiança fora do comum e uma indicação do que se revelaria aos outros uma grandeza totalmente inesperada. Seward foi nomeado secretário de Estado, Chase, secretário do Tesouro, e Bates, secretário da Justiça. Lincoln nomeou três ex-democratas para os demais postos de primeiro escalão: Gideon Welles foi o secretário da Marinha, Montgomery Blair foi nomeado secretário dos Correios, e Edwin M. Stanton veio a se tornar secretário da Guerra. Todos os membros da Administração de Lincoln eram mais conhecidos, tinham mais instrução e eram mais experientes na vida pública do que ele. A presença deles no Gabinete poderia ter ameaçado suplantar o obscuro advogado interiorano de Springfield.

No entanto, logo ficou claro que Abraham Lincoln emergiria como o capitão inconteste desse Gabinete extremamente inusitado, uma verdadeira equipe de rivais. Os poderosos concorrentes, que haviam no início desdenhado Lincoln por sua ingenuidade e ignorância, tornaram-se colaboradores, que o ajudaram a conduzir o país durante os tempos mais difíceis por que passou.

O crescimento do gênio político de Lincoln é revelado na impressionante abundância de documentos deixados por esses concorrentes transformados em colaboradores. Seus diários, declarações a terceiros e cartas trocadas com familiares, amigos e contemporâneos fornecem incontáveis episódios e lembranças que se fundem num quadro mais humano e cheio de nuances. Vemos Lincoln relaxando tarde da noite na casa de Seward, as longas pernas esticadas diante de uma lareira chamejante. Ouvimos seu humor curioso e contagiante, no impacto da conclusão de suas histórias prediletas, e presenciamos discussões tumultuadas do Gabinete a respeito da emancipação e restauração da União. Existem relatos emocionantes das inúmeras visitas de Lincoln ao front, em que sua presença generosa e sua compreensão impregnada de empatia pela situação dos soldados levantaram o moral deles assim como o seu. Podemos sentir a tensão debilitante na sala dos telégrafos, quando ele aperta a mão de Stanton à espera de boletins do campo de batalha. Reunidas, essas percepções e perspectivas permitem-nos um vislumbre íntimo de uma figura monumental.

O emprego dessa abordagem coletiva e comparativa deu também vida às mulheres diferentes e extraordinárias que ajudaram a moldar os acontecimentos daquela época crucial. As mulheres e filhas desses homens influenciaram profundamente suas decisões, tanto políticas quanto particulares. Muitas, como Mary Lincoln, demonstraram uma inteligência singular e impressionante, além de uma ambição poderosa. A ardorosa idealista Frances Seward atuou como a consciência social de seu marido. A bela Kate Chase transformou a busca do pai pela presidência na paixão determinante de sua vida, ao passo que a dedicada Julia Bates criou um lar acolhedor, que fez com que o marido se desinteressasse aos poucos de ambições públicas. Os diários e as cartas dessas mulheres fornecem uma nova oportunidade de apreciar os mundos público e particular de Washington.

No decorrer dos dez anos que levei para escrever este livro, muitas vezes me perguntaram o que mais me surpreendeu sobre Lincoln. Apesar de seu indubitável temperamento melancólico, durante os períodos mais desalentadores da guerra ele jamais deixou de encorajar seus colaboradores e sua nação com sua generosidade, seu dom para contar casos e seu humor que sempre reafirmava a vida. Quando ressentimentos e dissensões ameaçavam destruir sua Administração, ele não se deixava provocar por queixas insignificantes, não se entregava à inveja nem ficava remoendo desfeitas que tivesse percebido. Lincoln possuía qualidades raras que lhe possibilitavam fazer amizade com homens que outrora haviam sido seus oponentes; remediar sentimentos feridos que, negligenciados, poderiam ter se transformado em hostilidade permanente; assumir a responsabilidade pelos fracassos de seus subordinados; compartilhar, sem esforço, o crédito por sucessos; e aprender com os próprios erros. Ao longo das pressões aterradoras que enfrentava dia após dia, ele jamais perdeu a fé em si mesmo ou na causa de seu país. Enquanto outros eventualmente se rendiam ao desespero, sua inquebrantável determinação de salvar a União jamais esmoreceu.

Há mais de trinta anos trabalhando como historiadora, escrevi sobre líderes que conhecia, como Lyndon Johnson, e entrevistei dezenas de amigos próximos da família Kennedy, bem como muitas pessoas que conheceram Franklin Roosevelt, líder talvez tão indispensável, à sua própria maneira, para a direção política e social do país quanto o foi Lincoln. Após conviver com o assunto de Abraham Lincoln por uma década, ler o que ele mesmo escreveu e o que centenas de outras pessoas escreveram a respeito dele, e depois de acompanhar a trajetória de sua ambição e as reações dos que se esforçaram por aceitar seu crescimento sem igual, e de observar como lidou com as terríveis privações de sua infância, com a morte dos filhos e com o horror em que a nação inteira foi mergulhada, acredito que, passados quase dois séculos, Abraham Lincoln conserva o poder de emocionar.

Capítulo 1

No dia 18 de maio de 1860, dia em que o Partido Republicano faria a indicação de seu candidato a presidente, Abraham Lincoln acordou cedo. Enquanto subia a escada para seu modesto escritório de advocacia, no lado oeste da praça pública de Springfield, Illinois, o café da manhã era servido no hotel Chenery House, de 130 quartos, na Fourth Street. Manteiga fresca, farinha de trigo, banha e ovos eram postos à venda no armazém da cidade na North Sixth Street. E no jornal matutino os proprietários da Smith, Wickersham & Company anunciavam a chegada de um grande estoque de primavera, que incluía seda, morim, riscado e linho, junto com um novo suprimento da última moda em roupas de baixo, meias e luvas.

Os republicanos haviam decidido reunir-se em Chicago. Um novo centro de convenções apelidado de "Wigwam"* fora construído para a ocasião. O primeiro escrutínio não ocorreria antes das 10 horas da manhã, e Lincoln, apesar de paciente por natureza, estava visivelmente "nervoso, irrequieto e num estado de agitação intensa".

*Construção circular, semelhante a uma oca, de varas flexíveis cobertas com palha tecida ou peles, típica dos aborígines da região dos Grandes Lagos. [*N. da T.*]

Com uma chance remota de conseguir a indicação pelo Partido Republicano para a candidatura ao mais elevado posto do país, ele não conseguia se concentrar no trabalho. Mesmo em circunstâncias normais, muitos teriam achado difícil o esforço de concentração, naquele escritório bagunçado que Lincoln dividia com William Herndon, seu sócio mais jovem. Duas mesas de trabalho com pilhas de papéis e correspondência formavam um T no centro da sala. Mais documentos e cartas transbordavam das gavetas e dos escaninhos de uma escrivaninha antiquada, que ficava no canto. Quando precisava de uma correspondência em particular, Lincoln tinha de vasculhar pilhas desordenadas de papéis, inspecionando, como último recurso, o interior do forro de seu velho chapéu, onde tinha o hábito de colocar provisoriamente cartas ou bilhetes.

Ao descer em desassossego para a rua, Lincoln passou pelo prédio da Assembleia Legislativa Estadual, um pouco recuado da calçada, e pelo campo aberto onde jogava handebol com os amigos, e subiu por um pequeno lance de escadas que levava ao escritório do *Illinois State Journal*, o jornal republicano local. A sala dos editores no segundo piso, com uma grande estufa a lenha no centro, era um lugar de reunião para troca de notícias e fofocas.

Ele seguiu então para a agência dos telégrafos na parte norte da praça, para ver se haviam chegado novos comunicados. Quando soube da volta inesperada, na noite anterior, de seu amigo de longa data, James Conkling, que comparecera à convenção, Lincoln foi ao escritório dele, acima da joalheria Chatterton. Ao ser informado de que Conkling só estaria ali dentro de uma hora, ele voltou para seu próprio escritório, pretendendo retornar assim que o amigo chegasse.

A basta cabeleira negra de Lincoln, seu rosto escuro sulcado e os olhos fundos faziam com que parecesse ter mais do que os seus 51 anos. Ele era uma figura conhecida de quase todos em Springfield, assim como era conhecida sua singular maneira de andar, que dava a impressão de que sua constituição longa e macilenta precisava ser azeitada. Ele tinha o andar pesado e desajeitado, mãos pendentes ao lado do corpo ou cruzadas nas costas. Seus passos não tinham elasticidade, relembrou seu sócio William Herndon. Ele levantava o pé inteiro de uma vez, sem se apoiar nos dedos dos pés; e quando pisava, era com o pé inteiro novamente, e não com os calcanhares. "Suas pernas", reparou outro observador, "pareciam se arrastar dos joelhos para baixo, como as pernas de um trabalhador voltando para casa depois de um dia pesado de labuta."

Seus traços, até mesmo seus seguidores admitiam, não eram "os de um homem bonito". Quando em repouso, seu rosto ficava "de tal modo tomado de tristeza", observou o jornalista Horace White, que parecia que o "melancólico Jacques de Shakespeare tinha sido trasladado da floresta de Arden para a capital de Illinois". Contudo, quando Lincoln começava a falar, segundo White, "aquela expressão de pesar sumia de forma instantânea. Seu rosto se iluminava com um sorriso cativante, e onde pouco antes eu tinha visto uma tristeza opressiva, agora percebia uma inteligência aguda, um coração de genuína bondade e a promessa de amizade verdadeira".

Lincoln residia em Springfield havia quase um quarto de século. Tinha chegado à jovem cidade para trabalhar como advogado aos 28 anos de idade, entrando ali, conforme recorda seu grande amigo Joshua Speed, "montado num cavalo emprestado e sem nenhum pertence além de um par de alforjes com poucas roupas".

Ali, em Springfield, na mansão Edwards no alto da colina, Lincoln cortejou e desposou "a bela da cidade", a jovem Mary Todd, que viera morar com sua irmã Elizabeth, casada com Ninian Edwards, o próspero filho do ex-governador de Illinois. Criada numa proeminente família de Lexington, Kentucky, Mary recebera uma educação muito superior à da maioria das moças de sua idade. Estudara línguas e literatura durante quatro anos num seleto colégio interno, e então passara mais dois anos no que era considerado ensino superior.

Conta-se que Lincoln conheceu Mary numa festa animada. Cativado pela vivacidade da jovem, por sua expressão inteligente, seus olhos de um azul límpido e seu sorriso que formava covinhas, Lincoln lhe disse: "Estou doido para dançar com você." Mais tarde naquela noite, Mary disse entre risos a seu primo: "E ele dançou feito doido, mesmo." Todos os filhos de Lincoln nasceram em Springfield, e um foi enterrado lá. Naquela primavera de 1860, Mary tinha 42 anos, Robert, 17, William, 9 e Thomas, 7. Edward, o segundo filho, morreu quando tinha 3 anos de idade.

Durante os anos que viveu em Springfield, Lincoln formara um círculo de amigos de uma lealdade excepcional. Esses amigos trabalharam com ele no legislativo estadual, ajudaram-no em suas campanhas para o Congresso e o Senado, e agora, nesse exato momento, orientavam os esforços dele na convenção de Chicago. Garantiram-lhe estar "movendo céus e terras" na tentativa de assegurar sua indicação. Entre esses companheiros de lealdade inabalável estavam David Davis, juiz do Tribunal Itinerante da Oitava Comarca, cujo corpo de mais de 130 quilos combinava com "um grande cérebro e um grande coração"; Norman Judd, advogado das ferrovias e presidente do comitê central republicano do Estado de Illinois; Leonard Swett, advogado vindo de Bloomington, que acreditava conhecer Lincoln "tão profundamente como jamais conhecera outro homem na vida"; e Stephen Logan, advogado sócio de Lincoln por três anos no início da década de 1840.

Muitas dessas amizades haviam sido construídas durante a experiência compartilhada da "itinerância", as oito semanas de cada primavera e outono em que Lincoln e seus companheiros advogados viajavam juntos por todo o Estado. Eles dividiam quartos e, algumas vezes, camas em hospedarias e tavernas de vilarejos empoeirados, onde passavam longas noites reunidos em volta de uma lareira acesa. A vida financeira de quem abraçava a advocacia no Illinois escassamente povoado era tal que os advogados precisavam percorrer o Estado, acompanhando o juiz itinerante, trabalhando em milhares de pequenos casos para sobreviver. A chegada dos advogados viajantes proporcionava vida e vitalidade às sedes dos condados, recordou-se o companheiro dessas viagens Henry Whitney. Habitantes dos vilarejos reuniam-se na escada do tribunal. Quando terminavam as sessões, todos seguiam para a taverna local e lá ficavam do anoitecer até o sol raiar, bebendo e contando casos, em grande animação.

Nesses ambientes sociáveis, Lincoln era invariavelmente o centro das atenções. Ninguém chegava a seus pés, quando se tratava de seu manancial de histórias; tampouco no que dizia respeito à hilaridade contagiante com a qual ele as contava. À medida que seus relatos rocambolescos se tornavam mais famosos, multidões de moradores de lugarejos esperavam por sua chegada a cada parada, para ter a chance de ouvir um mestre da arte de contar histórias. Em todos os lugares aonde ia, Lincoln conquistava seguidores dedicados, amizades que mais tarde incentivaram sua busca por um mandato. A vida política naqueles anos, segundo observou o historiador Robert Wiebe, "resumia-se a aglomerados de homens ligados pela confiança mútua". E nenhum círculo político tinha uma ligação de maior lealdade que o grupo de compatriotas que trabalhava para Lincoln em Chicago.

As perspectivas para sua candidatura tinham decolado em 1858, depois de sua brilhante campanha contra o temível líder democrata Stephen Douglas, numa corrida dramática pelo Senado em Illinois, que atraiu a atenção de todo o país. Embora Douglas tivesse vencido por uma pequena margem, Lincoln conseguiu unir os elementos díspares do incipiente Partido Republicano de seu Estado — aquela estranha amálgama de ex-*Whigs**, democratas antiescravagistas,

*O Partido *Whig* foi formado no século XIX para se opor ao Partido Democrata, defendendo a primazia do Legislativo em relação ao Executivo, bem como políticas de modernização da economia. [*N. da T.*]

nativistas, estrangeiros, radicais e conservadores. Em meados da década de 1850, o Partido Republicano tinha se organizado, Estado após Estado no norte, com o propósito comum de impedir que a escravidão se difundisse por seus territórios. "A partir de elementos estranhos, discordantes e até hostis", afirmou Lincoln, cheio de orgulho, "que reunimos de todos os cantos, nós iniciamos e travamos a batalha até o fim." A história da ascensão de Lincoln ao poder estava intimamente ligada à força crescente da causa antiescravagista. O sentimento público sobre a questão da escravidão tinha se tornado tão inflamável que os sete debates entre Lincoln e Douglas foram publicados em jornais de todo o país, revelando que o advogado provinciano de Springfield era um adversário mais do que à altura para enfrentar o mais provável indicado pelo Partido Democrata à presidência.

À medida que crescia o renome de Lincoln, multiplicavam-se os convites para ele discursar. No ano anterior à convenção, ele se apresentou para dezenas de milhares de pessoas em Ohio, Iowa, Indiana, Wisconsin, Kentucky, Nova York e na Nova Inglaterra. Ele alcançou o auge de seu sucesso na Cooper Union, em Nova York, onde, na noite de 27 de fevereiro de 1860, perante uma multidão arrebatada de mais de 1.500 pessoas, Lincoln apresentou o que o *New York Tribune* chamou de "uma das mais felizes e convincentes argumentações políticas jamais proferidas nesta cidade" em defesa dos princípios republicanos e da necessidade de restringir a escravatura aos lugares onde ela já existia.

O sucesso de Lincoln no leste estimulou seus seguidores em seu Estado. No dia 10 de maio, a entusiástica convenção estadual dos republicanos em Decatur indicou o nome de Lincoln para a presidência, rotulando-o como "o Candidato Lenhador para Presidente", depois que duas travessas para cercas, que ele supostamente teria partido em sua juventude, foram trazidas com cerimônia para dentro do centro de convenções. Na semana seguinte, o poderoso

Chicago Press & Tribune deu seu apoio formal a Lincoln, argumentando que sua política moderada representava o pensamento da maioria das pessoas e que ele entraria na disputa "sem nenhum empecilho, nenhum embaraço", um "homem honesto" que representava todos os "fundamentos do republicanismo", com "o devido respeito pelos direitos do sul".

Ainda assim, Lincoln compreendia perfeitamente que era "novo nesse campo", que, fora de Illinois, ele não era "a primeira escolha da grande maioria". A única experiência política que possuía em nível nacional consistia em duas candidaturas malogradas para o Senado e em um único mandato no Congresso, que tinha terminado quase doze anos antes. Os três outros concorrentes à indicação, em comparação, eram nomes familiares nos círculos republicanos. William Henry Seward tinha sido um célebre senador de Nova York por mais de uma década e governador de seu Estado por dois mandatos, antes de ir para Washington. Salmon P. Chase, de Ohio, também tinha sido senador e governador, além de ter desempenhado um papel crucial na formação do Partido Republicano nacional. Edward Bates era um velho estadista amplamente respeitado, tendo sido um dos delegados na convenção que elaborou a Constituição do Missouri e um ex-congressista que ainda era muito consultado para emitir opiniões sobre assuntos nacionais.

Ao reconhecer que Seward liderava no início, seguido de Chase e Bates, Lincoln adotou a estratégia de não ofender nenhum deles. Ele queria deixar os delegados "dispostos a vir até nós, caso se sintam compelidos a abandonar sua primeira escolha". Isso ficou bem claro para a equipe de Lincoln em Chicago e para todos os delegados que o Juiz Davis tinha convocado para se juntarem à luta. "Estamos trabalhando para torná-lo a segunda opção de todas as delegações que pudermos, nos lugares em que não conseguirmos fazer de você a primeira opção", disse a Lincoln o delegado do Condado de Scott, Nathan Knapp, assim que chegou a Chicago. "Mantenha-se calmo", aconselhou Knapp, "não se surpreenda com resultado nenhum — mas eu lhe digo que suas chances não são as piores... prepare-se para qualquer resultado". À recomendação de Knapp seguiu-se outra do próprio Davis no segundo dia da convenção. "Estou muito esperançoso", disse a Lincoln em tom de advertência, mas "não fique entusiasmado".

Os avisos eram desnecessários — acima de tudo, Lincoln era um realista, que compreendia perfeitamente que enfrentava uma luta duríssima contra seus rivais muito mais conhecidos. Ansioso por ter um quadro mais nítido da situação, ele voltou ao escritório de Conkling, na esperança de seu velho amigo ter retornado. Dessa vez, não se decepcionou. Segundo a história contada tempos depois por Conkling, Lincoln refestelou-se num canapé que ficava perto da janela da frente, "a cabeça sobre uma almofada e os pés sobrando, na outra extremidade", enquanto Conkling relatava tudo o que vira e ouvira nos dois dias anteriores, antes de deixar o Wigwam. Ele contou a Lincoln que Seward enfrentava problemas, que tinha inimigos não apenas em outros Estados, mas também em casa, em Nova York. Caso Seward não saísse vitorioso no primeiro escrutínio, previu Conkling, Lincoln seria o indicado.

Lincoln retrucou que considerava "difícil que isso fosse possível e que, no caso de o sr. Seward não ser indicado no primeiro escrutínio, sua opinião era que a indicação iria para o sr. Chase, de Ohio, ou o sr. Bates, do Missouri". Conkling discordou, citando motivos pelos quais cada um desses dois candidatos teria dificuldade para conseguir a indicação. Ao avaliar a situação com sua lucidez característica, Lincoln não pôde deixar de perceber alguma verdade no que seu amigo dizia; contudo, depois de ter experimentado tantas decepções, ele não via bem nenhum em dar rédeas a suas esperanças. "Bem, Conkling", disse lentamente, erguendo toda a sua altura do canapé, "acho que voltarei ao meu escritório para me dedicar à advocacia".

Enquanto Lincoln lutava para manter as esperanças diante da probabilidade de fracasso, William Henry Seward estava em seu melhor humor. Tinha deixado Washington três dias antes para voltar à cidade de sua residência, Auburn, Nova York, situada na região de Finger Lakes, no Estado mais populoso da União, com o objetivo de compartilhar com a família e os amigos a esperada indicação por parte do Partido Republicano.

Com quase 60 anos, a aparência e a vitalidade de um homem com a metade de sua idade, Seward levantou-se como de costume às seis da manhã, quando os primeiros raios oblíquos de sol entraram pela janela do seu quarto da casa de campo de vinte cômodos. Levantar cedo permitia que tivesse tempo de fazer sua caminhada matinal pelo jardim que tanto amava, antes do toque do sino anunciando o café da manhã. Situada em pouco mais de dois hectares de terra, a mansão de Seward era cercada de gramados impecáveis, jardins elaborados e trilhas para caminhadas que serpeavam à sombra de olmos, sorveiras, coníferas e árvores frutíferas.

Quando Seward "vinha se sentar à mesa", recordou-se o filho, Frederick, "ele anunciava que os jacintos estavam em flor, que os azulões tinham chegado, ou qualquer outra novidade que a manhã tivesse lhe trazido". Terminado o café da manhã, ele se retirava para o escritório, cujas paredes eram cobertas de estantes com livros, para desfrutar de preciosas horas de trabalho ininterrupto, antes que as portas se abrissem para o mundo externo. A cadeira em que se sentava era a mesma que ele usara na Mansão do governador, em Albany, projetada especialmente para ele, de forma que tudo de que precisasse estivesse à mão. Ele brincava dizendo que ela era seu "escritório completo", equipada não apenas com um braço articulado, próprio para escrever, mas também com um castiçal e gavetas ocultas para guardar tinteiros, canetas, a imprescindível caixa de rapé e as cinzas da meia dúzia ou mais de charutos que ele fumava todo dia. "Ele costumava acender um charuto quando se sentava para escrever", segundo Fred, "fumando-o lentamente, enquanto sua caneta percorria a página com rapidez, e acendia outro quando aquele chegava ao fim".

No meio da manhã do dia da indicação, um grande canhão foi transportado do Arsenal de Auburn para o parque. "Os canhoneiros estavam a postos", relatou o jornal local, "o fogo estava aceso, a munição, preparada, e todos esperavam pelo sinal para fazer a cidade e o condado vibrar com a jubilosa notícia", que deveria desencadear a mais espetacular comemoração pública jamais vista na cidade. As pessoas começaram a se reunir na frente da casa de Seward. À medida que passavam as horas, a multidão se adensava, derramando-se pelas principais ruas de Auburn.

Uma atmosfera festiva tomava conta da cidade, pois o vigoroso senador era admirado por quase todos na região, não apenas por sua coragem política, integridade incontestável e impressionante capacidade intelectual, mas sobretudo por sua natureza bondosa e espírito jovial. Político nato, Seward interessava-se de verdade pelas pessoas, procurava saber sobre a família de cada um e sobre os mais ínfimos detalhes de sua vida, preocupando-se em ajudar a resolver seus problemas. Como homem público, possuía uma maleabilidade extraordinária, que o tornava capaz de acatar críticas com uma serenidade bem-humorada.

Seward costumava receber seus amigos à porta e gostava de conduzi-los pelo jardim ladeado de árvores até o pavilhão branco, de verão. Embora tivesse apenas 1,68 m de altura, com uma constituição esguia, que o jovem Henry Adams comparava à de um espantalho, Seward ainda assim era, para assombro de Adams, uma figura de comando, uma personalidade extraordinária, um "esplêndido original", diante de quem homens maiores pareciam menores. Essa figura enérgica atraía as pessoas, com seu nariz grande e aquilino, sobrancelhas bastas e orelhas enormes. O cabelo, que já tinha sido ruivo, perdera a cor para dar lugar a um tom de palha. Em contraste com o jeito lento e penoso com que Lincoln caminhava, os passos de Seward tinham uma "elasticidade de colegial" quando ele se movimentava do jardim para a casa, e de volta para o jardim, com um andar que um jornalista descreveu como "arrogante e majestoso".

Enquanto examinava com atenção a pilha de telegramas e artigos de jornal que havia chegado de Chicago durante a semana, Seward tinha toda a razão para se sentir confiante. Tanto os jornais republicanos como os democratas concordavam que "a distinção em pauta [deveria] ser conferida, segundo a expectativa geral, ao ilustre senador pelo Estado de Nova York, que, mais do que qualquer outro, foi considerado o representante de seu partido e que, por seu talento de líder e eminentes serviços ao povo, contribuiu tanto para o desenvolvimento dos princípios do partido". O jornal democrata local, o *Atlas and Argus*, de Albany, foi forçado a reconhecer: "Nenhum jornal se opôs aos princípios políticos do sr. Seward de maneira mais coerente e irrestrita que o nosso. (...) Mas reconhecemos a genialidade e liderança desse homem."

De tal forma estava Seward convencido de que seria indicado que, no fim de semana anterior à abertura da convenção, ele já tinha redigido um primeiro rascunho do discurso de despedida que esperava fazer no Senado, presumindo que renunciaria à sua cadeira tão logo a decisão em Chicago fosse tomada. Despedindo-se de seus colegas do Senado, com quem trabalhara durante a turbulenta década de 1850, ele voltou para Auburn, lugar que, conforme disse uma vez, amava e admirava mais que qualquer outro — mais do que Albany, onde fora senador estadual por quatro anos e governador por dois mandatos como membro do Partido *Whig*; mais do que o

Senado americano, onde representara o principal Estado da União por quase 12 anos; mais do que qualquer outra cidade de qualquer um dos quatro continentes pelos quais tinha viajado extensamente.

Auburn era o único lugar, dizia Seward, em que o deixavam "livre para agir como um indivíduo e não como um político, uma pessoa pública", o único lugar onde ele se sentia "feliz de viver; e, quando terminarem as febris convulsões da vida, feliz de morrer".

Seward tinha chegado a Auburn depois de se formar em Union College, em Schenectady, Estado de Nova York. Tendo concluído os estudos com louvor e terminado o período de estágio para trabalhar em tribunais, praticou advocacia com o juiz Elijah Miller, o proeminente cidadão do Condado de Cayuga. Foi na casa de campo do juiz Miller que ele cortejou e desposou Frances Miller, a inteligente e instruída filha do juiz. Frances era uma jovem atraente, alta e esguia, de grandes olhos negros, pescoço elegante e apaixonadamente envolvida com os direitos das mulheres e a causa antiescravagista. Ela se equiparava a ele no intelecto; era esposa e mãe dedicada, presença tranquilizadora na vida turbulenta de Seward. Na mesma casa em que ele e Frances moraram desde que se casaram, nasceram seus cinco filhos — Augustus, que se formou em West Point e que agora servia nas forças armadas; Frederick, que abraçou o jornalismo e trabalhou como secretário particular do pai em Washington; Will Junior, que começava sua carreira no mundo dos negócios; e Fanny, uma jovem séria, no limiar da idade adulta, que amava poesia, lia muito, mantinha um diário e esperava um dia ser escritora. Uma segunda filha, Cornelia, morrera em 1837, aos quatro meses de idade.

Seward demorou para adotar a bandeira republicana, pois achava difícil abandonar seu amado Partido *Whig*. Sua proeminência nacional assegurou-lhe o posto de principal porta-voz do novo partido no momento em que ele se juntou às suas fileiras. Seward, escreveu Henry Adams, "incutiria numa vaca a competência de estadista, caso ela entendesse nossa língua". O jovem líder republicano Carl Schurz recordaria mais tarde que ele e os amigos idealizavam Seward e o consideravam o líder do movimento político antiescravagista. "Dele recebemos o grito de guerra no tumulto da luta, pois ele era um daqueles espíritos que às vezes se dispõem a ir à frente da opinião pública, em vez de mansamente seguir suas pegadas."

Numa época em que palavras, proferidas diretamente e então repetidas em jornais, eram o principal meio de comunicação entre um líder político e o público, a habilidade de Seward de "comprimir numa única frase, numa única palavra, tudo o que estava em questão numa controvérsia" criaria de maneira irrevogável, e muitas vezes perigosa, uma identidade política. Ao longo dos anos, suas expressões grandiloquentes, invocando uma "lei superior" à Constituição que prescrevia aos homens a liberdade, ou a afirmação de que o choque entre o norte e o sul era "um conflito irreprimível", tornaram-se, segundo observou o jovem Schurz, "as inscrições em nossos estandartes, as senhas de nossos combatentes". Contudo, aquelas mesmas expressões tinham também alarmado republicanos moderados, em especial no oeste. Foi a retórica, mais que a substância, que definiu Seward como um radical — pois suas posições reais em 1860 não estavam longe das vigentes no centro do Partido Republicano.

Sempre que Seward fazia um discurso importante no Senado, as galerias lotavam, pois o público se sentia invariavelmente fascinado não só pelo poder de seus argumentos, como também pela capacidade de persuasão de sua exuberante personalidade e, de modo igualmente importante, pela peculiaridade surpreendente de sua aparência. Renunciando ao estilo mais simples do vestuário masculino que prevalecia na década de 1850, Seward dava preferência às calças justas e ao fraque de abas longas, com a ponta de um lenço saindo do bolso traseiro. Esse toque chamativo fazia parte de seu estilo oratório, que incluía pausas dramáticas para ele cheirar rapé e assoar o enorme nariz no exagerado lenço amarelo de seda, que combinava com as calças amarelas. Toda essa indumentária vistosa e sua celebridade praticamente emprestavam uma aura de inevitabilidade a sua indicação.

Se Seward permaneceu sereno à medida que as horas passavam até chegar a tarde daquele dia, confiante de estar prestes a atingir o objetivo ao qual aplicara todas as suas espantosas qualidades durante tantos anos, a principal razão dessa tranquilidade estava no fato de ele saber que sua campanha na convenção estava nas mãos do chefe político mais poderoso do país: Thurlow Weed. "Ditador" do Estado de Nova York havia quase meio século, Weed, homem atraente e de cabelos brancos, era o melhor amigo e aliado de Seward. "Os homens podiam amá-lo e respeitá-lo, podiam odiá-lo e desprezá-lo", escreveu o biógrafo de Weed, Glyndon Van Deusen, "mas ninguém que se interessasse pela política e pelo governo do país poderia ignorá-lo". Ao longo dos anos, foi Weed quem administrou cada uma das campanhas bem-sucedidas de Seward — para o Senado estadual, para se eleger governador do Estado de Nova York —, protegendo a carreira do amigo a cada passo do caminho "como uma galinha protege seus pintinhos".

Eles formavam uma dupla excepcional. Seward era mais visionário, mais idealista, mais bem preparado para arrebatar as emoções de uma multidão; Weed era mais prático, mais realista, com mais habilidade para vencer eleições e conseguir que as coisas fossem feitas. Enquanto Seward concebia plataformas partidárias e articulava princípios de amplo alcance, Weed construía a organização do partido, fazia nomeações para cargos públicos, premiava os leais, punia desertores, elaborava listas de votação e transportava eleitores até as urnas, disseminando a influência do chefe por todo o Estado. O povo identificava de tal maneira um homem com o outro que falava de Seward-Weed como uma única pessoa política: "Seward é Weed, e Weed é Seward."

Thurlow Weed com certeza compreendia que Seward teria pela frente uma série de problemas na convenção. Havia muitos delegados que consideravam o nova-iorquino radical demais; outros o desdenhavam por considerá-lo um oportunista, que recorria a argumentos diferentes para conseguir atingir suas ambições. Além do mais, tinham surgido queixas de corrupção na legislatura controlada por Weed. E o fato mesmo de Seward ter sido o político mais notável do norte, havia quase uma década, inevitavelmente dava origem à inveja entre muitos de seus colegas. A despeito desses problemas, Seward parecia a escolha incontestável de eleitores e políticos republicanos.

Além disso, como acreditava que faltava à oposição poder para consolidar sua força, Weed estava convencido de que Seward acabaria saindo vitorioso. Na manhã de 18 de maio, pouco antes de ter início a votação, William Evarts, presidente da delegação de Nova York, enviou uma mensagem otimista: "Tudo bem. Tudo leva a crer que sua indicação hoje é certa." O sonho que tinha dado a Seward e Weed energia durante três décadas parecia estar ao seu alcance, afinal.

Na manhã do dia 18, enquanto amigos e simpatizantes se reuniam em torno de Seward, o governador de Ohio, Salmon Chase, aguardava os resultados da eleição numa solidão característica. A história não registra nenhum visitante, naquele dia, na majestosa mansão gótica repleta de torres, torreões e chaminés, no cruzamento da State Street com a Sixth Street em Columbus, Ohio, onde o vistoso viúvo de 52 anos morava com as duas filhas — Kate, de 19, e sua meia-irmã Nettie, de 11 anos de idade.

Não há registro de multidões se juntando nas ruas de forma espontânea, à medida que passavam as horas, embora tivessem sido feitos preparativos para uma grande comemoração naquela noite, caso o candidato proposto por Ohio recebesse a indicação que tinha o direito de esperar, como ele acreditava com tanta paixão. Fanfarras estavam a postos. Tinham sido comprados fogos de artifício, e foi providenciada uma carroça para arrastar um enorme canhão até a Assembleia Legislativa, de onde seu estrondo poderia alcançar toda a cidade, quando o resultado esperado fosse revelado. Até o momento da proclamação, os cidadãos de Columbus, ao que parecia, cuidavam da própria vida, seguindo o mesmo comportamento reservado, até mesmo austero, de seu governador.

Chase tinha mais de 1,80 m de altura. Ombros largos, tórax vigoroso e postura imponente, tudo contribuía para a descrição de Carl Schurz de que Chase "tinha a aparência que se desejava que um estadista tivesse". Segundo a observação de um jornalista, "ele é um dos mais requintados espécimes do homem perfeito que jamais vimos; cabeça grande e bem desenhada sobre um corpo de proporções hercúleas", com "um olhar de esplendor e brilhantismo sem igual". Contudo, enquanto os traços de Lincoln se tornavam mais calorosos e irresistíveis com uma proximidade maior, quanto mais se examinava o atraente rosto de Chase, mais se percebia a pálpebra direita caída de modo estranho, o que conferia a seu rosto uma "dualidade impressionante, como se dois homens, e não um, estivessem observando o mundo".

Plenamente consciente de que a primeira impressão que causava era positiva, Chase vestia-se com esmero. Ao contrário de Seward ou Lincoln, famosos por receber visitas de chinelos e camisa para fora da calça, era raro ver o ilustre Chase sem colete. Tampouco dispunha-se a usar óculos em público, apesar de ser tão míope que costumava passar por amigos na rua sem dar a menor demonstração de que os tivesse reconhecido.

Homem muito religioso e de rotina inflexível, é provável que Chase tenha começado aquele dia, como sempre fazia, reunindo suas duas filhas e toda a criadagem a seu redor para uma leitura solene das Escrituras. Terminada a refeição da manhã, ele e sua filha mais velha, Kate, retiravam-se para a biblioteca para ler e discutir as notícias dos jornais matutinos, juntos procurando por sinais de que as pessoas em todo o país tinham a mesma alta estima por Chase que ele tinha por si próprio — sinais que reforçariam a esperança dos dois de uma indicação dos republicanos.

Durante seus anos como governador, ele manteve uma agenda rígida: todas as manhãs saindo no mesmo horário para andar os três quarteirões que o levavam até o prédio da Assembleia Legislativa, o que costumava ser seu único exercício do dia. Homem que jamais se atrasava, Chase não tinha nenhuma paciência com o pecado do atraso, que roubava preciosos minutos da vida de quem estivesse esperando. Nas noites em que não tinha compromissos públicos, isolava-se na biblioteca de sua casa para responder cartas, consultar livros de jurisprudência, memorizar trechos de poesia, estudar uma língua estrangeira ou treinar as piadas que, por mais que se esforçasse, jamais conseguia contar com descontração.

Diferentemente de Seward, que ia com frequência ao teatro, adorava romances e não considerava nada mais agradável que uma noite de carteado, bons charutos e uma garrafa de Porto, Chase não bebia nem fumava. Considerava tanto o teatro quanto os romances uma tola perda de tempo e se abstinha de todos os jogos de azar, pois acreditava que excitavam a mente de forma perniciosa. Tampouco era provável que regalasse seus amigos com intrincadas histórias com o único fim de divertimento, como fazia Lincoln. Como observou um contemporâneo, "era raro ele contar uma história sem estragá-la". Mesmo aqueles que o conheciam bem, exceto talvez sua amada Kate, quase não se lembravam de vê-lo dando uma gargalhada.

Kate Chase, linda e ambiciosa, preencheu no coração do pai o vazio emocional deixado pela perda quase incompreensível de três esposas, todas tendo morrido ainda jovens, inclusive a mãe de Kate, quando esta tinha apenas 5 anos de idade. Deixado à própria sorte, Chase tinha moldado e formado sua brilhante filha, cuidando de seu crescimento e desenvolvimento com uma dedicação que não conhecia limites. Quando a menina fez 7 anos, ele a mandou para um internato caro em Gramercy Park, em Nova York, onde ela permaneceu dez anos, estudando latim, francês, história e os clássicos, além de elocução, postura e etiqueta. "Daqui a alguns anos, você deverá frequentar a sociedade", ele dissera à filha quando ela estava com 13 anos. "É meu desejo que esteja qualificada para embelezar qualquer acontecimento social em nosso país ou em qualquer lugar aonde eu tenha ocasião de levá-la. É por esse motivo que me preocupo, mais do que com qualquer outra coisa, com o aperfeiçoamento de seus estudos, o cultivo das boas maneiras e o estabelecimento de seus princípios morais e religiosos."

Depois que terminou seus estudos no internato e voltou para Columbus, Kate desabrochou, desempenhando o papel de primeira-dama de Ohio. As ambições e os sonhos de seu pai tornaram-se paixões preponderantes na vida dela. Pouco a pouco, Kate se tornou absolutamente essencial para ele, ajudando-o com sua correspondência, revisando seus discursos, discutindo estratégia política, recebendo seus amigos e colegas. Enquanto outras moças de sua idade se concentravam no calendário social de bailes e *soirées*, ela direcionava todas as suas energias para a promoção da carreira política do pai. "Ela fez tudo que estava ao seu alcance", sugerem seus biógrafos, "para preencher as lacunas na vida do pai, para que ele não procurasse, em sua solidão, outra sra. Chase". Sentava-se ao lado dele nas palestras para educação continuada de adultos e nos debates políticos. Estava à frente dos jantares e das recepções que ele dava. Tornou-se a substituta de uma esposa.

Embora Chase tratasse sua doce e despretensiosa filha mais nova, Janette (Nettie), com ternura e afeição, seu amor por Kate estava vigorosamente entrelaçado com seu desejo de progresso político. Criara a primogênita à sua própria imagem, e ela possuía muito mais facilidade de comunicação que ele próprio. Agora podia contar com ela para ajudá-lo em cada passo do caminho, à medida que, dia após dia, ano após ano, ele se aproximava cada vez mais de seu objetivo de se tornar presidente. A partir do momento em que o alto posto pareceu possível a Chase, com sua impressionante eleição em 1855 como o primeiro governador republicano de um Estado importante, a paixão obsessiva de pai e filha era que ele chegasse à Casa Branca — paixão que perduraria até mesmo depois de terminada a Guerra Civil. Seward não era menos ambicioso, mas ficava muito mais à vontade com pessoas diferentes, e tinha mais capacidade de esquecer as preocupações do trabalho no final do dia.

Contudo, se Chase era um tanto puritano e mais presunçoso que Seward, também era mais aferrado a seus princípios norteadores, que havia mais de um quarto de século abarcavam um compromisso inabalável com a causa dos negros. Se é verdade que o complacente Seward poderia ter sido um político de sucesso em praticamente qualquer época, Chase funcionava melhor em tempos em que prevaleciam terríveis questões morais. O debate sobre a escravidão que ocorreu no período anterior à Guerra Civil permitiu a Chase justificar seus princípios antiescravagistas em linguagem bíblica, do certo e do errado. Chase era realmente mais radical do que Seward quanto à questão escravagista; mas, como seus discursos não eram coalhados de expressões memoráveis, suas opiniões não chamavam tanta atenção no país como um todo. Em consequência disso, elas não o prejudicavam tanto em círculos mais moderados.

"Talvez tenham existido estadistas mais competentes que Chase, e com certeza companheiros mais agradáveis", afirmou seu biógrafo, Albert Hart, "mas nenhum contribuiu tanto para o repertório de ideias políticas americanas como ele". Em seu estudo das origens do Partido Republicano, William Gienapp ressalta a mesma avaliação: "A longo prazo", conclui ao se referir tanto à liderança intelectual do movimento antiescravagista exercida por Chase quanto à sua capacidade organizacional, "nenhum indivíduo deu uma contribuição mais significativa do que Chase à formação do Partido Republicano".

E nenhum indivíduo, mais que o próprio Chase, acreditava merecer a presidência como resultado natural de suas contribuições passadas. Ao escrever a seu amigo de longa data, o abolicionista Gamaliel Bailey, ele afirmou: "Uma grande parte do povo — incluindo muitos que dificilmente votariam em qualquer outro homem que não fosse eu, como indicado pelo Partido Republicano — parece desejar que eu seja o candidato em 1860. Nenhum esforço de minha parte, e até onde eu saiba de ninguém do meu círculo mais imediato de amigos, produziu esse sentimento. Ele parece ter brotado de forma espontânea."

Nas semanas que antecederam à convenção, a candidatura de Chase recebeu incentivo quase diário no *Ohio State Journal*, o jornal republicano de Columbus. "Nenhum homem no país é mais merecedor, nenhum é mais competente", declarou o *Journal*. Pela "dedicação inabalável aos princípios de liberdade popular, através de uma extensa carreira política", ele "conquistou a confiança e a afeição do povo em regiões muito além do Estado".

Certo de que sua causa acabaria por triunfar, Chase recusou-se a se envolver nas práticas pelas quais se consegue uma indicação. Na verdade, ele quase não fez campanha. Não fez alianças com seus muitos inimigos em Ohio; e o resultado era que ele seria o único dentre os candidatos a ir à convenção sem o apoio unificado de seu próprio Estado. Permaneceu em sua mansão em Columbus, com Kate a seu lado, preferindo fazer suas investidas por meio de dezenas de cartas, lembrando a seus seguidores que ele era o melhor homem para a função. Escutando apenas o que queria ouvir, minimizando sinais de problemas, Chase acreditava que, "se os desejos mais acalentados do povo prevalecessem", ele seria o indicado.

O juiz Edward Bates aguardou notícias da convenção em Grape Hill, sua grande propriedade rural, distante quase 6,5 quilômetros da cidade de St. Louis. Julia Coalter, sua mulher havia 37 anos, estava a seu lado. Era uma mulher atraente e robusta que dera ao marido 17 filhos, oito dos quais chegaram à idade adulta. Sua família ampliada de seis filhos, duas filhas e quase uma dúzia de netos permanecia unida de forma extraordinária. À medida que se casaram e constituíram sua própria família, os filhos continuaram a considerar Grape Hill seu lar principal.

A vida metódica de Bates era impregnada de sólidos rituais baseados nas estações do ano, na terra e em sua amada família. Ele tomava banho de água fria toda manhã. Um sino na hora do jantar chamava-o toda noite para comer. Na primeira semana de abril, ele "substituía as meias de lã pelas de algodão e um colete transpassado de veludo por um simples feito de cetim". Em julho e agosto, monitorava o progresso de suas plantações de batata, repolho, abóbora, beterraba e milho verde. No outono fazia a colheita no parreiral. No dia de Ano Novo, a família Bates seguia um velho costume rural, em que as mulheres ficavam em casa o dia inteiro recebendo visitas, ao passo que os homens saíam cavalgando juntos, de casa em casa ou de fazenda em fazenda, visitando amigos.

Aos 66 anos de idade, Bates estava entre os cidadãos mais velhos e mais queridos de St. Louis. Em 1814, ele tinha se aventurado pela primeira vez a ir à próspera cidade, da qual se lembrava como um pequeno lugarejo de comércio de peles, com cabanas primitivas aqui e ali e uma única igreja de construção tosca. Passadas quatro décadas, St. Louis ostentava uma população de 160 mil residentes e uma infraestrutura cujo progresso rápido resultou em múltiplas igrejas, um extenso sistema educacional público e privado, muitos hospitais e diversas instalações culturais.

Ao longo dos anos, Bates exercera várias funções respeitadas: fora delegado na convenção que elaborou a minuta da primeira Constituição do Estado, membro da legislatura estadual, representante no Congresso americano e juiz do Tribunal Fundiário de St. Louis. Suas ambições de sucesso político, porém, tinham sido gradualmente substituídas pelo amor à esposa e à sua numerosa família. Nos vinte anos anteriores, desde que se afastara da vida pública, havia sido convidado repetidas vezes para concorrer ou para mais uma vez aceitar postos de alto escalão no governo, mas sempre recusou as ofertas.

Descrito pelo retratista Jaspar Conant como "a figura mais singular que já caminhou pelas ruas", Bates ainda usava "as roupas fora de moda dos quacres, que jamais mudaram o corte desde que deixara sua Virgínia natal quando era um jovem de 20 anos". Ele tinha 1,70 m de altura, o queixo proeminente, sobrancelhas bastas, cabelo grosso que continuou negro até o fim da vida e barba completamente branca. Em época posterior, Lincoln observou o contraste gritante entre o cabelo negro e a barba branca de Bates e sugeriu, como provocação, que era porque Bates falava mais do que pensava, usando mais o queixo que a cabeça. Julia Bates também se vestia com simplicidade, "sem se deixar afetar pelas crinolinas e outras extravagâncias da moda, preferindo uma saia reta, um xale pontiagudo chamado de 'Van Dyck' e uma pequena touca justa na cabeça".

"Como é feliz meu destino!", Bates anotou em seu diário na década de 1850. "Abençoado com uma esposa e filhos que espontaneamente fazem de tudo para que eu me sinta tranquilo, prevendo meus desejos até mesmo em pequenos detalhes pessoais, como se a felicidade deles dependesse totalmente da minha. Ah! É um prazer trabalhar para uma família como essa e desfrutar com eles as bênçãos que Deus nos concede de forma tão generosa." Bates considerava seu trabalho com a justiça gratificante e estimulante do ponto de vista intelectual, sentia-se contente como presbítero da igreja presbiteriana e amava, acima de tudo, passar as longas noites de inverno em sua querida biblioteca.

Em contraste com Seward, cuja energia irrequieta exigia espaço fora do seio da família, e com Chase, que vivia atormentado por uma ambição não concretizada, Bates desfrutava de uma alegria apaixonada pelo presente, feliz por chamar a si mesmo de "um homem muito caseiro". Ele tinha sido alvo de atenção nacional por um breve período no ano de 1847, quando proferiu um discurso arrebatador na Convenção sobre Rios e Portos em Chicago, organizada para protestar contra o veto do presidente Polk ao projeto de lei apresentado pelos *Whigs*, que contemplava alocar recursos federais para melhorias internas de rios e portos, necessárias em especial no oeste, cujo crescimento se dava a passos rápidos. Por um curto período após a convenção, jornais de todo o país proclamaram Bates como importante candidato a um elevado posto político. Ele, porém, não se deixou seduzir. Assim, à medida que se aproximava a eleição de 1860, Bates partiu do pressuposto de já ter deixado para trás, havia muito tempo, tanto sua juventude e seus primeiros anos de maturidade como suas velhas ambições por um cargo político.

No que dizia respeito a esse pressuposto, ele estava enganado. Treze meses antes da convenção de Chicago, num jantar oferecido pelo congressista do Missouri Frank Blair, Bates foi abordado por um intimidante grupo político, encabeçado pelo pai de Frank, Francis Preston Blair, que lhe propôs concorrer à presidência. Aos 66 anos, o velho Blair era uma poderosa figura em Washington havia décadas. Democrata durante a maior parte de sua vida, ele chegara a Washington vindo de Kentucky, no primeiro mandato presidencial de Andrew Jackson, para publicar o periódico dos democratas, o jornal *Globe*. Blair logo se tornou um dos conselheiros de maior confiança de Jackson, membro do famoso "gabinete informal". As reuniões quase sempre aconteciam na "Casa de Blair", a suntuosa mansão de tijolo aparente, de frente para a Casa Branca, onde Blair morava com a mulher e os quatro filhos. Para o solitário Jackson, cuja mulher havia falecido recentemente, os Blair tornaram-se uma família substituta. Os três filhos de Blair — James, Montgomery e Frank Junior — circulavam livremente pela Casa Branca, enquanto Elizabeth, a única filha, de fato residia meses a fio nos aposentos da família presidencial, e Jackson era afeiçoado a ela como se fosse sua própria filha.

Blair (pai) tinha rompido com os democratas depois da Guerra do México, por conta da expansão da escravatura aos territórios conquistados. Apesar de nascido e criado no sul, e de ainda ser ele próprio senhor de escravos, Blair tinha se convencido de que a escravidão não deveria ser estendida para além dos lugares onde já existia. Ele foi uma das primeiras figuras políticas importantes a clamar pela fundação do Partido Republicano. Na ceia do Natal de 1855, em sua propriedade rural em Silver Spring, Maryland, ele deu início a planos para a primeira Convenção Republicana em Filadélfia no verão seguinte.

O grupo convocado por Blair incluía seus dois talentosos filhos, Montgomery e Frank, um congressista de Indiana, Schuyler Colfax, que viria a ser o vice-presidente de Ulysses Grant, e Charles Gibson, um dos mais antigos amigos de Bates no Missouri. Montgomery Blair, alto, magro e erudito, graduou-se em West Point antes de cursar Direito e se mudar para o Missouri. Na década de 1850, voltara a Washington, para ficar mais perto de seus pais, fixando residência na mansão que a família possuía na cidade, na Pennsylvania Avenue. Na capital da nação, Monty Blair desenvolveu uma bem-sucedida carreira de advogado e obteve fama nacional quando representou o escravo Dred Scott em sua reivindicação por liberdade.

O carismático irmão mais novo de Monty, Frank, eleito para o Congresso havia pouco tempo, era um político nato. De beleza impressionante, com cabelo ruivo, um longo bigode ruivo, malares proeminentes e brilhantes olhos cinzentos, Frank foi aquele em quem a família Blair depositou suas ambições fervorosas. Tanto seu pai quanto seu irmão mais velho acalentavam sonhos de que Frank se tornaria um dia presidente. Contudo, em 1860, Frank ainda estava na casa dos 30, e por enquanto a família Blair voltava sua poderosa atenção para Edward Bates.

Os Blair tinham se decidido pelo respeitadíssimo juiz, um *Whig* de longa data e antigo proprietário de escravos, que os tinha emancipado e se tornado defensor do movimento do Solo Livre. Ele era o candidato ideal para uma chapa eleitoral nacional conservadora, em oposição tanto aos abolicionistas radicais do norte quanto aos fanáticos escravagistas do sul. Embora jamais tivesse se filiado ao Partido Republicano, Bates aderia ao princípio cardeal do republicanismo: o de que a escravidão deveria se restringir aos Estados onde já existia, e que deveria ser impedida de se expandir para os territórios.

Como seria de se esperar, de início, Bates relutou em permitir que seu nome fosse apresentado como candidato a presidente. "Sinto, embora com a saúde perfeita, uma indolência e uma indecisão que não me são habituais", admitiu em julho de 1859. "A causa, eu receio, é o envolvimento de meu nome na política. (...) Boa parte do Partido Republicano, que acredita que a indicação do sr. Seward seria certeza de derrota, está ansiosa para me apresentar, considerando que eu conseguiria atrair os *Whigs* e os americanos em geral. (...) Devo procurar resistir à tentação e não permitir que meus pensamentos sejam desviados dos canais corriqueiros de meus negócios e assuntos familiares. A ambição é uma paixão, ao mesmo tempo forte e insidiosa, e tem grande propensão a roubar de um homem sua felicidade e sua verdadeira respeitabilidade de caráter."

Paulatinamente, porém, à medida que se avolumavam à sua frente cartas e editoriais de jornais defendendo sua candidatura, o desejo de ocupar o mais elevado cargo do país dominou sua natureza. No alvorecer do novo ano, 1860, pensamentos sobre a Casa Branca já monopolizavam as anotações que Bates fazia em seu diário, expulsando dali suas observações costumeiras sobre as fases da lua e o estado de seu jardim. "Minha indicação para concorrer à presidência, que no início me causou nada mais que espanto, tornou-se mais familiar, e agora começo a achar que minha perspectiva de sucesso é bastante razoável", registrou na página do dia 9 de janeiro de 1860. "As circunstâncias parecem conspirar de forma extraordinária a meu favor, e existe agora uma grande probabilidade de que todos os tipos de Oposição se unam em torno de mim: e isso equivale a ser eleito. (...) Será que me foi reservada a oportunidade de derrotar e tirar do poder aquele partido corrupto e perigoso [o Partido Democrata]? Sinceramente, se eu puder fazer um bem desses a meu país, vou me regozijar com a certeza de não ter vivido em vão."

A chance dessa indicação dependia do fracasso de Seward em obter vitória no primeiro escrutínio da convenção, o que também se aplicava aos casos de Chase e Lincoln. "Tenho fortes e numerosas garantias de estar em segundo lugar", confidenciou Bates em seu diário, "primeiro lugar no noroeste e em alguns Estados da Nova Inglaterra, segundo lugar em Nova York, Pa [Pensilvânia]". Com toda a certeza, havia bolsões de oposição, em particular entre os republicanos mais apaixonados, que alegavam que o partido deveria indicar um dos seus, e entre os germano-americanos, que se lembravam de Bates ter apoiado Millard Fillmore, quando este concorrera à presidência pelo Partido Americano, anti-imigrantista, quatro anos antes. À medida que se aproximava a convenção, porém, seus seguidores ficavam cada vez mais otimistas.

"Não há dúvida", previu o *New York Tribune*, "como não houve nos últimos três meses, de que [Bates] terá mais votos na Convenção do que qualquer outro candidato apresentado por aqueles que consideram mais prudente indicar um homem que tenha um passado moderado e conservador". Enquanto os delegados se reuniam em Chicago, Francis Blair (pai) profetizou que Bates triunfaria ali.

Naquela manhã de 18 de maio de 1860, o objetivo principal de Bates era pura e simplesmente deter Seward no primeiro escrutínio. Também Chase estava de olho no favorito, ao passo que Seward se preocupava com Chase. Bates estava convicto de que a convenção se voltaria para ele, como o único moderado de verdade. Nem Seward, nem Chase, nem Bates consideravam Lincoln um obstáculo à sua grande ambição.

Lincoln não era um completo desconhecido para seus rivais. Em 1860, seu caminho já cruzara com o de cada um deles de formas diferentes. Seward conhecera Lincoln 12 anos antes, numa reunião política. Os dois dividiram um quarto naquela noite, e Seward incentivou Lincoln a esclarecer e intensificar sua posição moderada quanto à escravidão. Lincoln fora apresentado a Bates rapidamente, e em 1847 fez parte da plateia que ouviu o discurso fascinante que Bates proferiu na Convenção de Rios e Portos. Chase fizera campanha para Lincoln e os republicanos em 1858, apesar de eles jamais terem se encontrado.

Pouca coisa levava a crer que Abraham Lincoln viesse a se tornar a maior figura histórica do século XIX, ele, que naquela manhã de maio perambulava nervoso pelas ruas de Springfield, alguém praticamente sem renome nacional, com certeza nada que se igualasse ao dos outros três, tendo exercido um único mandato no Congresso, derrotado nas duas vezes que concorrera ao Senado e sem nenhuma experiência administrativa, qualquer que fosse.

Capítulo 2

No início de 1846, cerca de um ano e meio antes de Abraham Lincoln chegar a Washington para seu único mandato no Congresso, a história deu uma guinada irrevogável, quando o presidente democrata James Polk ordenou que tropas americanas ocupassem o território em litígio entre as fronteiras dos Estados Unidos e do México. As relações entre o México e os Estados Unidos estavam tensas havia décadas, à medida que se acirrava a disputa pela demarcação de fronteiras. Ao anunciar que o México abrira fogo contra soldados americanos em solo americano, Polk convocou o Congresso, não para declarar guerra, mas para reconhecer que o estado de guerra já existia.

Se, por um lado, o início da guerra com o México estimulou o espírito patriótico do povo americano, que a considerava "uma aventura romântica numa terra exótica e distante", por outro, muitos líderes *Whigs* questionaram tanto a constitucionalidade quanto a justiça da guerra. "É verdade", diria Lincoln tempos depois, "que o Exército dos Estados Unidos, ao marchar para o Rio Grande, marchou para um assentamento mexicano pacífico, e fez com que os habitantes, aterrorizados, abandonassem suas casas e suas plantações". Entretanto, na época em que Lincoln prestou seu juramento de posse no Congresso, o combate havia terminado. Faltava apenas a assinatura do tratado de paz, cujos termos eram espetacularmente favoráveis ao país vitorioso, os Estados Unidos.

Dos quatro futuros rivais pela cadeira da presidência, apenas Edward Bates foi tão veemente quanto Lincoln em sua oposição à guerra. Seward, recém-eleito para o Senado, não era a favor da guerra, mas possuía astúcia política suficiente para não argumentar contra ela. Lá em Ohio, Salmon Chase — que se preparava para sua própria candidatura ao Senado — disse ao abolicionista Gerritt Smith que "não teria se empenhado" na guerra, mas, em público, calou-se sobre essa oposição. Bates, que não concorria a cargo nenhum, acusou Polk de "mentir de forma deslavada", argumentando que o verdadeiro propósito da guerra era "saquear e conquistar". Bates disse estar envergonhado de seus irmãos *Whigs* que votaram a favor da guerra. Para ele, a guerra fazia parte de uma conspiração para aumentar o alcance do regime de escravidão — crença que compartilhava com muitos outros *Whigs*, mas não com Lincoln, para quem ela se tratava simplesmente de "uma guerra de conquista, criada para angariar votos".

Se teve ou não início com o objetivo de aumentar os territórios escravocratas, a guerra trouxe para o primeiro plano a questão da expansão escravagista. Enquanto ainda estavam sendo travadas as primeiras batalhas, um congressista pouco conhecido da Pensilvânia, David Wilmot, redigiu uma emenda histórica a um projeto de lei de destinação de verbas para a guerra, estabelecendo que "não existirá nem a escravidão nem a servidão involuntária em nenhuma parte do mencionado território" obtido a partir de terras mexicanas, terras que acabariam abrangendo Califórnia, Nevada, Utah, Arizona e Novo México. Essa Cláusula Wilmot foi aprovada repetidas vezes na Câmara e rejeitada repetidas vezes no Senado, que era controlado pelo sul. A situação da Emenda converteu-se num campo de batalha no conflito entre norte e sul. A escravidão nos territórios viria a tornar-se *a questão* determinante nos anos que se seguiram.

A questão da escravidão dominou a eleição presidencial de 1848. Os *Whigs* triunfaram nas urnas, levando Zachary Taylor à Casa Branca. Aquela seria a última vitória nacional para os *Whigs*, que, quatro anos depois, divididos quanto à questão da escravidão, conquistariam apenas quatro Estados.

À medida que a década de 1840 se encerrava, William Henry Seward e Salmon P. Chase tinham se aproximado do topo do poder político no Senado dos Estados Unidos. Edward Bates, embora passasse a maior parte do tempo em sua amada residência no campo, com a família cada vez mais numerosa, havia se tornado uma figura nacional muito respeitada, sendo considerado um importante candidato para uma variedade de altos postos políticos. Abraham Lincoln, ao contrário, continuava a advogar, a brindar seus colegas advogados itinerantes com uma interminável sucessão de histórias e a refletir em silenciosa concentração sobre as grandes questões de seu tempo.

O tema da escravidão tinha sido uma fonte de discórdia entre o norte e o sul desde o início da nação. Essa diferença estava incluída na própria Constituição, que estabelecia que um escravo seria considerado três quintos de uma pessoa, para fins de representação no Congresso, e que impunha a obrigação de restituir escravos fugitivos a seus legítimos senhores. Apesar de não ser mencionada na Constituição pelo nome, a escravidão estava, conforme disse o congressista antiescravagista John Quincy Adams, "incluída no acordo", o que significava que ele, como todo mundo, deveria "cumprir fielmente as obrigações ali previstas".

O compromisso constitucional que protegia a escravidão em Estados onde ela já existia não se aplicava, contudo, a territórios recém-adquiridos. Dessa forma, a cada vez que a nação se expandia, reacendia-se a discórdia. O Compromisso do Missouri fornecera uma solução temporária por quase três décadas; mas, quando o Congresso foi convocado para decidir o destino dos novos territórios conquistados na Guerra do México, armou-se o cenário para o recomeço do debate nacional. "Se por sua legislação os senhores pretendem nos forçar a sair dos territórios da Califórnia e do Novo México, adquiridos com o sangue e os recursos do povo inteiro", advertiu Robert Toombs, da Geórgia, "voto pela separação". O Mississippi convocou uma convenção dos Estados do sul, que deveria ocorrer em Nashville, para defender os direitos sulistas.

Assim que foi aberto o 31º Congresso, o autor do Compromisso do Missouri, o senador Henry Clay, de 73 anos, apresentou um projeto de lei dispondo sobre a questão da escravidão nos novos territórios. Sua primeira resolução reivindicava o imediato reconhecimento do Estado da Califórnia, deixando a decisão referente ao status da escravidão dentro de suas fronteiras a cargo da nova legislatura estadual da Califórnia. Como era do conhecimento geral que a maioria dos californianos desejava proibir a escravidão por completo, essa resolução favorecia o norte. Clay propôs, então, dividir o que restava da região conquistada ao México em dois territórios, Novo México e Utah, sem nenhuma restrição à escravidão — medida que favorecia o sul.

Apesar de encontrar oposição veemente por parte de contingentes antiescravagistas no Congresso, o "Compromisso de 1850" de Clay, como ficou conhecido, tramitou de forma habilidosa pela Câmara e pelo Senado, graças ao senador Stephen Douglas, de Illinois. Sua aprovação foi assegurada quando o presidente Zachary Taylor desenvolveu uma doença alimentar fatal depois de ter participado de festividades do 4 de julho na área do Monumento a Washington, que estava em construção. Com o vice-presidente conservador, Millard Fillmore, na Casa Branca, os opositores ao projeto, liderados por Seward, não tiveram chance de impedir o Compromisso.

Em 1854, os rumos da história foram alterados. Uma série de acontecimentos que mobilizaram o norte antiescravagista resultou na formação do Partido Republicano e acabou por fornecer à geração de Lincoln um desafio igual ou superior ao vivido pelos pais fundadores da nação americana. Tudo começou quando colonos no Kansas e Nebraska pediram que o Congresso lhes conferisse o status de território, mais uma vez trazendo à tona a questão contenciosa da expansão da escravidão aos territórios. Na qualidade de presidente do Comitê dos Territórios, o senador de Illinois, Stephen Douglas, apresentou um projeto de lei que parecia dar uma solução fácil para o problema, ao conceder aos próprios colonos a "soberania popular" para decidir se queriam ser Estados escravagistas ou de mão de obra livre. A solução foi tudo, menos simples. A aprovação da Lei Kansas-Nebraska significaria que o Compromisso do Missouri deixaria de vigorar, tornando abertas ao regime de escravidão terras nas quais a liberdade era garantida havia muito tempo.

O cumprimento da determinação prevista no Compromisso de 1850 quanto a escravos fugitivos tinha suscitado a ira nortista. Quando senhores de escravos tentavam recapturar escravos que haviam fugido e se estabelecido em Boston e Nova York, quase irrompiam tumultos. Assim que teve início o debate no Senado sobre a Lei Kansas-Nebraska, os nortistas "em maiores números do que nunca" foram incitados à ação, escreveu o historiador Don Fehrenbacher, lutando "com toda a ferocidade de um exército que estivesse defendendo seu país de uma invasão".

No sul, os ânimos ficaram igualmente exaltados. Para os sulistas, a questão do Kansas não era uma mera questão de escravidão, mas de saber se eles, que ajudaram a criar e expandir a nação com sangue e energia sulistas, teriam direito a compartilhar os territórios controlados em conjunto pelo país inteiro. Tratava-se de igualdade de direitos. "Chegará o dia", disse o governador da Carolina do Norte, Thomas Bragg, "em que nossos irmãos do norte descobrirão que os Estados sulistas aspiram a um tratamento igual na União, ou a se tornarem independentes, fora dela!"

Salmon Chase assumiu a liderança das forças antiescravagistas. Chase, juntamente com Summer e com o congressista de Ohio Joshua Giddings, concebeu a ideia de ir além do Senado para alcançar o país em geral com um "Apelo dos Democratas Independentes no Congresso ao Povo dos Estados Unidos". Considerada por historiadores como "uma das mais eficazes peças de propaganda política jamais produzidas", o Apelo foi reimpresso sob a forma de panfleto, com o objetivo de organizar a oposição à Lei Kansas-Nebraska.

"Denunciamos esse dispositivo como uma violação gritante de um compromisso sagrado", começava o Apelo, acusando uma conspiração escravagista predatória de estar determinada a subverter o velho pacto do Missouri, que tinha excluído para sempre a escravidão em todo o território adquirido da França quando da Compra da Louisiana. A aprovação da Lei de Nebraska significaria que "essa imensa região, que ocupa o próprio coração" do continente, seria, em "flagrante desrespeito" a uma "fé sagrada", transformada em "uma lúgubre região de despotismo, habitada por senhores e escravos". O manifesto exortava os cidadãos a protestar por todos os meios de que dispusessem. Os autores prometiam convocar seus eleitores "para que viessem resgatar o país do domínio da escravidão... pois a causa da liberdade do ser humano é a causa de Deus".

Entretanto, a maioria do Senado votou a favor do projeto de lei na manhã do dia 4 de março. A minoria antiescravagista foi esmagada. "Podem estar certos, podem estar certos, cavalheiros", o jornalista do *New York Tribune*, James Pike, advertiu os sulistas, "de que os senhores estão semeando vento, e colherão tempestade. (...) No dia do ajuste de contas, não ficará em pé nenhum homem no norte que faça questão de defender a revogação do Compromisso do Missouri. (...) [Vemos aqui] o início de um grande drama que... inaugura a era de uma divisão geográfica de partidos políticos. Ela traça a linha entre norte e sul. Lança face a face as duas forças contrárias, a da escravidão e a da liberdade".

Nas semanas seguintes, manifestações de protesto em massa alastraram-se pelo norte feito um rastilho de pólvora, alimentadas pelo enorme alcance do jornal diário. "A violenta tempestade que varria o norte parecia ganhar nova força a cada semana", escreve o historiador Allan Nevins. Manifestos contra a lei foram assinados por dezenas de milhares de pessoas em Connecticut, New Hampshire, Ohio, Indiana, Iowa, Massachusetts e na Pensilvânia. Segundo publicou o *Tribune*, em Nova York, 2 mil manifestantes marcharam pela Broadway, "liderados por uma banda de música, esplêndidos com suas tochas e bandeiras". Em campi universitários e nas praças dos lugarejos, em prefeituras e parques de festas dos condados, as pessoas reuniam-se para se fazerem ouvir.

Depois da aprovação da Lei Kansas-Nebraska, o Partido *Whig*, já esfacelado pela dissensão, desbaratou-se. Com os *Whigs* desaparecendo e os democratas sob o domínio do sul, todos os que eram contrários à expansão da escravidão encontraram seu novo lar no que mais tarde veio a se tornar o Partido Republicano, que compreendia "*Whigs* de consciência", "democratas independentes" e *Know Nothings* [não sei de nada] — partido antiescravagista formado para se opor à entrada sem precedentes de imigrantes alemães e irlandeses, católicos em sua maioria, na década de 1840. Nos Estados, um após o outro, foram surgindo novas coalizões com diferentes nomes — o Partido da Fusão, o Partido do Povo, o Partido AntiNebraska. Em Ripon, Wisconsin, em 1854, uma reunião de antiescravagistas propôs o nome "Partido Republicano", e outras convenções estaduais não demoraram a seguir o exemplo.

Em Illinois, Lincoln manteve-se indeciso, ainda com esperanças de que o Partido *Whig* viesse a ser o partido antiescravagista. Em Nova York, Seward também hesitou, pois achava difícil cortar laços de amizade e relacionamentos construídos ao longo de três décadas. Salmon Chase, por outro lado, não se via tolhido por lealdades antigas. Estava pronto para se dedicar de corpo e alma à tarefa de constituir um novo partido sob o escudo republicano. Sempre estivera disposto a mudar, quando novos arranjos políticos oferecessem perspectivas mais férteis para ele próprio e para a causa. Tendo começado como *Whig*, ele se afiliara ao Partido da Liberdade. Tinha abandonado esse partido para aderir ao Partido do Solo Livre e, então, entrou para o Senado como democrata independente. Agora, com seu mandato no Senado chegando ao fim, e com poucas chances de ser indicado pelos democratas para um segundo mandato, era de bom grado que se tornava republicano.

Seward esperaria até sua reeleição para o Senado, em 1855, para finalmente abandonar o rótulo de "*Whig*" e se juntar aos republicanos. No ano seguinte, Lincoln decidiu que Illinois deveria seguir o exemplo de Nova York e Ohio — reunir no novo partido os vários elementos contrários à lei de Nebraska.

Capítulo 3

Quarenta mil visitantes invadiram Chicago em meados de maio de 1860, atraídos pelo clima de agitação festiva em torno da Convenção Nacional Republicana. Dezenas de trens, maravilhas mecânicas da época, transportavam os delegados e os simpatizantes do mais jovem partido político dos Estados Unidos para a cidade que crescia com maior rapidez no país. Durante todo o trajeto, à medida que os trens passavam ruidosos pelas cataratas do Niágara, atravessavam o majestoso rio Ohio e poluíam o ar da fronteira ocidental, multidões reuniam-se em cada estação decorada de bandeirolas, expressando seu entusiasmo pela causa republicana com fanfarras e salvas de canhão. Até mesmo nos entroncamentos, segundo observaram jornalistas, "havia pequenos grupos reunidos para dar seu apoio ao acontecimento, e das sedes de fazenda as senhoras abanavam lenços, enquanto os lavradores nos campos acenavam com o chapéu".

Com um orgulho cheio de otimismo, a jovem Chicago estava determinada a mostrar ao mundo seu melhor lado durante a convenção. O crescimento da cidade nas décadas anteriores tinha sido "quase absurdo", sugeriu uma revista da época. A bem da verdade, "crescimento é uma palavra muito lenta", maravilhou-se um visitante inglês ao descrever a explosão que Chicago havia experimentado, desde que um guia turístico de 1830 tinha retratado "um posto militar e parada para compra de peles", com lobos rondando as ruas durante a noite e uma minguada população de 12 famílias que, todo inverno, por medida de segurança, passavam a noite juntas no forte bem defendido. Trinta anos depois, Chicago orgulhava-se de uma população de mais de 100 mil pessoas e da honra de ser "o primeiro mercado de grãos do mundo", à frente não apenas de Odessa, "o grande mercado de grãos da Rússia, mas também de toda a Europa".

Os proprietários de hotéis e pensões haviam passado semanas preparando seus estabelecimentos para a convenção; os habitantes foram convidados a abrir suas casas; e restaurantes prometiam refeições substanciosas a preços reduzidos. O almoço mais popular da cidade compreendia um copo de cerveja forte de quatro anos de maturação e um sanduíche de presunto a 10 centavos de dólar. Enquanto trens lotados continuavam a chegar à cidade apinhada de gente, o número de ávidos visitantes republicanos nas ruas de Chicago elevou-se para 40 mil.

No ano de 1860, o Partido Republicano já havia se tornado nitidamente a força dominante da política nortista. Se esse novo partido conseguisse conquistar três dos quatro Estados conservadores que perdera no norte em 1856 — Illinois, Indiana, Pensilvânia e Nova Jersey —, ele conseguiria a presidência. Esses Estados em que a disputa era mais acirrada localizavam-se ao longo da região mais ao sul dos Estados do norte; todos faziam fronteira com Estados escravocratas e desempenhariam papel decisivo na escolha de um indicado.

Nas primeiras horas da quarta-feira, 16 de maio, as ruas que circundavam o recém-construído centro de convenções estavam abarrotadas de cidadãos empolgados, "que se aglomeravam perto

abertas trezentas garrafas de champanhe", disse Halstead; "ele era servido à vontade como se fosse água".

Contudo, a noite era uma criança; a batalha tinha apenas começado.

À medida que as horas passavam, Weed deve ter percebido uma crescente oposição entre os políticos dos Estados conservadores, onde a disputa era mais acirrada, muitos dos quais temiam que, ao dar seu apoio à candidatura de Seward, estariam minando suas próprias chances nas eleições estaduais. Entretanto, ele jamais alterou sua estratégia original: diante de cada delegação apenas afirmou que, nesses tempos inseguros, Seward era, sem dúvida, o melhor homem para a função. O amor e a dedicação que tinha pelo amigo de mais de trinta anos impediram-no de enxergar a dinâmica interna que se operava desde que a convenção começara, as sérias dúvidas que surgiam sobre a viabilidade de Seward, o que significava, sem meias palavras, sua capacidade de vencer.

Mal Weed deixava um aposento, Horace Greeley — antigo aliado de Weed e de Seward que se voltara contra eles por conta de possíveis desfeitas políticas — entrava e se dirigia aos delegados: "Suponho que estejam lhes dizendo que Seward é o elemento essencial de nossa existência como partido... mas quero lhes dizer, rapazes, que, apesar disso tudo, vocês não conseguirão eleger Seward se conseguirem indicá-lo. Precisam se lembrar de que, no pé em que estão as coisas hoje, nós somos um partido distrital. Não temos nenhuma força fora do norte. Na prática, devemos ter o norte inteiro conosco para termos esperança de vitória. (...) Ele não conseguirá obter a maioria dos votos de Nova Jersey, Pensilvânia, Indiana ou Iowa, e vou trazer até vocês homens que representam cada um desses Estados e que confirmarão o que estou dizendo." Greeley passou a fazer exatamente isso, recordou-se um delegado, apresentando o governador Samuel Kirkwood, de Iowa, e os candidatos a governador Andrew Curtin e Henry Lane, da Pensilvânia e de Indiana, "cada um deles tendo confirmado o que Greeley dissera".

O fato de Greeley ser a ponta de lança das forças contrárias a Seward recebeu particular credibilidade, porque poucos sabiam de sua desavença com Seward. Os delegados aceitaram seus argumentos como os de um amigo que simplesmente temia que Seward não levasse o partido à presidência. "Embora professasse tão elevada estima pelo sr. Seward", reconheceu tempos depois um jornalista, "o coração de Greeley estava amargurado com ódio pelo grande estadista, um ódio mais forte do que o sentido por seu inimigo político mais implacável. O sentimento vinha sendo represado havia anos, ganhando força e fúria para uma ocasião em que uma explosão definitiva pudesse ter o efeito desejado. A ocasião chegou em Chicago. O fósforo foi aceso; o combustível, inflamado; e veio a explosão. (...) Horace Greeley teve sua vingança".

Seward, contudo, não era o único alvo das reuniões na noite avançada. Gustave Koerner, o líder dos germano-americanos — importante componente do eleitorado republicano no oeste —, jamais perdoara Bates por este ter apoiado o Partido *Know Nothing*, de Fillmore, em 1856. Em suas memórias, Koerner descreveu o momento em que entrou apressado numa reunião apinhada de delegados da Pensilvânia e Indiana. Frank Blair estava terminando um eloquente discurso a favor de Bates, quando Koerner tomou a palavra: "Com toda a sinceridade", disse, "se Bates [fosse] indicado", ainda que viesse a vencer em seu Estado natal, o Missouri, o que era questionável, "os republicanos de origem germânica dos outros Estados jamais votariam nele; eu, por exemplo, não votaria, e aconselharia meus conterrâneos a fazer o mesmo".

Para Salmon Chase as coisas também não iam bem. Apesar de mais empenhado do que Seward no compromisso com a causa dos negros, Chase não se via tolhido por uma reputação radical, como Seward. Além do mais, como a terceira maior delegação na convenção, Ohio exercia um poder substancial. “Se a delegação estivesse unida”, observou Halstead, “ela teria uma influência espantosa e poderia obter o voto decisivo entre os candidatos, mantendo o equilíbrio de poder entre o leste e o oeste”. Ohio, porém, não quis se unir para apoiar Chase, já que alguns delegados não abriam mão de Ben Wade ou do juiz McLean. Os muitos inimigos que Chase fizera, e com os quais não conseguira, ao longo dos anos, reconciliar-se, voltaram para assombrá-lo nesse momento crítico.

“Não havia nenhuma unidade de ação, nenhuma determinação de propósito”, lamentou mais tarde um simpatizante de Chase. Havia “uma fraqueza na coluna dorsal da delegação de Ohio em Chicago, muito triste de se ver”. A incapacidade de Ohio de se decidir com firmeza por Chase, disse-lhe outro delegado, revelou-se uma catástrofe.

Nesse ínterim, ao longo daquela noite de mil punhaladas, a oposição a Seward tornou-se mais vociferante, até mesmo frenética. “Os homens reúnem-se em pequenos grupos”, observou Halstead, “e, abraçados, tagarelam e sussurram como se o destino do país dependesse da revelação imediata dos poderosos segredos políticos que povoam sua imaginação fértil”. A cada hora que passava, multiplicavam-se os rumores; “informações de valor incalculável são comunicadas em tom confidencial a intervalos de cinco minutos”.

Desde o início, entre os grupos que se reuniam em torno do movimento “detenham Seward”, a dúvida principal vinha sendo se a oposição seria capaz de concentrar suas forças numa única alternativa, ou se acabaria vencida por suas próprias divisões internas.

Para essa eventualidade, Lincoln vinha se preparando havia muito tempo. Apesar de compreender que não poderia contar de modo algum com o apoio unânime de nenhuma delegação que não fosse a de Illinois, ele sabia que tinha conquistado amplo respeito e admiração por todo o norte. “O senhor sabe como é em Ohio”, escreveu a um amigo do Estado dos Castanheiros, duas semanas antes da convenção. "Não sou, com certeza, a primeira opção aí; e ainda assim não sei de ninguém que me faça objeção de modo categórico. Até onde percebo, é exatamente isso o que ocorre em todos os lugares. Por toda parte, exceto em Illinois, e talvez em Indiana, a preferência é por um ou outro candidato, mas não existe uma objeção categórica a mim."

Para alcançar seu objetivo de se tornar a segunda opção de todos, Lincoln teve o cuidado de não depreciar nenhum dos outros candidatos. Sua dedicada equipe de colaboradores — que contava, dentre outros, com o juiz David Davis, Leonard Swett, Norman Judd e Stephen Logan — compreendeu isso, decidindo desde o início "não criar confronto com ninguém". E eles não precisavam fazer isso, pois Greeley e candidatos a governador nos Estados indecisos já estavam cumprindo muito bem essa tarefa. Tampouco precisavam, como registra Kenneth Stampp, conquistar apoio com base na "relativa competência" de Lincoln, "em comparação com outros candidatos. (...) Seu atrativo baseava-se na viabilidade e pragmatismo; eles instavam os delegados a nomear o homem que tivesse chances de vencer".

"Ninguém jamais trabalhou como nosso pessoal", afirmou Swett mais tarde. "Durante a semana inteira em que estive lá, não dormi duas horas por noite." Embora alguns dos homens de Lincoln tivessem suas próprias ambições políticas, observou Henry Whitney, "[A] maioria deles trabalhou *con amore*, principalmente por amor ao homem, à sua elevada ética, à sua moralidade política imaculada." Com seu "jeito tipicamente metódico", Davis designou tarefas específicas para cada membro de sua equipe. Leonard Swett, do Maine, ficou encarregado de fazer investidas junto à delegação de seu Estado. Samuel Parks, nascido em Vermont, foi despachado para o Estado das Montanhas Verdes. Nas eleições da primavera na Nova Inglaterra, os republicanos sofreram reveses, o que levou Lincoln a observar que o resultado da eleição seria visto como "um obstáculo às perspectivas do Governador Seward", abrindo a porta para um de seus rivais. A Stephen Logan e Richard Yates coube o Estado do Kentucky, ao passo que Ward Lamon ficou responsável por seu Estado natal, a Virgínia. Em cada um desses Estados, os homens de Lincoln trataram de convencer os delegados individualmente, com o objetivo de impedir que Seward tivesse uma vitória avassaladora na primeira votação.

"Tudo funcionou de forma perfeita", gabou-se Swett. "O primeiro Estado abordado foi Indiana." Antes mesmo de a convenção ter se iniciado, Lincoln ouviu dizer que "talvez não fosse difícil conseguir Indiana inteira" e pressionou Davis a se concentrar no Estado dos *Hoosiers**. Apesar de a Indiana ter 20 mil ou mais ex-partidários do *Know Nothing*, que provavelmente prefeririam Bates, os políticos do Estado receavam que Bates não fosse forte o suficiente para representar um desafio a Seward no processo de indicação.

Ao conseguirem a promessa de voto de Indiana, os homens de Lincoln obtiveram uma vantagem inquestionável no Comitê dos Doze. Enquanto os membros do comitê continuavam a conversar nas primeiras horas da manhã, alguém propôs uma votação simulada para determinar o candidato de oposição com maior força. Nessa votação improvisada, uma vez que já contava com o apoio tanto de Illinois como de Indiana, dois dos quatro Estados cruciais, Lincoln emergiu como o mais forte candidato. Segundo um membro do comitê, "o sr. Dudley, de Nova Jersey, propôs então que, para o bem geral do partido", a Pensilvânia abrisse mão de seu candidato preferido depois do primeiro escrutínio, como faria Nova Jersey. A proposta foi aceita no geral, mas a Pensilvânia exigiu negociações adicionais para ratificar o acordo.

Segundo Henry Whitney, Davis mandara anteriormente um telegrama para Lincoln, informando que, se fosse prometido ao

---

**Hoosier* é o apelido dos moradores do Estado de Indiana. [*N. da T.*]

poderoso chefe político da Pensilvânia, Simon Cameron, um lugar no Gabinete, eles poderiam obter a Pensilvânia. Lincoln rabiscou sua resposta na margem de um jornal que um emissário levou para a convenção. "Não faça nenhum acordo que me deixe atrelado." Quando a mensagem chegou, escreve Whitney: "[T]odo mundo ficou furioso, é claro. Aqui estavam homens trabalhando noite e dia para colocá-lo no pináculo da fama, e ele recuando a mais não poder. O que deveriam fazer? O insolente Dubois disse: 'Dane-se Lincoln!' O cortês Swett disse, com entonação melíflua: 'Tenho toda a certeza de que se Lincoln estivesse a par das necessidades...' O crítico Logan escarrou com violência e disse: 'A principal dificuldade com Lincoln é...' Herndon arriscou: 'Agora, amigo, vou responder a isso.' Mas Davis cortou o nó górdio ao ignorar todos eles com: 'Lincoln não está aqui e não sabe o que temos de enfrentar. Vamos então seguir em frente como se não tivéssemos recebido nenhuma notícia dele, e ele deverá ratificar o que fizermos.'"

Tenham sido feitos ou não acordos explícitos, os homens de Lincoln trabalharam muito para convencer o contingente de Cameron de que a Pensilvânia seria tratada com generosidade, caso Lincoln recebesse seus votos. "Minha promessa a eles", Swett escreveu mais tarde a Lincoln, foi que, apesar de a Pensilvânia não tê-lo apoiado desde o início, "eles seriam colocados em pé de igualdade, como se sempre tivessem sido seus amigos".

Ao acrescentar os votos de Indiana, Pensilvânia e Nova Jersey, três dos quatro Estados indecisos, aos de Illinois, Davis e Swett conseguiram o que muitos consideravam impossível: tornaram possível a indicação de Abraham Lincoln.

Assim que raiou o dia da votação, os homens de Seward, confiantes na vitória, reuniram-se na Richmond House para uma marcha comemorativa até o centro de convenções. "Com cerca de mil pessoas", observou Murat Halstead, acompanhadas de uma "magnífica banda em uniforme fulgurante — dragonas reluzindo nos ombros", a marcha demorou-se "um pouco além da conta". Quando chegaram ao Wigwam, ficaram perplexos ao descobrir que alguns dos seus não conseguiam entrar — os partidários de Lincoln tinham fabricado duplicatas dos ingressos na noite anterior e entraram no centro logo que as portas se abriram.

Quando perceberam que "fazia parte do plano de Seward dominar a Convenção", levando mais simpatizantes a Chicago do que qualquer outro candidato, os administradores da campanha de Lincoln recrutaram amigos e seguidores de todas as partes do Estado. As indicações tornaram-se o teste inicial de forças. William Evarts, de Nova York, foi o primeiro a se levantar, propondo à convenção a indicação do nome de Seward. Suas palavras foram recebidas com "um brado ensurdecedor". Os aplausos foram "intensos e demorados", enquanto os simpatizantes de Seward permaneciam em pé, agitando lenços numa animação frenética. Leonard Swett, um dos homens de Lincoln, confessou que o nível de entusiasmo "nos intimidou um pouco".

Não obstante, o contingente de Lincoln estava preparado quando Norman Judd propôs para indicação o nome do candidato por Illinois. "Se o nome do sr. Seward provocou uma explosão de aplausos", observou um jornalista, "o que se poderia dizer da recepção entusiástica que teve o nome [de Lincoln]? (...) A plateia, como um potro selvagem que tomou o freio nos dentes, insurgiu-se contra todo e qualquer pedido de ordem, e repetidas vezes prorrompeu em aplausos incontidos, que ressoavam por todos os cantos". Para os partidários de Seward, essa "tremenda ovação" foi "a primeira impressão inequívoca a favor de Lincoln". Embora as indicações dos nomes de Chase e Bates tivessem recebido forte aclamação, as reações foram "frias quando comparadas" com a receptividade que tiveram Seward e Lincoln.

A convenção acalmou-se, por fim, e teve início a votação. Duzentos e trinta e três votos decidiriam a indicação dos republicanos para a campanha presidencial. A chamada começou com os Estados da Nova Inglaterra, que se pensava que votariam em peso em Seward. Na realidade, um número surpreendente de votos foi para Lincoln; assim como um ou outro, para Chase. Como era de se esperar, todos os setenta votos de Nova York foram para Seward, o que permitiu que ele desse um salto à frente. Os homens de Seward relaxaram até que a Virgínia, cujo apoio a Seward também vinha sendo considerado unânime, dividiu seus 22 votos entre Seward e Lincoln. Chase presumia que Ohio, o próximo a votar, lhe daria todos os seus 46 votos, mas a delegação ficou dividida e deu 34 votos a Chase e os 12 restantes a Lincoln e McLean. Talvez a maior surpresa tenha sido Indiana, que Bates acreditava ser seu território. Lincoln recebeu todos os 26 votos.

Ao final do primeiro escrutínio, a contagem era a seguinte: Seward — 173,5; Lincoln — 102; Chase — 49; Bates — 48. Os administradores da campanha de Bates ficaram deprimidos ao perceberem que, como registra o historiador Marvin Cain, "nenhum Estado crucial apoiara Bates, e que ele não conseguira os tão desejados votos das delegações de Iowa, Kentucky, Minnesota e Ohio". A decepção também era evidente no rosto dos homens de Chase, pois eles estavam plenamente conscientes de que a divisão interna da delegação de Ohio era com certeza fatal. O pessoal de Lincoln estava eufórico pois, com seus 102 votos, Lincoln surgia como a inquestionável alternativa a Seward. Apesar de pego de surpresa com as deserções inesperadas, Weed ainda esperava que Seward vencesse no segundo escrutínio. Os 48 votos da Pensilvânia que Cameron tinha supostamente prometido colocariam Seward muito perto dos 233 votos necessários para a vitória.

O segundo escrutínio apontou uma mudança crucial a favor de Lincoln. Na Nova Inglaterra, ele amealhou mais 17 votos, enquanto Delaware transferiu seus seis votos de Bates para Lincoln. E aí veio a maior de todas as surpresas, "sobressaltando o vasto auditório como um estrondo de trovão": a Pensilvânia anunciou 44 votos para Lincoln, elevando para 181 o seu total, apenas 3,5 votos atrás do novo total de Seward, 184,5. Tanto Chase como Bates perderam espaço no segundo escrutínio, o que no fundo os tirava da competição. A corrida tinha ficado restrita a Seward e Lincoln.

Crescia a tensão no *Wigwam*. Os espectadores estavam sentados ansiosos na beirada dos assentos, quando começou o terceiro escrutínio. Lincoln ganhou mais quatro votos de Massachusetts e quatro da Pensilvânia, além de receber mais 15 votos de Ohio. Seu total chegou a 231,5, colocando-o a apenas 1,5 voto da vitória. "Houve uma pausa", lembrou-se Halstead. "No que durou uns dez segundos", David K. Cartter, de Ohio, levantou-se e anunciou a mudança de quatro votos de Chase para Lincoln. "Um profundo silêncio caiu sobre o *Wigwam*", escreveu uma testemunha. E então os simpatizantes de Lincoln "levantaram-se aplaudindo extasiados, as damas agitando lenços, os homens agitando e atirando para cima os chapéus, aos milhares, dando gritos de entusiasmo sem parar".

Para os seguidores de Seward, a derrota foi devastadora. "Homens adultos choravam feito meninos", observou um nova-iorquino, "semblantes fatigados, pálidos e envelhecidos, como se dez anos tivessem se passado naquela única noite de luta intensa". Todos se voltavam para Thurlow Weed, mas não havia consolo que ele pudesse oferecer. O trabalho de toda uma vida terminava em derrota, e também ele não conseguia segurar as lágrimas. Seu fracasso em servir a seu país, fazendo de seu bom amigo presidente, reconheceu Weed mais tarde, foi "a maior decepção de sua vida".

Um homem instalado na cobertura do *Wigwam* anunciou aos brados a notícia da indicação de Lincoln, juntamente com a de Hannibal Hamlin, do Maine, como seu vice, às milhares de pessoas que aguardavam do lado de fora. Houve tiros de canhões, e "no mesmo instante ouviram-se gritos e vivas de 20 mil a 30 mil pessoas". As festividades continuaram noite adentro. Carregando nos ombros as travessas simbólicas que Lincoln supostamente teria rachado para a construção de uma cerca, os republicanos marcharam pelas ruas ao som de várias bandas de música.

Seward estava sentado em seu amado jardim em Auburn, conversando com amigos, quando recebeu a notícia de sua derrota. Um cavaleiro numa montaria veloz tinha esperado na agência dos telégrafos para sair a galope pelas ruas abarrotadas de gente, no momento em que o telegrama chegasse. Ao chegarem os resultados do primeiro escrutínio, o mensageiro galopara até a casa de Seward e lhe entregara o telegrama. Quando a notícia da liderança de Seward por larga vantagem foi repetida para seus convidados e para as multidões nas ruas, ela foi saudada com muitos vivas. Diante do resultado do segundo escrutínio, Seward conservou o otimismo. "Serei indicado no próximo escrutínio", previu Seward ao barulhento público que estava no gramado; e um enorme grito de entusiasmo ressoou, vindo das ruas. Seguiram-se momentos intermináveis de ansiedade. Quando não chegou mais nenhuma notícia, Seward "[julgou] acertadamente que (...) não havia nenhuma notícia que amigos teriam gostado de transmitir". Por fim, ele recebeu o telegrama desagradável, que anunciava a indicação de Lincoln no terceiro escrutínio. Seward ficou "branco que nem cera". Compreendeu na mesma hora, assim como seus seguidores, lembrou-se seu filho, Fred, "que não se tratava de nenhuma derrota política comum, que pudesse ser remediada em alguma campanha subsequente. Era (...) definitiva e irrevogável".

"A triste notícia alastrou-se pela vasta aglomeração", observou um jornalista. "As bandeiras foram recolhidas, o canhão foi retirado, e o condado de Cayuga voltou para casa com o cenho carregado." Mais tarde naquela noite, em Washington, ao escrever em seu diário, Charles Francis Adams não conseguia parar de pensar em seu amigo derrotado, "em sua expectativa otimista, sua longa carreira, sua filosofia ampla e abrangente e sua grande ambição — agora tudo isso mergulhava por algum tempo num profundo abismo de decepção. Ele é inflexível demais para superar tudo isso. Poucos homens conseguem".

Contudo, Seward "aguentou firme, como condizia a um campeão", observa seu biógrafo, "assumindo uma postura corajosa perante a família e o mundo". Em seu diário, a adolescente de 16 anos Fanny Seward fez uma simples anotação: "Papai contou à Mamãe e a mim em três palavras, indicaram Abraham Lincoln. Seus amigos estão muito angustiados — apenas ele sorri. Encara tudo isso com tranquilidade filosófica e altruísta." Informado de que o editor do jornal vespertino local não conseguiu encontrar na desconsolada cidade ninguém que se dispusesse a escrever e comentar a notícia das indicações de Lincoln e Hamlin, Seward escreveu de próprio punho. "Não se poderiam encontrar na União defensores mais leais ou mais firmes do ideal republicano", escreveu com elegância, "do que os ilustres e estimados cidadãos sobre os quais recaíram as honras da indicação".

Antes de se recolher naquela noite, Seward escreveu a Weed: "Você tem minha eterna gratidão por esse último esforço, bem como por toda uma vida de esforços, em meu favor. Gostaria de ter certeza de que sua sensação de decepção é tão leve quanto a minha própria." Uma semana mais tarde, numa carta pública, Seward afirmou seu apoio à chapa republicana e disse que esperava que os amigos que tinham "labutado por tanto tempo" a seu lado não permitissem que a "sensação de decepção (...) prejudicasse ou retardasse (...) o progresso daquela causa".

Por trás dessa fachada de brandura, Seward estava aborrecido, magoado e humilhado. "Foi só alguns meses depois", segundo o biógrafo Glyndon Van Deusen, "quando o choque havia se dissipado e alguma esperança renascera, que ele pôde dizer, meio triste, meio zombeteiro, que foi muita sorte ele não ter um diário, porque se tivesse haveria um registro de todos os palavrões e maldições que lhe ocorreram" quando recebeu a notícia.

Se Seward conseguiu projetar uma serenidade deliberada, Chase não pôde dissimular sua consternação com a derrota, nem a fúria que sentiu pela delegação de Ohio, que deixou de lhe dar apoio unânime. "Quando me lembro do que Nova York fez por Seward, do que Illinois fez por Lincoln e do que Missouri fez por Bates", disse Chase a um amigo, "e me lembro também de que nenhum desses cavalheiros jamais dedicou ao Partido Republicano em seus respectivos Estados a quarta parte — ou mesmo um décimo — do tempo, do trabalho e dos recursos que despendi por nosso partido em Ohio; e então reflito sobre a atitude da delegação de Ohio em Chicago para comigo, confesso meu desânimo em escrever ou pensar sobre isso. (...) Devo dizer que, tivesse [o Senador Ben Wade] recebido de Ohio a mesma importância que me foi dada, e tivesse eu estado no lugar dele, eu preferiria ter meu braço arrancado do corpo a permitir que meu nome fosse incluído para concorrer com o dele".

Durante anos, Chase foi torturado pelo pensamento de que, se Ohio tivesse permanecido leal, ele teria conseguido a indicação. Nem mesmo numa carta de congratulações a Lincoln ele pôde deixar de mencionar sua própria situação. Supondo que a "adesão da delegação de Illinois" produzisse em Lincoln "uma gratificação maior" até mesmo do que "a indicação em si", Chase confessou que a perfídia de sua própria delegação foi intolerável. "Com isso (...) tenho certeza de que o senhor deve concordar", sondou ele na carta, "porque estarei muito equivocado em minha avaliação de sua magnanimidade se o senhor não condenar, como eu condeno, a conduta de delegados, seja de que Estado for, que desconsiderem (...) a preferência nitidamente expressa de sua própria Convenção Estadual." Lincoln respondeu de forma gentil, sem morder a isca.

Bates aceitou a derrota com a serenidade que marcara seu caráter desde o começo. "Quanto a mim, fiquei surpreso, admito, mas de modo algum mortificado, com o resultado de Chicago", escreveu a Greeley. "Eu não tinha nenhuma reivindicação — literalmente nenhuma — a fazer aos republicanos como partido, e nenhum direito de contar com as honras de seu partido; e guardarei na lembrança, com eterna gratidão, a confiança generosa com que muitos de seus melhores homens me honraram. Assim, longe de me sentir derrotado e deprimido, tenho, sim, motivos para alegria e júbilo; pois, no entender de alguns eminentes republicanos, ganhei muito em termos de prestígio e reputação perante o país — mais, creio eu, do que qualquer mero cidadão que eu tenha conhecido."

Em suas anotações particulares, entretanto, Bates confessou uma sensação de irritação. "Alguns de meus amigos que estiveram presentes na Convenção me asseguram que a indicação do sr. Lincoln pegou todo mundo de surpresa: que aconteceu por acidente ou por artimanha, por meio da qual meus amigos que me tinham prometido apoio tiveram de votar contra mim. (...) A coisa foi bem planejada e executada com audácia. Alguns alemães — Schurz, de Wisconsin, e Koerner, de Illinois —, com sua petulância truculenta, amedrontaram os tímidos homens de Indiana para que se submetessem. Koerner apresentou-se diante da delegação de Indiana e garantiu que, se Bates fosse indicado, os alemães abandonariam o partido!"

A plataforma, continuou Bates, "é excludente e provocadora, que repele a ajuda externa, em vez de atraí-la. (...) Ela se arrasta nas generalidades grandiloquentes da Declaração da Independência, sem nenhum objetivo prático que eu consiga ver, mas, sim, expondo de forma desnecessária o partido à acusação falaz de favorecer a igualdade dos negros. (...) Creio que eles logo estarão convencidos, se já não o estão, de que cometeram um disparate fatal. Eles desnacionalizaram seu partido, enfraqueceram-no nos Estados de mão de obra livre e destruíram suas iniciativas promissoras nos Estados escravocratas da fronteira".

Se, por um lado, o ânimo melancólico de expectativas frustradas se abateu sobre as ruas de Auburn, Columbus e St. Louis, por outro, Springfield estava eufórica. O momento lendário em que Lincoln soube de sua indicação suscitou muitas versões pelos anos afora. Algumas dizem que Lincoln estava numa loja, fazendo compras para Mary, quando exclamações de entusiasmo vindas da agência dos telégrafos foram ouvidas, seguidas dos gritos de um menino que saiu correndo em meio à multidão: "Sr. Lincoln, sr. Lincoln, o senhor foi indicado." Outras afirmam que ele estava conversando com amigos no escritório do *Illinois State Journal*, quando recebeu a notícia. Quando lhe entregaram o pedaço de papel que informava sua vitória, ele "o contemplou por muito tempo, em silêncio, sem prestar atenção à exultação ruidosa que vinha de todos os lados". Apertando as mãos de todos na sala, disse com tranquilidade: "Eu soube que isso ia acontecer quando vi o segundo escrutínio."

Lincoln deixou o escritório do *Journal* e mergulhou na aglomeração de simpatizantes que estava na rua. "Meus amigos", disse ele, "estou contente por receber suas congratulações; mas, como há uma senhora na Eighth Street que ficará feliz em saber da notícia, os senhores deverão me desculpar até que eu fale com ela". Quando chegou à sua casa, relata Ida Tarbell, ele descobriu que Mary "já sabia que a honra que havia mais de vinte anos ela vinha acreditando e declarando de maneira categórica que seu marido merecia... finalmente chegara às suas mãos".

A agitação em Springfield naquela noite foi registrada por um jovem jornalista, John Hay, que se tornaria mais tarde assistente de Lincoln. Segundo seu relato, "o povo entusiástico do oeste explodiu nas mais irrefreáveis manifestações de júbilo (...) faixas com o nome de Lincoln, com adornos de todos os estilos de tosco esplendor, adejavam ao vento forte do oeste". Os sinos das igrejas repicavam. Milhares de pessoas reuniram-se na rotunda da Assembleia Estadual para uma comemoração festiva, repleta de discursos de vitória. Quando a sessão se encerrou, a multidão feliz dirigiu-se para a casa de Lincoln. Sua aparição à porta foi "o sinal para uma aclamação intensa". Com modéstia, Lincoln fez questão de dizer que não acreditava que a honra daquela visita fosse direcionada a ele em particular como cidadão, mas como o representante de um grande partido.

Capítulo 4

A notícia de que Lincoln tinha derrotado Seward foi um choque para grande parte do país, em especial para o *establishment* republicano do leste. Como as pessoas não tinham conhecimento da habilidade com a qual ele tecera sua vitória, Lincoln era visto apenas como o candidato acidental da consolidação das forças contrárias a Seward. Por ser ainda uma figura sem notoriedade, metade dos jornais que representavam seu próprio partido referia-se a ele como "Abram", em vez de "Abraham". Chamando a atenção para o fato de que, ao visitar a Biblioteca Histórica de Hartford no mês de março anterior, Lincoln assinara no livro de visitantes "Abraham Lincoln", o jornal democrata *New York Herald* fez uma observação cáustica, dizendo que "nada mais justo do que supor que um homem saiba seu próprio nome". Lincoln escreveu a George Ashmun, presidente republicano da comissão de homologação: "Parece que a dúvida se meu primeiro nome é 'Abraham' ou 'Abram' jamais será sanada. É 'Abraham'."

Exultantes com a falta de experiência nacional de Lincoln, jornais democratas divertiam-se ridicularizando sua biografia. "Trata-se de um advogado de terceira categoria do oeste", tripudiava o *Herald*. "A conduta do Partido Republicano nessa indicação é um sinal extraordinário de um pequeno intelecto tornando-se menor ainda." Ao rejeitar Seward e Chase, "que são estadistas e homens capazes", continuava o *Herald*, "eles escolheram um palestrante de quarta categoria, que não sabe falar corretamente", e cujos discursos são "composições marcadas pela falta de cultura (...) entremeadas de anedotas vulgares e sem graça". Não satisfeitas em zombar de seu intelecto, publicações hostis concentraram-se em sua aparência. "Lincoln é a massa mais desconjuntada, magricela e esquálida, de pernas, braços e rosto anguloso que já se reuniu num único corpo. Ele abusou de maneira injustificável do privilégio da feiura, concedido a todos os políticos."

Mais ataques violentos apareceram no *Charleston Mercury*, que perguntou, em tom de troça: "Depois dele, que homem branco decente ia querer ser Presidente?" Seward, insistia o jornal, fora "descartado" porque "não tinha a fibra necessária para levar a cabo medidas de subjugação sulista". Lincoln, por outro lado, era o "belo ideal de um valentão de fronteira, implacável e obstinado, adepto do partido do Solo Livre". Ele era um "terrorista inculto", afirmou o influente *Richmond Enquirer*, "dotado apenas de seu ódio inveterado pela escravidão e sua predileção abertamente declarada pela igualdade dos negros".

A virulência desses ataques refletia a crescente discordância e apreensão entre os democratas sulistas. Enquanto Lincoln se preparava para a campanha eleitoral, suas perspectivas de vitória tinham aumentado de forma considerável, com a desagregação do Partido Democrata, que era agora o único partido com seguidores tanto no norte como no sul. Tendo se reunido em Charleston, na Carolina do Sul, antes da indicação de Lincoln, a Convenção Nacional do Partido Democrata terminara em caos. Uma maioria de delegados, formada por seguidores de Stephen Douglas, havia apresentado uma plataforma destinada a camuflar a questão da escravatura. Infelizmente para Douglas, já ia longe o tempo em que a questão da escravatura poderia ter sido encoberta. As posições moderadas, aceitáveis no passado, foram rejeitadas pelos políticos sulistas "radicais", que agora condenavam toda sorte de concessão, exigindo total liberdade para que se levassem escravos a todos os territórios e uma proteção explícita do Congresso para esses escravos. A doutrina de "soberania popular", que já fora amplamente aceitável, eles agora descartavam como uma desistência dos princípios sulistas.

Quando a convenção aprovou a plataforma do moderado Douglas, os representantes do Alabama retiraram-se, seguidos primeiro pelos do Mississippi e, então, pelos outros Estados sulistas. Quando a delegação do Mississippi se levantou para se retirar, um delegado indignado subiu numa cadeira para um comovente discurso de despedida, antevendo que "em menos de sessenta dias haveria um Sul Unido". Ao ouvir isso, lembrou-se o observador Murat Halstead, "os delegados da Carolina do Sul aplaudiram por muito tempo", e a ovação crescia à medida que cada Estado desertava. Naquela noite, "havia um sentimento de 4 de julho em Charleston. (...) Não restava dúvida alguma a respeito do sentimento público da cidade. Ela estava do lado dos separatistas, de maneira esmagadora e entusiástica".

Sem ter conseguido garantir dois terços dos votos para qualquer indicado, por conta do impasse a que chegara a convenção de Charleston, o Partido Democrata foi obrigado a fazer nova convenção em Baltimore, depois de Lincoln ter sido indicado pelos republicanos. Ali, Douglas receberia finalmente a indicação que tanto desejava. No entanto, era tarde demais para juntar os cacos do último partido nacional. As posições dos democratas do sul e do norte eram agora irreconciliáveis, abaladas pelas mesmas forças que haviam destruído os *Whigs* e os *Know Nothings*.

Com Douglas como o indicado dos democratas, os separatistas sulistas fizeram nova convenção para indicar John C. Breckinridge, do Kentucky, que tinha profunda convicção de que, com base na Constituição, a escravidão não poderia ser excluída dos territórios.

O senador Joseph Lane, natural da Carolina do Norte, foi indicado para ser seu vice-presidente. Para piorar as coisas, o novo Partido da União Constitucional, composto de *Whigs* da linha antiga e de remanescentes dos *Know Nothings*, realizou sua própria convenção, indicando John Bell, do Tennessee, e Edward Everett, de Massachusetts, numa plataforma enraizada na esperança ilusória de que a dissolução da União poderia ser evitada, caso se deixasse totalmente de lado a questão escravagista.

Enquanto os democratas estavam em processo de autodestruição, um comitê foi a Springfield para notificar Lincoln formalmente de sua indicação. "O sr. Lincoln recebeu-nos na sala de visitas de sua modesta casa de madeira", escreveu Carl Schurz, ávido seguidor de Seward e um dos principais porta-vozes dos germano-americanos. Na "sala parcamente mobiliada", Lincoln "permaneceu de pé, alto e pouco à vontade em seu terno preto, aparentemente novo, mas mal talhado, o longo pescoço trigueiro surgindo macilento do colarinho, os olhos melancólicos fundos no rosto magro". Ashmun falou pelo comitê, e Lincoln "respondeu com algumas frases apropriadas, sérias e bem construídas". Depois, todos relaxaram, entabulando uma conversa mais generalizada, "em parte uma conversa jovial, em que a simplicidade cordial da natureza de Lincoln se destacava". Assim que os membros do comitê partiram, o sr. Kelley, da Pensilvânia, comentou com Schurz: "Bem, poderíamos ter feito algo mais inteligente, mas dificilmente poderíamos ter feito coisa melhor." Ainda assim, admitiu Schurz, outros membros do comitê "talvez não conseguissem dissimular sua apreensão quanto à forma pela qual esse homem obstinado, esse filho da natureza, se comportaria em contato com o mundo lá fora".

Outro visitante, Thurlow Weed, detectou em Lincoln uma acuidade política e sofisticação inesperada. Ainda tentando se recuperar do golpe da derrota de Seward, Weed fez uma viagem a Springfield a convite de Swett e Davis, pouco depois da convenção. Os dois políticos magistrais analisaram "as perspectivas de sucesso, partindo do pressuposto de que todos ou quase todos os Estados escravocratas seriam contrários [a eles]", determinando quais Estados "estavam garantidos sem necessidade de esforço... quais exigiam atenção", e quais "com certeza deveriam ser disputados com vigor". Lincoln exibiu, segundo registrou Weed mais tarde, "tamanho bom-senso, tamanho conhecimento intuitivo da natureza humana e tamanha familiaridade com as virtudes e as fraquezas de políticos, que fiquei muito bem impressionado com sua adequação para assumir o papel que não era improvável que fosse chamado a desempenhar". Weed foi embora, pronto para "começar o trabalho com disposição".

Enquanto Weed e Lincoln planejavam a estratégia para a eleição, deve ter ficado claro aos dois homens que haveria, a bem da verdade, duas eleições. Nos Estados de mão de obra livre, a disputa seria entre Lincoln e Douglas, ao passo que os Estados escravocratas seriam disputados pelo democrata sulista Breckinridge e por Bell, dos Estados fronteiriços.

Uma vitória de Lincoln exigiria pelo menos 152 votos do colégio eleitoral. Ele teria de conquistar praticamente o norte inteiro, incluindo os Estados que votaram no democrata Buchanan na eleição anterior.

Em três desses Estados "em que ele tinha de vencer" — Indiana, Pensilvânia e Ohio —, Douglas tinha uma força considerável, em especial nos condados do sul, habitados em grande parte por colonizadores provenientes do sul. O voto antiescravagista iria sem dúvida para os republicanos, mas ele sozinho não constituiria maioria entre eleitores tão diversificados.

A primeira tarefa de Lincoln foi assegurar sua autoridade sobre o Partido Republicano, harmonizando-se com quem havia concorrido com ele pela indicação — Chase, Seward e Bates — e arregimentando seu apoio.

A primeira tentativa com Chase para que ele defendesse o nome de Lincoln foi na forma de "uma simples circular impressa". Segundo admitiu tempos depois, Chase se sentiu "bastante ressentido e [seu] primeiro impulso foi simplesmente não responder". Então, chegou uma carta pessoal de Lincoln. Sem dar atenção às notícias dos jornais de que Chase estaria "muito consternado e muito insatisfeito com a indicação de um homem tão obscuro quanto o sr. Abe Lincoln", Lincoln teve a elegância de preferir interpretar a carta formal de congratulações, enviada por Chase, como um símbolo de sua propensão para ajudar. "Como me considero o menos importante de todos os que apresentaram seus nomes na convenção", escreveu Lincoln a Chase, "vejo que preciso em especial da ajuda de todos; e estou contente — muito contente — pela indicação de que o senhor está pronto para isso". Com o ego aplacado, Chase discursou em inúmeras reuniões dos republicanos em Ohio, Indiana e Michigan nas semanas que se seguiram.

A criação do Partido da União Constitucional tornou vital o apoio de Edward Bates a Lincoln. O partido tinha arrebanhado muitos dos ex-*Whigs* que apoiaram o respeitado estadista do Missouri, além de muitos antigos *Know Nothings*. Para obter o apoio de Bates, Orville Browning, velho amigo de Lincoln, fez-lhe uma visita em sua casa em St. Louis.

Bates escreveu uma carta para Browning publicar, em que tecia profusos elogios a Lincoln, colocava-o na categoria de conservador e afirmava sua própria determinação de apoiar a chapa republicana.

Apesar de Lincoln ter se esforçado para angariar a cooperação de todos os seus rivais, ele sabia que o apoio ativo de William Henry Seward seria primordial para sua campanha. Os 35 votos de seu Estado natal, Nova York, no Colégio Eleitoral poderiam muito bem se revelar fundamentais para a vitória. Muito embora Seward tivesse prometido seu apoio à chapa republicana em carta aberta, ele ficou tão abatido em consequência da derrota que chegou a pensar em renunciar de imediato a seu mandato no Senado. Sem as pesadas exigências das sessões do congresso, ele poderia permanecer em Auburn, cercado de sua amada família e dos amigos que o reconfortavam.

Entretanto, compreendeu que a decisão de se exonerar pareceria petulante e, como o advertiu o amigo Israel Washburne, "daria às más línguas" oportunidade para prejudicá-lo ainda mais. Por fim, ele resolveu voltar a Washington em fins de maio para terminar seu mandato no Senado. No entanto, a viagem de volta ao Capitólio "na condição de líder deposto pelo [seu] próprio partido" foi uma agonia para ele, como admitiu numa longa carta a Frances. "Cheguei na noite de terça-feira. Preston King esperava por mim na estação, com uma carruagem, e me levou a minha casa. Tudo parecia triste e pesaroso." Seu único consolo, disse-lhe, foi a percepção de que "a responsabilidade ficou para trás, e que sua sombra diminui a cada dia que passa".

Frances estava encantada com a ideia da volta definitiva do marido para a casa deles em Auburn, quando terminasse seu mandato no Senado, no mês de março seguinte. "Você conquistou o direito a uma velhice tranquila", assegurava ao marido. "Trinta e cinco anos da melhor parte da vida de um homem é o máximo razoável que o país pode exigir dele." Mas não era o momento para Seward acomodar-se, desaparecendo da vida pública. O relato que Weed lhe fez sobre a visita a Lincoln talvez tenha dado origem à resolução tomada por Seward. Retirar-se dessa luta seria uma abdicação de sua extraordinária ambição política e de sua crença na causa republicana.

"Estou satisfeito em desistir do mundo político quando ele se propõe a desistir de mim", Seward disse a Weed em fins de junho. "Tudo o que me parece claro, neste exato momento, é que não seria sensato eu me precipitar logo no início da campanha eleitoral, dando a impressão de temer que eu venha a ser esquecido, o que está muito longe da realidade. Mais adiante na campanha eleitoral, talvez fique patente que minha presença é necessária para o interesse público." Foi assim que ele adiou sua decisão, enquanto chegavam inúmeras solicitações, para afinal se comprometer a sair numa turnê eleitoral por nove Estados no final de agosto e início de setembro.

Enquanto Seward se preparava para sua longa turnê, Lincoln permaneceu em Springfield. Em respeito à tradição política e a sua própria opinião de que mais declarações públicas só serviriam para prejudicar suas perspectivas, ele decidiu não empreender pessoalmente uma turnê de comícios. Reconhecendo que seu desorganizado escritório de advocacia não poderia acomodar a multidão de visitantes ansiosos por vê-lo, mudou sua sede de campanha para o salão de recepções do governador no prédio da Assembleia Legislativa Estadual.

No início, o único assistente de Lincoln era John Nicolay, um imigrante germano-americano de 28 anos que tinha trabalhado por três anos como funcionário no escritório do secretário de Estado. Lincoln visitara com frequência o circunspecto Nicolay, quando pesquisava no escritório as estimativas eleitorais mais recentes. Depois da convenção, Lincoln convidara Nicolay para ser seu secretário particular, "uma convocação a prestar serviços, que durou até que seu cabelo ficasse branco e a vitalidade o abandonasse", como registrou tempos depois a filha de Nicolay, Helen.

Com a ajuda de Nicolay, Lincoln respondeu cartas, recebeu centenas, talvez milhares, de visitantes de todas as partes do norte, falou com políticos e contribuiu para uma pequena biografia de campanha, que vendeu mais de um milhão de cópias. De seu escritório improvisado na Assembleia Legislativa Estadual, Lincoln arquitetaria muitos aspectos de sua campanha. Os cabos telegráficos tornavam possível uma comunicação bastante ágil com campos de batalha política. Mensagens confidenciais eram enviadas por correio, levadas por mensageiros particulares e entregues a políticos em visita. Grande parte dessas reuniões perdeu-se para a história, mas as que foram registradas revelam Lincoln como um político habilidoso, que formulou e orientou sua própria estratégia de campanha.

"Ele sentou-se a meu lado no sofá", escreveu um correspondente de Utica, Nova York, "e começou a falar sobre questões políticas de meu próprio Estado com um domínio dos detalhes que me surpreendeu. Descobri que ele estava mais familiarizado com as atividades de nosso partido no Condado de Oneida do que eu poderia ter esperado". Segundo publicou um jornalista do Missouri, "ele consegue não apenas examinar com propriedade o grande princípio democrático de nosso governo, como também, ao mesmo tempo, ensiná-lo a conduzir uma embarcação, rachar uma tora ou até mesmo curtir uma pele de cervo". Cada impressão colhida por um correspondente era encaminhada sem perda de tempo aos jornais, principais meios de comunicação entre candidatos e o público.

Para refutar as caricaturas agressivas de Lincoln, estampadas em jornais democratas, que o descreviam como semianalfabeto, ignorante, um simplório sem cultura, desinteressante e desajeitado, jornalistas republicanos foram enviados a Springfield com o intuito de escrever histórias positivas sobre Lincoln, sobre sua instruída mulher, Mary, e sobre seu lar cheio de dignidade. Jornais que tinham apoiado Seward transferiram rapidamente sua lealdade para o novo líder do Partido Republicano e usaram toda oportunidade para enaltecer seu candidato e atacar a oposição.

"Milhares de perguntas serão feitas quanto à aparência, hábitos, preferências e outras características do Velho e Honesto Abe", escreveu o *Chicago Press & Tribune*. "Já nos adiantamos a algumas delas. (...) Sempre com boa aparência, ele jamais acompanha a moda; não é vaidoso, mas não é desleixado. (...) Em seus hábitos pessoais, o sr. Lincoln tem a simplicidade de uma criança

(...) sua alimentação é modesta e nutritiva. Nunca ingere bebida alcoólica de espécie alguma. (...) Não é viciado em tabaco. (...) Se eleito presidente, o sr. Lincoln não levará mais que uns poucos adornos para a Casa Branca. O país deve aceitar sua sinceridade, sua capacidade e sua honestidade do jeito que são. Ele não será capaz de se inclinar numa mesura polida da mesma forma que Frank Pierce, mas não recomeçará a agitação da questão escravagista, recomendando ao Congresso projetos de lei do tipo Kansas-Nebraska. Poderá não se sentar à cabeceira da mesa em jantares presidenciais com a elegância e a tranquilidade que distinguem o "venerável dignitário público", o sr. Buchanan; contudo, ele não criará a necessidade de uma comissão parlamentar para investigar corrupção em sua Administração.

Os correspondentes de jornais republicanos em visita a Springfield só tinham o que elogiar em Mary. "Seja qual for a esquisitice atribuída ao marido, nela não existe nenhuma", escreveu um jornalista do *New York Evening Post*. "Ela conversa com liberdade e simpatia; e está a par de todas as pequenas amenidades da sociedade."

Os jornalistas ficaram fascinados com o contraste entre uma mulher culta proveniente de uma família refinada e o tosco Lincoln, que se fez por si próprio. Líderes partidários começaram a cultivar a lenda de Lincoln que viria a permear toda a campanha e, na verdade, evoluir até os dias de hoje.

A cabana de toras era emblemática da dignidade conferida por uma origem pobre, comum e honesta, desde que, vinte anos antes, William Henry Harrison fora triunfantemente apelidado de candidato da "cabana de toras e sidra forte". Em resposta à acusação de que Lincoln seria uma "nulidade", o *New York Tribune* sugeriu que um "homem que, por sua própria vocação e força de caráter, ergueu-se da condição de barqueiro do rio Wabash, sem instrução e sem um centavo, à posição que o sr. Lincoln ocupa hoje não pode ser uma nulidade em lugar nenhum".

Lincoln sabia que ser "um Homem do Povo" era uma vantagem, em especial nos Estados brutos e em crescimento do oeste, Estados que eram críticos para a eleição de um candidato republicano. Antes da campanha, ele havia reforçado essa imagem forte do ponto de vista político, com descrições de sua precária instrução, anos de pobreza e trabalhos braçais. Embora seu penoso início de vida não exercesse nenhum fascínio sobre ele, Lincoln era astuto o suficiente para capitalizar esse valioso trunfo político.

Desde o princípio, ele decidiu que "não apenas seria imprudente, como também contrário à expectativa razoável dos amigos, que eu agora escrevesse ou falasse qualquer coisa sobre questões doutrinárias. Além disso, meus discursos publicados contêm praticamente tudo o que me disponho a dizer". Quando seu amigo Leonard Swett pediu sua aprovação para uma carta expressando os sentimentos do candidato, Lincoln respondeu: "Sua carta destinada a seguir para N.Y. está (...) correta em substância." Entretanto, ele aconselhou: "Queime-a; não que haja algo de errado nela; mas porque é melhor que não saibam que eu escrevo de modo algum." Ele reconhecia que qualquer coisa que dissesse seria esquadrinhada minuciosamente com propósitos tendenciosos. O mais leve desvio do registro impresso seria distorcido por amigos e por inimigos. Preferia simplesmente remeter à plataforma partidária que tinha endossado.

Lincoln sabia que a eleição não seria determinada por apenas uma questão. Muito embora a oposição à expansão da escravatura tivesse levado à criação do Partido Republicano e dominado os debates nacionais, em muitos lugares outras questões eram prioritárias. Em Nova Jersey e na Pensilvânia, maior produtor de ferro da nação, o desejo de uma tarifa protecionista era mais forte que a hostilidade à escravidão. No oeste, em especial entre grupos imigrantes, multidões tinham esperança de que a legislação agrária estipulasse terra gratuita ou a preço baixo para novos colonizadores, muitos dos quais tinham sido atingidos duramente pelo Pânico de

1857. Todas essas questões haviam sido tratadas com atenção na plataforma do Partido Republicano. Tivesse a eleição sido disputada com base apenas na questão da escravidão, é provável que Lincoln tivesse perdido.

Enquanto Lincoln mantinha um silêncio estratégico em Springfield, Seward saía para falar sobre questões públicas e proporcionar drama e empolgação à campanha. Viajando de trem, vapor e carruagem com uma comitiva, ele deu início à sua viagem em Michigan. De lá, seguiu rumo ao oeste, para Wisconsin e Minnesota, ao sul, para Iowa e Kansas, e a leste, para Illinois e Ohio.

Em todas as paradas, Seward era recebido por "canhões, fanfarras e procissões com archotes dos 'Wide Awakes'" [Bem Despertos] — jovens republicanos que usavam capas e bonés chamativos de oleado —, que geravam entusiasmo pelo partido. Eles criavam uma atmosfera de circo nas turnês dos republicanos, cercando as multidões e avançando em procissões iluminadas e serpenteantes.

Cinquenta mil pessoas reuniram-se para ouvir Seward em Detroit, e o fervor só foi crescendo à medida que sua turnê seguiu na direção oeste. Milhares esperavam depois da meia-noite pela chegada de seu trem a Kalamazoo; e, quando ele desembarcou, a multidão seguiu-o pelas ruas até o lugar onde pernoitaria. No dia seguinte, outros milhares de pessoas reuniram-se no parque público do povoado para assistir à brilhante "procissão de rapazes e moças, todos em belas montarias, crianças com faixas, homens com carroças e carruagens", que precediam os discursos formais.

Os jornalistas maravilhavam-se com a capacidade de Seward de fazer com que cada discurso parecesse espontâneo e vital, "sem repetição de falas", superando "a oratória política comum em arrebatamento (...) qualidade literária, elevação de pensamento e grande entusiasmo da parte dos ouvintes". Com frequência parecia que "toda a população dos arredores tinha ido saudá-lo", observou um correspondente. "Governador Seward, o senhor está fazendo mais pela eleição de Lincoln do que qualquer grupo de cem homens nos Estados Unidos", disse-lhe um juiz a bordo da barcaça do Mississippi. Ao que Seward respondeu: "Bem, é o meu dever."

Em casa, em Auburn, Frances Seward recebia inúmeras cartas louvando o desempenho de seu marido. "Tenho certeza de que a senhora deve estar muito feliz", escreveu um velho amigo de Seward, Richard Blatchford. "Do início ao fim ele demonstrou uma profundidade de vigor, eloquência e harmonia de pensamento e mente que mesmo nós, que o conhecemos tão bem, ficamos bastante surpresos." Sumner disse a Frances que, à medida que lia cada um dos discursos, ficava cada vez mais maravilhado. "Nunca vi uma sequência semelhante de discursos, escrita por qualquer outro americano." Frances orgulhava-se dos talentos de seu marido, mas ao mesmo tempo reconhecia que o enorme sucesso dele extinguia a possibilidade de ele se retirar em breve para uma vida privada em Auburn. "Sim. Henry está com muita popularidade agora", escreveu a Sumner. "Ele está monopolizado pelo público, e eu já me resignei... é essa a palavra."

No dia 1º de outubro, a caminho de Chicago, o trem de Seward fez uma rápida parada em Springfield. "Houve uma investida em torno das janelas do vagão que o sr. Seward ocupava", observou um correspondente. Lincoln e Trumbull tinham esperado junto com a multidão e entraram no trem para cumprimentá-lo. Lincoln "foi uma revelação", registrou em seu diário Charles Francis Adams, Jr., que estava viajando com Seward. "Lá estava ele, alto, com o andar arrastado, simples e bonachão. Parecia um tanto tímido e com uma atitude muito constrangida, como se estivesse se sentindo pouco à vontade e começasse a se dar conta de que o certo seria que as posições estivessem invertidas. Também Seward parecia contrafeito." Adams sem dúvida atribuiu seus próprios sentimentos a Lincoln, que em absoluto não estava se sentindo "pouco à vontade".

Essa foi a primeira vez que Lincoln e Seward se encontraram desde a noite que passaram juntos em Massachusetts em 1848. "Doze anos atrás, o senhor me disse que essa causa teria êxito", disse Lincoln a Seward, referindo-se à cruzada antiescravagista, "e desde então acreditei que teria, sim".

A turnê de Seward teve um final triunfante no dia 6 de outubro. Embora o próprio Lincoln não tivesse feito nenhuma declaração pública nem discurso, ele trabalhou sem parar em sua campanha, e justificou plenamente a avaliação que Weed fizera de sua sagacidade política. Empenhou-se em manter sua coalizão unida, ao mesmo tempo que obstruiu os esforços de seus oponentes para se unirem em coligações. Enviou representantes aos seus seguidores, com instruções para sanar problemas de campanha e dirimir dissensões. De forma indireta, procurou esclarecer sua posição a respeito de questões importantes, sem quebrar seu voto de silêncio. Absteve-se rigorosamente de fazer promessas clientelistas. Quando o senador Trumbull sugeriu que ele fizesse algumas promessas em Nova York, Lincoln respondeu: "Ao me lembrar de que Pedro negou seu Mestre com um juramento, depois de ter declarado solenemente que jamais faria aquilo, não vou jurar que não farei promessas; mas realmente creio que não farei."

Apesar do trabalho intenso e ininterrupto de organizar sua campanha, Lincoln de alguma forma encontrou tempo para escrever um diálogo fictício, cheio de humor, entre Breckinridge e Douglas. Respondeu também a muitas das incontáveis cartas que recebia, escrevendo de maneira despretensiosa e pessoal a seguidores e simpatizantes de todos os tipos. Em meados de outubro, respondeu à menina de 11 anos Grace Bedell, que havia recomendado que ele deixasse crescer a barba, "porque seu rosto é tão magro" e "todas as damas gostam de costeletas". Depois de lamentar o fato de não ter tido uma filha, ele se perguntou: "Quanto às costeletas, já que nunca as usei, você não acha que as pessoas poderiam dizer que é uma afetação tola, se eu começar agora?" No entanto, ele passou a usar barba. Em janeiro de 1861, John Hay escreveria um dístico humorístico:* *"Election news Abe's hirsute fancy warrant — Apparent hair becomes heir apparent."*

Reconhecendo que as notícias positivas que recebia dos amigos não eram, em sua maioria, imparciais, Lincoln implorou que seus seguidores lhe fizessem relatos francos de suas perspectivas em cada Estado. Ele se preocupou com os relatórios do Maine, de Nova York e de Chicago, e não parava de ruminar por conta da falta de informações sólidas da Pensilvânia. Os objetivos políticos que ele tinha no Estado da Pedra Angular eram estabelecer sua determinação sobre a questão tarifária e sanar as divisões ameaçadoras entre os seguidores de Cameron e de Curtin, o candidato a governador. Lincoln sempre compreendeu a relevância do que descrevia como "trabalho tedioso e árido" de construir organizações para incentivar o voto, ao passo que a maioria dos políticos preferia "marchas, shows e comícios-monstro".

Uma vez que prometera não fazer nenhuma nova declaração sobre questões públicas, Lincoln providenciou para que representantes recorressem a trechos de seus discursos anteriores para reforçar suas posições. Pediu ao juiz Davis que mostrasse a Cameron seleções de discursos favoráveis à tarifa que fizera na década de 1840, e então alertou Cameron: "Antes que esta carta chegue às suas mãos, meu caríssimo amigo, o juiz Davis, terá ido fazer-lhe uma visita e, talvez, tenha lhe mostrado 'os recortes' (...). Nada que diga respeito a eles deverá sair nos jornais."

Lincoln voltou sua atenção política para cada Estado em que sua campanha encontrava dificuldades. Ao saber que o Partido Republicano poderia perder duas cadeiras nas eleições de setembro no

*"Notícias das eleições explicam o aspecto cabeludo de Abe — A barba aparente caiu bem no herdeiro provável." [*N. da T.*]

Maine, ele disse a seu candidato a vice, Hannibal Hamlin: "Receio que um resultado desses (...) provoque o início de nosso declínio, faça com que percamos as eleições estaduais na Pensilvânia e Indiana e provavelmente signifique nossa derrota no turno principal em novembro. O senhor não deve permitir isso." Em agosto, atormentado com uma carta chegada de Rhode Island "insinuando que Douglas está arregimentando alguns homens ricos por lá, que sabem como usar o dinheiro, e que isso está colocando em perigo o Estado", Lincoln perguntou ao senador de Rhode Island, James Simmons: "Como isso pode estar acontecendo? Por favor, me escreva." Por fim, as eleições de setembro na Nova Inglaterra favoreceram os republicanos, preparando o caminho para as grandes disputas de outubro no oeste.

Lincoln não estava sozinho em sua avaliação de que as eleições estaduais de outubro em Indiana e na Pensilvânia se revelariam críticas para os destinos do Partido Republicano. Na véspera das eleições estaduais, o juiz Davis disse a seu filho, "amanhã será o dia mais importante na história do País". O grupo de Lincoln estava exultante com os resultados positivos, já que em ambos os Estados iam se acumulando maiorias republicanas. Quando o juiz Davis soube das eletrizantes notícias, segundo Ward Lamon relatou a Lincoln, "ele estava julgando um importante processo criminal, que terminou quando ele derrubou a mesa do escrevente com um chute, deu um duplo salto mortal e suspendeu o julgamento até depois da eleição presidencial". Se Davis, com seus mais de 130 quilos, realizou de fato essa proeza, foi um milagre apenas superado pela indicação de Lincoln. Não havia dúvida, porém, de que Davis estava eufórico. "Estamos todos no auge da alegria por conta das eleições", escreveu à sua mulher, Sarah. "É evidente que o sr. Lincoln será o próximo Presidente."

Mary Lincoln divertia-se com sua recém-descoberta celebridade. Deliciava-se com a quantidade de visitantes que iam até sua casa, com os artistas que pediam para pintar o retrato de seu marido, com proeminentes políticos que aguardavam pela oportunidade de conversar com o indicado para concorrer à presidência. Com orgulho, e talvez uma sombra de malevolência pelo homem que por tantas vezes tinha derrotado seu marido, ela ressaltou que uma recepção em homenagem a Stephen Douglas em Springfield atraíra não mais que trinta pessoas, embora fossem esperadas centenas. "Realmente parece que os dias de glória dele já passaram", comentou com uma amiga.

Ainda assim, Mary continuou terrivelmente ansiosa com a probabilidade de que o sucesso final mais uma vez se revelasse inatingível. "Você costumava ficar preocupada porque eu lidava com a política com tanta frieza", confessou à sua amiga Hannah Shearer. "Se me visse agora, não se preocuparia. Sempre que tenho tempo para pensar, minha mente está aflita demais para meu gosto. (...) Não sei como suportaria uma derrota. Confio em que não tenhamos de enfrentar essa provação."

Durante semanas, Stephen Douglas tinha atravessado o país em campanha, tendo decidido logo após ter sido indicado que desafiaria os costumes. Não dando atenção à crítica de que seu comportamento inadequado reduzia o "elevado cargo da presidência (...) ao nível de um funcionalismo de condado", ele percorreu o país, dos Estados da Nova Inglaterra até o noroeste, dos Estados fronteiriços até o sul, tornando-se "o primeiro candidato presidencial da história americana a fazer pessoalmente uma turnê por toda a nação".

Douglas estava em Cedar Rapids, Iowa, quando soube da notícia das vitórias republicanas em Indiana e na Pensilvânia, que destruíram qualquer esperança que ele pudesse ter de vencer. "O sr. Lincoln é o próximo Presidente", declarou. "Precisamos tentar salvar a União. Irei ao sul." Foi um movimento corajoso, seu "melhor momento", segundo Allan Nevins. Exausto pelas semanas ininterruptas de campanha, Douglas enfrentou públicos hostis, um após o outro, quanto mais se aproximava do extremo sul. Já sem esperança de obter apoio para sua candidatura, fez campanha pela sobrevivência da União. "Acredito que existe uma conspiração em andamento para acabar com a União", advertiu ele ao público em Montgomery, Alabama. "É dever de todo bom cidadão frustrar o esquema (...) se Lincoln for eleito, ele deverá ser empossado."

Douglas compreendia o que os republicanos não conseguiam ver — que os sulistas falavam sério quando ameaçavam se separar da União, caso Lincoln vencesse a eleição. Sua rejeição à possibilidade do separatismo que se agigantava era em parte, mas apenas em parte, uma tática deliberada de ignorar a ameaça, para não afugentar os eleitores da chapa republicana. Além disso, eles simplesmente não acreditavam que a ameaça fosse séria. Afinal de contas, o sul fizera ameaças semelhantes em períodos intermitentes nos últimos quarenta anos. Charles Francis Adams, Jr., admitiu tempos depois: "Vivíamos todos em castelos de areia." Embora os republicanos nortistas com certeza tivessem visto os editoriais ameaçadores nos jornais sulistas, eles continuavam a acreditar, como disse Lincoln a um amigo jornalista, que o movimento não passava de "uma espécie de blefe político, elaborado por políticos, com o objetivo exclusivo de amedrontar o norte".

Em meados de agosto, Lincoln assegurou a um de seus seguidores, John Fry, que "as pessoas do sul são amistosas e sensatas demais para tentar arruinar o governo". Muitos no sul estavam igualmente céticos. Um editor do Tennessee reconheceu mais tarde que "o grito de desunião tinha se feito ouvir com tanta frequência que poucos o levaram a sério durante a campanha. Era evidente que os 'regionalistas do norte' acreditavam ser 'só conversa' (...) ao passo que a maioria dos sulistas inteligentes presumia que se tratasse de 'uma ameaça vazia feita para abalar o sentimento nortista'."

Da mesma forma, Bates descartou as ameaças sulistas como desespero de políticos belicosos, enquanto Seward escarneceu abertamente das provocações do separatismo: "Eles gritam aos quatro ventos que despedaçarão a União (...). 'Quem está com medo?' Ninguém está com medo." O público respondia em coro: "Ninguém!" Dentre os colaboradores de Lincoln, apenas Frank Blair, Jr., reconheceu que as distorções dos discursos de Lincoln nos jornais sulistas e as "deturpações" de extremistas que insinuavam que os republicanos planejavam um ataque ao sul tinham criado "uma classe numerosa e influente que neste exato momento está pronta para usar a tocha que ateará o incêndio da discórdia civil".

Com as eleições de outubro, a campanha ganhou um ímpeto decisivo, mas ainda não estava encerrada. Com quatro candidatos dividindo os votos, Lincoln teria de granjear os 35 votos cruciais de Nova York, para conseguir maioria no colégio eleitoral e evitar que a eleição fosse remetida para a Câmara. Ele contava com Thurlow Weed para administrar a campanha em Nova York, mas continuava a explorar outras perspectivas e informações sigilosas.

O Estado Imperial apresentou problemas inusitados para os republicanos. Nova York era o lar de grande quantidade de imigrantes irlandeses de tradição democrata, que se opunham à causa antiescravagista. Além disso, vivia na cidade de Nova York uma classe influente de comerciantes e industriais que enxergavam o republicanismo como ameaça às suas relações comerciais com o sul. Se esses grupos se unissem contra Lincoln, e se, como acreditava o pessoal de Douglas, os partidários de Seward não se reconciliassem com a indicação de Lincoln, seria fácil perder os votos de Nova York.

Lincoln reconheceu essas complicações desde o início e advertiu Weed, em agosto. "[H]averá o esforço mais extraordinário que jamais existiu para levar Nova York para o lado de Douglas." Menos preocupado que Lincoln, Weed, mesmo assim, não deixou nada ao acaso. No final de outubro, da Astor House, na cidade de Nova York, ele escreveu a Seward: "Você seria capaz de fazer um discurso tranquilizador nesta cidade? (...) Um discurso no mesmo espírito daquele último que você proferiu no Senado, mostrando que é tarefa dos republicanos e missão do Partido Republicano preservar a União (...) que não existe um único ponto agressivo na Plataforma Republicana. (...) Acredito que isso arremataria o trabalho." Seward concordou de imediato em ir a Nova York. Seu discurso, mesmo nesse reduto democrata, foi interrompido várias vezes por fortes aplausos; e, quando ele terminou, "o público inteiro irrompeu na mais entusiasmada das aclamações".

No dia da eleição, 6 de novembro de 1860, os cidadãos de Springfield foram despertados ao nascer do sol por tiros de canhões e por uma animada música de banda "para afugentar quaisquer espíritos indolentes que pudessem existir entre o povo". Lincoln passou a manhã em seu escritório na Assembleia Legislativa Estadual, recebendo visitas e conversando com elas. Samuel Weed, do *New York Times,* lembrou-se por muito tempo da atmosfera que reinava na sala naquela manhã. Lincoln "conversava com três ou quatro amigos com calma e cordialidade como se tivesse começado um piquenique". Inclinando a cadeira para trás para colocar as longas pernas sobre o forno a lenha, fez perguntas tão detalhadas sobre todas as disputas locais que "se teria concluído que a Promotoria Pública de um condado de Illinois tinha muito mais importância do que a Presidência".

Às cinco da tarde foi para casa jantar com Mary e os meninos e retornou à Assembleia às sete, acompanhado do juiz Davis e alguns amigos. Uma enorme multidão seguiu-o, entrando também no prédio da Assembleia, o que fez com que um de seus simpatizantes sugerisse que ele pedisse a todos que se retirassem, com exceção de seus amigos mais próximos. "Ele disse que jamais fizera esse tipo de coisa na vida, e não ia começar agora." Quando a votação foi encerrada, começaram a chegar à agência dos telégrafos os primeiros comunicados. Um correspondente do *Missouri Democrat* observou que durante toda a noite "Lincoln esteve calmo e sereno como sempre, mas houve um espasmo nervoso em seu rosto, quando entrou o mensageiro dos telégrafos, o que indicava uma ansiedade interior que nenhuma tranquilidade exterior conseguiria reprimir." O primeiro comunicado, que revelava uma forte vitória republicana em Decatur, Illinois, foi "levado até a Assembleia como um troféu de vitória, para ser lido para a multidão", que reagiu com grandes brados de alegria. Muito embora as primeiras apurações estivessem incompletas, observou-se que Lincoln "parecia compreender sua posição no resultado geral no Estado e tecia comentários sobre cada apuração, em comparação com os de eleições anteriores".

Às nove horas, à medida que as contagens de votos eram retransmitidas de Estados mais distantes, Lincoln, Davis e alguns amigos reuniram-se na agência dos telégrafos para acesso imediato aos resultados. Enquanto Lincoln se reclinava num sofá, o telégrafo emitia boas notícias de todos os lugares. A Nova Inglaterra, o noroeste, Indiana e a Pensilvânia, todos tinham vindo para o lado republicano. Quando deram dez horas, porém, sem nenhuma palavra de Nova York, Lincoln ficou apreensivo. "As notícias chegariam bem rápido se fossem boas", disse ao grupo que estava com ele. E se fossem ruins, ele não tinha nenhuma pressa em recebê-las.

Por fim, às onze e trinta, chegou uma mensagem de Nova York. "Tivemos sólidas vantagens em todos os lugares no Estado, mas a apuração não está avançada o suficiente para nos dar certeza do resultado, embora estejamos bastante otimistas de que uma grande vitória foi alcançada." O comunicado gerou enorme comemoração. Minutos depois, Lyman Trumbull entrou correndo na sala: "Tio Abe, o senhor é o próximo Presidente, e eu sei disso." Lincoln ainda estava inseguro, pois se os democratas acumulassem imensas maiorias na cidade de Nova York, isso poderia contrabalançar os votos republicanos no resto do Estado. "Calma, meus amigos", disse ele. "Calma, talvez ainda não tenha terminado."

A preocupação de Lincoln revelou-se infundada, uma vez que a organização sem paralelo de Thurlow Weed vinha trabalhando desde a madrugada, arrebanhando eleitores republicanos em cada zona eleitoral. "Não deixem para a última hora", Weed ordenara a seus colaboradores. "Considerem 'negligente' todo homem que não votar antes das 10 horas." Ele deu muito tempo para que sua organização estimulasse, incitasse e, se necessário fosse, transportasse eleitores até as urnas.

Logo depois da meia-noite, chegaram as apurações de Nova York e do Brooklyn, revelando que o controle dos democratas sobre a cidade de Nova York não era suficiente para compensar o voto republicano por todo o Estado. As comemorações podiam começar para valer, pois a vitória de Lincoln era uma realidade.

Os sinos das igrejas começaram a repicar. Vivas para "o Velho Abe" ressoavam pelas ruas. Lincoln estava exultante, e admitia que era "um homem muito feliz (...) quem não seria nessas circunstâncias?" Guardou o último comunicado no bolso e se encaminhou para casa para contar a Mary, que esperara ansiosa o dia inteiro. "Mary, Mary", gritou ele, "estamos eleitos!"

Capítulo 5

Quando Lincoln tentou dormir, eram duas da manhã. Estava exausto, mas não conseguia conciliar o sono. O entusiasmo que o mantivera animado ao longo da campanha tinha se dissipado, recordou-se mais tarde, e ele se sentia oprimido pelo peso da responsabilidade que lhe caía sobre os ombros.

"Comecei de imediato a sentir que precisava de apoio, outros que dividissem a carga comigo." Enquanto os moradores da cidade voltavam se arrastando exaustos para casa, Lincoln começava a compor sua família oficial — o núcleo de sua Administração. "Isso foi na manhã de quarta-feira", revelou ele, "e antes do pôr do sol, eu já tinha criado meu Gabinete. Ele era quase o mesmo que acabei por escolher".

Num cartão em branco, ele escreveu os sete nomes de sua preferência. No centro da lista, estavam seus principais concorrentes para a indicação: Seward, Chase e Bates. A lista também incluía Montgomery Blair, Gideon Welles e Norman Judd, todos ex-democratas, bem como William Dayton, de Nova Jersey, um ex-*Whig*. Embora alguns meses fossem se passar antes que o Gabinete se formasse, sujeitando Lincoln a fortes pressões de todos os lados, naquele dia ele decidiu se cercar com os homens mais fortes de cada facção do novo Partido Republicano: ex-*Whigs*, ex-integrantes do Partido do Solo Livre e ex-democratas contrários à escravidão.

A tranquilidade desse primeiro dia, que permitiu a Lincoln refletir sobre a formulação de seu Gabinete ideal, revelou ser a calmaria antes da tempestade. Logo começou "a louca disputa" pelos postos secundários. Com cartas de recomendação enfiadas nos bolsos e esperanças febris no coração, hordas de candidatos a cargos oficiais abateram-se sobre Springfield. Alguns chegavam com "botas enlameadas e grosseiras camisas de trabalho", enquanto outros se apresentavam com seus melhores trajes de linho e lã. Todos eram recebidos com cortesia por Lincoln.

Ele decidiu recebê-los em dois horários por dia, o primeiro de manhã, o segundo no final da tarde. As audiências ocorriam na Sala do Governador na Assembleia Legislativa Estadual, recinto pequeno demais para o fluxo constante de visitantes que se acotovelavam para passar pelo portal estreito, atraídos pela "voz límpida e muitas vezes pelas risadas sonoras" de Lincoln. Henry Villard, correspondente do *New York Tribune*, apesar de seu ceticismo inicial quanto às qualificações de Lincoln para ser presidente, observou que o presidente eleito "demonstrava um tato notável" para com todos os visitantes. Ouvindo com paciência cada postulante, Lincoln revelava uma perspicaz "adaptação a características e peculiaridades individuais. Ele nunca se esquivava a uma pergunta franca, nem deixava de dar uma resposta adequada". O que mais impressionou Villard foi a extraordinária capacidade de Lincoln para contar uma história humorística ou transmitir um relato apropriado "para explicar um significado ou reforçar um ponto" sempre com um perfeito senso de oportunidade.

A essa altura, Lincoln necessitava com urgência de um segundo auxiliar. Nicolay recomendou John Hay, de 22 anos, o jovem jornalista formado pela Brown University que tinha se tornado atuante na campanha e escrevera colunas favoráveis a Lincoln para o *Democrat* do Missouri. Hay não deixou passar a oportunidade de trabalhar na Casa Branca.

Para ajudar em suas deliberações acerca do Gabinete, Lincoln convidou Hannibal Hamlin, seu vice-presidente eleito, para reunir-se com ele em Chicago. Assim que as providências foram tomadas, chamou seu velho amigo Joshua Speed para juntar-se a ele e sugeriu que levasse sua mulher, Fanny, para fazer companhia a Mary. Tendo viajado de trem, com um pequeno grupo de jornalistas e amigos, os Lincoln instalaram-se na Tremont House, que tinha abrigado Davis e Swett seis meses antes, quando eles organizaram a inesperada indicação.

Embora Hamlin tivesse sido senador quando Lincoln estava na Câmara, essa seria a primeira vez em que se encontravam. Nascido no Maine, no mesmo ano que Lincoln, Hamlin era um homem alto, de compleição forte, com uma tez morena. Tinha entrado muito jovem na política, como um democrata jacksoniano; seu primeiro mandato foi na Assembleia Legislativa do Maine, depois na Câmara de Representantes dos EUA e, por fim, no Senado.

Lincoln deixou clara sua determinação de criar "um organismo compacto", atraindo seus ex-adversários para dentro da "residência oficial". Hamlin parecia concordar com essa ideia, e a conversa voltou-se para a escolha de um representante da Nova Inglaterra. Foi mencionado o nome de Gideon Welles, escolha original de Lincoln, junto com Nathaniel Banks e Charles Francis Adams, Jr. Hamlin fez objeção a Banks, mas concordou em examinar a disponibilidade e viabilidade tanto de Adams como de Welles.

De volta à casa, Lincoln correspondeu-se com uma grande variedade de políticos e escutou com atenção suas sugestões para o Gabinete. No final, porém, ele sozinho resolveria o que a filha de Nicolay, Helen, descreveu mais tarde como um "dificílimo exercício de palavras cruzadas, no qual o serviço e a lealdade ao partido, a boa forma física, a localização geográfica e uma dúzia de outros fatores precisavam ser levados em consideração e conciliados".

Desde o início, Lincoln decidiu dar o posto mais alto a Seward, "tendo em vista sua capacidade, integridade e influência inconteste". Com a presidência agora fora de seu alcance, Seward jamais questionou se merecia o posto proeminente de secretário de Estado. Entretanto, ele abrigava ambições mais elaboradas. Enquanto Lincoln desejava um Gabinete que reunisse as várias facções do Partido Republicano, Seward acreditava que o Gabinete deveria ser dominado por ex-*Whigs*, como ele mesmo. Tinham sido do Partido *Whig* dois terços da votação total de Lincoln. Cargos de menor importância poderiam ser dados aos principais representantes das outras facções, mas os ex-*Whigs*, na opinião de Seward, faziam jus aos postos principais. Além disso, Seward pretendia, com a ajuda de Weed, desempenhar um papel importante na escolha dos demais integrantes do Gabinete, adquirindo assim no novo governo uma posição de maior autoridade do que a do próprio Lincoln.

Para dar andamento a esse plano, Thurlow Weed convidou Lincoln, pouco depois da eleição, a juntar-se a ele na casa de Seward em Auburn, para que os três pudessem deliberar sobre o Gabinete. Lincoln teve a prudência de recusar o convite. Quando Weed sugeriu uma reunião num ambiente mais neutro, Lincoln mais uma vez recusou. Apesar de estar mais do que disposto a consultar Weed e Seward quanto à escolha dos integrantes do Gabinete, Lincoln queria deixar evidente que as decisões finais teriam origem em Springfield e seriam exclusivamente suas.

As manobras cuidadosas de Lincoln para com Weed não indicavam nenhuma hesitação quanto a nomear Seward seu secretário de Estado. Na realidade, depois de alguns jornais especularem que Seward não tinha nenhum interesse num posto no Gabinete e que, mesmo que tivesse, Lincoln não queria lhe oferecer um, Lincoln decidiu agir rápido. No início de dezembro, ordenou a Hamlin que se certificasse das intenções de Seward. Quando Hamlin abordou o amigo de Seward, Preston King, este sugeriu que o vice-presidente eleito tratasse diretamente com Seward. Sabendo que isso equivaleria a "uma oferta de um posto", Hamlin voltou a Lincoln em busca de instruções.

Lincoln anexou a sua resposta duas cartas para Seward e orientou Hamlin a entregá-las a Seward "de imediato". Na tarde do dia 10 de dezembro, depois que o Senado entrou em recesso, Hamlin alcançou Seward na rua. Quando chegaram à Washington House na esquina da Third Street e Pennsylvania Avenue, onde Hamlin estava hospedado, o vice-presidente eleito convidou Seward a entrar para conversar. Questionado se de fato recusaria o posto de secretário de Estado, Seward foi reservado na sua resposta: "Se é sobre esse assunto que o senhor veio falar comigo, Hamlin, podemos parar por aqui. Não quero o cargo; e, se quisesse, tenho motivos para acreditar que não o conseguiria. Portanto, não falemos mais sobre isso."

"Muito bem", disse Hamlin, "mas antes que o senhor se manifeste a terceiros de modo tão incisivo quanto acaba de se manifestar, permita-me entregar-lhe esta carta do sr. Lincoln". Seward "tremeu" e pareceu "nervoso" ao receber a primeira carta, datada de 8 de dezembro, que continha o convite formal. "Com sua permissão", escreveu Lincoln, "no momento adequado, indicarei seu nome ao Senado, para confirmação, como Secretário de Estado dos Estados Unidos. Queira responder o mais breve possível".

De início, Seward pouco falou, talvez suspeitando que esse fosse o oferecimento por mera formalidade que os jornais vinham prevendo o tempo todo. Instantes depois, ele abriu a segunda carta, marcada como pessoal e confidencial, cujo teor tinha sido brilhantemente projetado para apaziguar seu ego. "Chegaram à imprensa rumores", escreveu Lincoln, "de que o Departamento acima mencionado lhe seria oferecido a título de cortesia, e com a expectativa de que o senhor o recusasse. Peço-lhe que acredite que eu não disse nada que justifique esses rumores. Pelo contrário, foi meu propósito, desde o dia da indicação em Chicago, nomeá-lo, com sua licença, para esse posto na Administração (...) Ofereço-lhe agora esse posto, na esperança de que o aceite e com a certeza de que sua posição aos olhos do público, sua integridade, capacidade, erudição e enorme experiência, de que todos esses aspectos se associam para tornar sua nomeação extremamente adequada."

Com o rosto "pálido de empolgação", Seward apertou a mão de Hamlin. "É extraordinário, sr. Hamlin; vou refletir sobre o assunto e, de acordo com o pedido do sr. Lincoln, dar-lhe-ei minha decisão com a maior brevidade possível." Dali a três dias, no dia 13 de dezembro, Seward escreveu um bilhete gentil a Lincoln, explicando ser uma honra ter recebido o oferecimento, mas alegando precisar de "um pouco de tempo" para analisar se possuía "as qualificações e o temperamento de um ministro;" e se seria num posto como aquele que seus amigos prefeririam que ele atuasse se ele decidisse continuar na vida pública. Disse que desejava poder conversar diretamente com Lincoln sobre essas questões, mas não via como seria prudente realizar uma reunião dessa natureza "nas circunstâncias vigentes". Embora não houvesse muita dúvida de que Seward desejava o posto, ele ainda queria testar a extensão de sua influência na seleção de colegas condizentes (favoráveis a Seward).

Depois de fazer o oferecimento a Seward, Lincoln voltou sua atenção para Bates. Por intermédio de Frank Blair, foi organizada uma visita de Bates a Lincoln em Springfield no dia 15 de dezembro.

Lincoln não demorou em assegurar a Bates que "desde a ocasião de sua indicação, ele estava determinado, em caso de vitória, a convidá[-lo] a participar do Gabinete". Na verdade, Bates registrou com orgulho em seu diário que Lincoln lhe dissera considerar sua participação na Administração "necessária para seu completo sucesso". Lincoln explicou que, embora não pudesse oferecer a Bates a vaga principal como secretário de Estado, ele podia propor "o que supunha ser o cargo mais compatível e para o qual ele decerto estava qualificado, sob todos os aspectos, ou seja, o de Secretário da Justiça".

Bates disse a Lincoln que, se "a paz e a ordem estivessem prevalecendo no país", ele recusaria a honra, exatamente como havia recusado o posto de secretário da Guerra na Administração do presidente Fillmore em 1850. Com o país "enfrentando problemas e correndo perigo", porém, ele considerava ser seu dever "sacrificar" seus interesses pessoais em prol de contribuir, se fosse possível, com seu trabalho e influência para preservar o país e nele restaurar a paz. Lincoln soube que tinha conquistado Bates, fosse para secretário da Justiça, fosse, caso Seward recusasse, para secretário de Estado. Quando, alguns dias depois, Bates sugeriu que "surtiria um bom efeito no público, especialmente nos Estados escravagistas da fronteira" um vazamento da notícia do oferecimento feito a ele, Lincoln concordou. "Que seja publicado um pequeno editorial no *Democrat* do Missouri", escreveu ele a Bates, revelando sua aceitação de um posto no Gabinete, embora "ainda não esteja definido em qual Departamento". O anúncio da nomeação de Bates foi bem acolhido praticamente em toda parte. De fato, a indicação de Bates seria a que exigiria menos manobras entre todas as escolhas de Lincoln.

Enquanto isso, depois de receber a oferta de Lincoln, Seward consultou Weed, como tinha feito em todos os momentos críticos em sua longa carreira. Weed entrou em contato com Leonard Swett para obter um convite para uma conversa com Lincoln a respeito do que Seward pensava sobre a composição do Gabinete. "O sr. Lincoln teria grande prazer em recebê-lo", informou Swett a Weed no dia 10 de dezembro. "Ele me pediu que lhe dissesse isso. (...) O sr. Lincoln deseja seu aconselhamento sobre o Gabinete e sobre as políticas gerais de sua Administração."

Weed chegou a Springfield no dia 20 de dezembro. Ele e Lincoln acomodaram-se um diante do outro, na sala de estar de Lincoln, na presença de Swett e Davis. Swett jamais se esqueceria da cena dos dois homens, que "se entrosaram" tão bem, ambos de "estatura e aparência notáveis" com "feições fortes e marcantes", ambos tendo "se alçado por seu próprio esforço de origens humildes para o controle de uma nação". Apesar de seu respeito mútuo, a determinação de Lincoln quanto às escolhas para seu Gabinete deixou consternado Weed, que tinha suposto que ele e Seward desempenhariam um papel crucial na composição de todo o conjunto. À indicação de Bates por parte de Lincoln, Weed não fazia objeção. Tampouco se queixou quando a conversa se voltou para Caleb Smith de Indiana e Simon Cameron. Muito embora Cameron fosse um ex-democrata, Weed entendia que a Pensilvânia merecia uma nomeação. Além disso, Cameron era um homem prático, um político que agradava a Weed. Contudo, quando foi feita menção a Salmon Chase, Gideon Welles e Montgomery Blair — todos ex-democratas, todos antipáticos a Seward —, Weed "manifestou sua forte oposição".

Chase, argumentou Weed, era um abolicionista. Welles e seus companheiros democratas em Connecticut eram pedras no sapato de Weed e Seward havia anos. Weed recomendava que muito melhor que Welles seria a escolha de Charles Francis Adams ou George Ashmun, os dois ex-*Whigs* e bons amigos tanto de Seward como de Weed. Lincoln, numa atitude um pouco dissimulada, alegou que, como Hamlin era da Nova Inglaterra, onde grande parte da atividade naval estava localizada, tinha sido atribuída ao vice-presidente eleito a escolha de um representante da Nova Inglaterra para o Departamento da Marinha. Como Hamlin tinha escolhido Welles, "só restava saber se ele [Welles] era inadequado pessoalmente para o posto". A bem da verdade, Hamlin e Lincoln tinham conversado sobre vários nomes para o posto, inclusive o de Welles. Hamlin preferia Charles Francis Adams, mas Lincoln quis o ex-democrata Welles para ajudar a contrabalançar os membros *Whigs* de seu Gabinete.

Em seguida, Lincoln mencionou o nome de Montgomery Blair. Weed afirmou que Lincoln acabaria por se arrepender dessa escolha.

Lincoln explicou que precisava de um representante dos Estados fronteiriços. A indicação de Montgomery garantiria apoio tanto em Maryland como, através de seu irmão, Frank, no Missouri. Weed sugeriu em seu lugar John Gilmer, da Carolina do Norte, um homem leal à União. Lincoln conhecia Gilmer e gostava dele, mas duvidava de que qualquer sulista aceitasse um posto. Não obstante, ele admitiu que, se Gilmer fosse contatado e aceitasse, e "se não houvesse nenhuma dúvida sobre sua lealdade, ele o nomearia".

À medida que a reunião foi se encerrando, Weed salientou que a inclusão de Chase, Cameron, Welles e Blair no Gabinete, junto com Seward, Bates e Smith daria uma maioria aos democratas, uma desfeita aos *Whigs* que representavam a maior parte do Partido Republicano. "Parece que você se esquece", respondeu Lincoln, "de que eu estarei presente; e, contando comigo, dá para ver como o Gabinete estaria bem equilibrado e lastreado".

Weed regressou para Albany convencido de que Lincoln era "capaz, na acepção mais abrangente do termo". No *Albany Evening Journal,* ele declarou: "a mente [de Lincoln] é ao mesmo tempo filosófica e prática. Ele recebe todos os que vão lá, ouve tudo o que têm a dizer, conversa livremente com todos, lê qualquer coisa que escrevam para ele; mas pensa e age por si mesmo."

Embora em público elogiasse a independência de Lincoln, no íntimo Weed estava tão contrariado com a natureza do Gabinete que já não tinha certeza se Seward deveria aceitar. Na noite seguinte, Seward enviou um bilhete para Charles Francis Adams, convidando-o a vir visitá-lo de manhã. Com um tom de tristeza na voz, Seward disse a Adams que, quando Lincoln lhe oferecera o principal posto no Gabinete, ele, Seward, tinha imaginado que Lincoln "o teria consultado a respeito da seleção dos colaboradores com quem haveria de atuar"; mas Weed tinha voltado de Springfield de mãos vazias. Tinha sido sua esperança que Adams fosse nomeado para o Tesouro, mas a provável escolha de Welles preencheria a cota da Nova Inglaterra, fechando a porta para Adams. "Esse não era o Gabinete", confidenciou-lhe Seward, "que tinha esperado ver, e ele o deixava numa posição extremamente embaraçosa quanto ao que deveria fazer. Se recusasse, conseguiria identificar o verdadeiro motivo para a recusa, que era a falta de apoio no grupo? Se aceitasse, que missão teria pela frente!" Adams respondeu que "neste momento de enorme dificuldade e perigo, não havia alternativa para [Seward] a não ser a de aceitar". É provável que isso tenha sido o que Seward quisesse ouvir desde o início, depois de ter manifestado seu constrangimento por não ter conseguido um posto para seu amigo Adams.

No dia seguinte, Seward escreveu a Lincoln que, "depois da devida reflexão e com muitas dúvidas", chegara a uma conclusão: "caso eu seja indicado para aprovação do Senado (...) seria meu dever aceitar".

Com a aceitação de Seward e de Bates nas mãos, Lincoln voltou a atenção para seu terceiro rival, Salmon Chase. Ciente de que Chase jamais aceitaria uma posição subordinada, Lincoln tinha reservado para ele o Departamento do Tesouro. Assim que recebeu a aceitação por escrito de Seward, ele escreveu a Chase: "Nestes tempos turbulentos, eu gostaria [muito] de ter uma reunião com o senhor. Por favor, venha me visitar assim que puder." As peças do quebra-cabeça começavam a se encaixar.

Entretanto, os planos de Lincoln para Chase foram temporariamente atropelados pela forte pressão pela nomeação de Simon Cameron, da Pensilvânia, para o posto de secretário do Tesouro. A pressão por Cameron começou dias depois da eleição de Lincoln, com uma avalanche de cartas "provenientes de fontes muito fortes e inesperadas". Contudo, apesar de promessas feitas à delegação da Pensilvânia pelos homens de Lincoln na convenção em Chicago, Cameron parecia ser um candidato improvável para um posto no Gabinete. Já havia muitos anos, acusações de suborno e de má conduta para com os indígenas da tribo Winnebago tinham conspurcado o nome de Cameron. Por mais que sua reputação estivesse comprometida, a campanha em prol do representante da Pensilvânia foi organizada com enorme habilidade e eficácia.

Lincoln e Cameron reuniram-se no escritório de Lincoln, onde conversaram por muitas horas. O diálogo foi franco e agradável, pois até mesmo os que se opunham a Cameron reconheciam sua personalidade cativante, sua sagaz compreensão da política e seu repertório de histórias curiosas. Ao final do encontro, Lincoln disse a Cameron que o nomearia para o Gabinete, fosse como secretário do Tesouro, fosse como secretário da Guerra. O astuto Cameron pediu a Lincoln que fizesse a oferta por escrito, o que Lincoln de modo um pouco impulsivo fez, mediante a promessa de que a oferta permanecesse confidencial. Infelizmente, quando voltou para casa, Cameron exibiu o oferecimento entre seus amigos, como "um colegial que não consegue se conter".

Com o vazamento da provável indicação, a oposição foi geral. "Emana do sr. C. um odor que seria muito prejudicial para nossa Administração", advertiu Trumbull numa carta a Lincoln, que provavelmente chegou a Springfield pouco depois da partida de Cameron. "Nem um senador com quem eu tenha falado vê com bons olhos uma indicação dessas." E então, no dia 3 de janeiro de 1861, Alexander McClure, representando uma das facções contrárias a Cameron na Pensilvânia, chegou a Springfield, trazendo documentos que revelariam a falta de correção moral de Cameron, especialmente inadequada para a gestão do Tesouro. Reconhecendo ter agido por impulso, Lincoln enviou uma correspondência particular para Cameron no mesmo dia: "Desde que nos vimos, houve desdobramentos que me impossibilitam de incluí-lo em meu Gabinete." Para salvar as aparências, Lincoln sugeria que Cameron recusasse a nomeação. Nesse caso, Lincoln "não faria objeção a que fosse divulgado que o oferecimento tinha sido feito".

Na esperança de que Cameron cooperasse, Lincoln aguardava seu encontro com Chase, que chegou a Springfield na sexta-feira, 4 de janeiro.

Lincoln foi direto ao assunto da reunião. "Agi com você", disse ele, "como talvez não tivesse me arriscado a agir com nenhum outro homem neste país: chamei-o aqui para lhe perguntar se você aceitaria a nomeação para Secretário do Tesouro, sem, contudo, estar exatamente preparado para oferecer-lhe o posto". Lincoln explicou que o problema residia em obter a aceitação para a nomeação de Chase na Pensilvânia, perspectiva complicada pela situação com Cameron, ainda por resolver, bem como pelo anterior apoio de Chase ao livre comércio, que tinha enfurecido a Pensilvânia dedicada à indústria. A franqueza de Lincoln impressionou Chase, mesmo o tendo irritado. "Eu lhe disse sem rodeios que não desejava posto algum e que não conseguiria com facilidade me forçar a aceitar um cargo de segundo escalão; mas que, na qualidade de senador, teria prazer em dar a sua Administração todo o apoio que um amigo sincero (...) poderia dar." [Chase mais uma vez tinha sido eleito para o Senado dos EUA pela legislatura de Ohio.]

À medida que a conversa prosseguiu, porém, Chase começou a relaxar. Lincoln explicou que, se Seward tivesse recusado o Departamento de Estado, ele não teria hesitado em oferecê-lo a Chase, na certeza de que Seward e Chase mereciam os dois postos mais altos no Gabinete. Com sua dignidade restaurada, Chase prometeu levar em consideração o oferecimento condicional do Tesouro "submetendo-o ao aconselhamento de amigos".

Na manhã de segunda-feira, quando Chase partiu para Columbus, Lincoln já tinha chegado a uma solução provisória para seu problema. Ele não ofereceria o Tesouro a Cameron, mas manteria em aberto a possibilidade de outro posto. A solução consistia em persuadi-lo a assumir o posto menos importante do Departamento da Guerra.

Cauteloso, Lincoln escreveu uma carta conciliatória a Cameron, admitindo que sua primeira carta fora escrita em momento de "enorme ansiedade" e pedindo-lhe compreensão, pois não tivera intenção alguma de ofendê-lo. Ele prometeu que, se fizesse uma indicação para o Gabinete pela Pensilvânia antes de chegar à capital, não o faria sem antes conversar com Cameron, "e conceder toda a importância possível a suas opiniões e desejos".

Amigos de Chase solicitaram a Lincoln que formalizasse sua nomeação, mas o problema causado por sua carta impulsiva a Cameron convencera Lincoln a não se precipitar outra vez, enquanto não chegasse a Washington em fins de fevereiro. A incerteza deixou Chase cada vez mais agitado. "Se ele houvesse por bem ter me proposto o Departamento do Tesouro com o mesmo respeito e consideração que manifestou para com o sr. Seward e com o sr. Bates", escreveu Chase a sua amiga Elizabeth Pike, "eu talvez me sentisse na obrigação bastante forte de ceder à avaliação de amigos e aceitar o posto". No final das contas, Chase jamais chegou a enviar uma correspondência pedindo a Lincoln que retirasse seu nome de cogitações futuras para o Gabinete. Seu desejo por um alto posto e pela fama, como Lincoln supôs com sagacidade, permitiu que o próprio Lincoln determinasse o momento e o local de sua nomeação.

Enquanto Lincoln estava absorto na construção de sua família oficial, o país se dilacerava. No dia 20 de dezembro de 1860, mesmo dia em que Lincoln se reuniu com Thurlow Weed, a Carolina do Sul, em consequência da vitória republicana, realizou uma convenção estadual, na qual foi aprovado um decreto que estabelecia a secessão para com a União. A votação foi unânime. Por todo o extremo sul, teve início um tamanho "processo de bola de neve" que, ao longo das seis semanas posteriores, mais seis Estados seguiram seu exemplo: Mississippi, Louisiana, Flórida, Alabama, Geórgia e Texas.

Na noite seguinte à eleição, os cidadãos de Charleston compareceram em massa a um desfile à luz de tochas, no qual era carregada uma figura de Lincoln, com uma placa na mão onde se lia — "Abe Lincoln, Primeiro Presidente da Confederação do Norte." Dois escravos içaram a imagem para cima de um palanque, onde ela foi incendiada e "rapidamente consumida em meio aos aplausos da multidão".

Embora jornais sulistas, havia muito tempo, viessem publicando ameaças de que uma secessão seria a consequência imediata de uma vitória de Lincoln, a velocidade e veemência do movimento separatista pegaram de surpresa muitos no norte, o presidente Buchanan, inclusive. O presidente solteiro estava na festa de casamento de um jovem amigo, quando ouviu a notícia da secessão da Carolina do Sul. Uma súbita comoção anunciou a entrada do congressista da Carolina do Sul Lawrence Keitt. Agitando acima da cabeça o decreto de seu Estado, ele gritava "Graças a Deus! Ah, graças a Deus! (...) Sinto-me como um garoto dispensado de ir à escola." Quando assimilou a notícia, Buchanan "pareceu atordoado, recostou-se e agarrou-se aos braços da cadeira onde estava sentado". Incapaz de continuar a apreciar a festa, ele saiu de imediato.

Para Lincoln, que somente tomaria posse em 4 de março, esse foi um período de ansiedade e frustração crescentes. Ele acreditava profundamente, como disse a John Nicolay, que o governo possuía "tanto a autoridade como a força para manter sua própria integridade", mas era pouco o que ele podia fazer enquanto não assumisse as rédeas do poder. Embora fosse "infatigável em seus esforços para obter a mais plena compreensão da situação corrente das questões públicas", confiando não apenas nos jornais que devorava, mas em "pesquisas acuradas em busca de precedentes, analogias, fontes confiáveis etc.", era difícil ficar assistindo enquanto seu país se desintegrava. A certa altura, ele declarou que se disporia a reduzir a própria vida por "um período de anos" equivalente ao número de meses de ansiedade que se estenderam de sua eleição à posse.

Os acontecimentos logo afastaram a tênue esperança de que o tempo trouxesse uma solução pacífica para a crise da secessão. Havia três fortes federais na Carolina do Sul: Forte Moultrie, sob o comando do Major Robert Anderson; Forte Sumter; e o Castelo Pinckney. A Carolina do Sul anunciou que todos os três estavam em seu território e que três comissários da nova "república" tinham sido nomeados para negociar a questão com a Administração de Buchanan. "Desde o início", relatou John Nicolay, estava evidente que "os carolinenses pretendiam de algum modo se apoderar dessas fortificações, pois era a única maneira pela qual poderiam fazer resistência séria ao governo federal".

Em fins de dezembro, chegou a Springfield um rumor de que Buchanan teria dado ordens ao Major Anderson "para entregar o Forte Moultrie, se ele fosse atacado". Quando soube da notícia, Lincoln disse a Nicolay: "Se isso for verdade, ele deveria ser enforcado!" Imediatamente, enviou uma mensagem ao general Scott através de seu amigo, o congressista Washburne, para que estivesse preparado na ocasião da posse "para manter, ou retomar, os fortes, conforme o caso".

Enquanto Buchanan hesitava quanto à atitude a tomar, Anderson adiantou-se à sua decisão na noite de 26 de dezembro de 1860, resolvendo transferir sua tropa do Forte Moultrie para o menos vulnerável Forte Sumter. No dia seguinte, a Carolina do Sul assumiu o controle do Forte Moultrie, abandonado, bem como do Castelo Pinckney.

Sob a influência de alguns integrantes de seu Gabinete, Buchanan concordou em mandar reforços para Anderson em Sumter. No início de janeiro, no mesmo dia em que Lincoln se reuniu com

Chase em Springfield, um navio mercante desarmado, o *Star of the West*, dirigiu-se para o porto de Charleston, transportando homens e suprimentos. A missão fracassou quando o navio desarmado foi atacado por baterias costeiras. O *Star of the West* deu meia-volta imediatamente e rumou para o norte.

Esses acontecimentos dramáticos criaram em Washington o que Seward chamou de "alvoroço febril". Ninguém estava mais apreensivo que Edwin Stanton, o recém-nomeado secretário da Justiça de Buchanan. Stanton estava convencido de que os separatistas planejavam tomar a capital da nação e impedir a posse de Lincoln; e de que "cada departamento em Washington (...) continha uma quantidade de traidores e espiões".

Nesse momento crítico, relatam os coautores de sua biografia, Stanton "tomou uma decisão importantíssima: resolveu abandonar a lealdade partidária e o sigilo do Gabinete e agir pelas costas do Presidente". Concluiu que "o Congresso e seus líderes republicanos eram a última esperança... a última instituição à qual recorrer".

Procurando o canal mais poderoso para suas informações, Stanton escolheu Seward. Temeroso de que espiões separatistas estivessem escondidos por toda parte, Stanton contatou Seward por meio de um intermediário chamado Peter Watson. Seu primeiro encontro provocou uma revoada de cartas particulares de Seward para Lincoln. "... Está em andamento um complô para tomar o Capitólio no dia 4 de março ou antes dele", escreveu Seward. "Na realidade, as responsabilidades de sua Administração deverão começar antes da hora."

Seward partiu do pressuposto de que Stanton estivesse se comunicando exclusivamente com ele. Na verdade, Stanton foi sagaz e em segredo disseminou a notícia do perigo para alguns outros republicanos, entre eles, Charles Sumner, Salmon Chase e o congressista Henry Dawes.

Sem saber desses outros canais de comunicação, Seward supôs que caía sobre seus ombros o encargo de salvar a União. Depois que sua indicação para secretário de Estado foi divulgada em 10 de janeiro, ele "veio a ser visto, de modo quase generalizado, como alguém que representava a Administração vindoura e o Partido Republicano". À medida que congressistas, integrantes do Gabinete de Buchanan e centenas de cidadãos nervosos o abordavam "com preces e lágrimas", Seward tornou-se "o virtual governante do país". Ou assim ele pensava.

Com a intuição de que o país precisava de uma voz republicana forte e clara, Seward anunciou que proferiria um importante discurso no Senado no dia 12 de janeiro. Seu principal objetivo era "expor os benefícios, as necessidades que o povo tem da União (...) e a enorme calamidade para o povo e o mundo que sua destruição acarretaria".

Ao longo de seu discurso de duas horas, Seward ofereceu concessões que esperava pudessem sustar a maré da secessão. Ele tentou "enfrentar o preconceito com a conciliação, exigências com a condescendência que se rende a princípios, e a violência com a mão direita da paz". O discurso provocou lágrimas entre os senadores e, concluído, arrancou estrondoso aplauso das galerias. Contudo, como Seward sem dúvida previa, ele teve baixo impacto nos sete Estados do extremo sul. O movimento de secessão continuou seu curso. Na semana seguinte, cinco senadores sulistas, entre eles Jefferson Davis, levantaram-se para proferir discursos de despedida a seus colegas, antes de renunciar a seu mandato e rumar para o sul.

Seward compreendia o ímpeto que animava o extremo sul. Naquele inverno, suas palavras e esperanças eram direcionadas para os Estados fronteiriços. Seu "maior desejo", observou o jovem Henry Adams, "era ganhar tempo" para dar aos homens da União nos Estados fronteiriços "algum sinal de boa vontade; algo, não importava o que fosse, com que eles pudessem voltar para casa e negar as acusações dos separatistas". Sob esse aspecto, ele pareceu ter êxito.

"Como uma indicação da disposição de espírito com que a Administração do sr. Lincoln será conduzida", concluiu um editorial do *New York Times,* o discurso "deve convencer todos os homens justos de que o objetivo predominante e supremo da Administração será o de perpetuar a União — que a Administração consultará com um cuidado meticuloso os interesses, os princípios e os sentimentos de cada setor". Embora nenhuma das concessões atraísse de volta para a União os Estados separatistas, "muitos estão otimistas, na esperança de que sua ampla divulgação pelos Estados fronteiriços em que há escravidão estanque a maré da secessão".

Depois do discurso, Seward estava animadíssimo, acreditando, como disse a sua mulher, que, sem abdicar de seus princípios, ele tinha ganho tempo "para a nova Administração se organizar e para que as paixões exaltadas se acalmassem". Infelizmente, os intransigentes interpretaram de outro modo o discurso de Seward. Charles Sumner, Thaddeus Stevens e Salmon Chase ficaram indignados com seu tom conciliador diante do que eles consideravam ser alta traição por parte dos Estados separatistas. Foi plantada no coração dos republicanos mais radicais uma animosidade contra Seward que o perseguiria pelo resto da vida.

Thaddeus Stevens, o ardoroso congressista abolicionista da Pensilvânia, estava fora de si. Escrevendo a Chase, que já tinha se manifestado contra a adoção de qualquer medida conciliatória, Stevens avisou que, se Lincoln "pretende conquistar a paz por meio de concessões, desprezando plataformas, no estilo de Seward, eu desistirei da luta, pois estou velho demais para mais sete (ou trinta) anos de guerra".

Embora seu discurso conciliador lhe custasse a estima de muitos seguidores de longa data, Seward ainda acreditava que oferecer a mão num gesto de paz, no esforço de evitar uma guerra civil, era a decisão correta. Sua mulher, Frances, discordava totalmente dele. A versão final do discurso chegara a ela em Auburn por telégrafo horas depois que ele foi proferido. Ela escreveu ao marido uma carta contundente. "Por mais eloquente que seu discurso tenha sido, ele não recebe a plena aprovação daqueles que mais o amam", começou ela. "Você está correndo o perigo de seguir pelo caminho que levou Daniel Webster a um túmulo sem honras dez anos atrás. Não podem ser corretas concessões baseadas na ideia de que a preservação da União seja mais importante que a liberdade de quase 4 milhões de seres humanos. A alteração da Constituição para perpetuar a escravidão — a imposição de uma lei para recapturar um fugitivo pobre e sofredor (...) esse tipo de concessão não pode ser aprovado por Deus nem apoiado por homens de bem. (...)"

Profundamente ferido pelas acusações de sua mulher, Seward admitiu, "não estou surpreso por você não gostar das 'concessões' em meu discurso. Você logo verá que não se trata de ajustes conciliatórios, mas de explicações, para desarmar os inimigos da Verdade, da Liberdade e da União, tirando-lhes suas armas mais eficazes".

Seward manteve sua serenidade em meio aos ataques, em grande parte graças a sua crença de que Lincoln não apenas endossava, mas discretamente orquestrara seus atos, pois o próprio Lincoln tinha sugerido em termos confidenciais algumas das concessões que Seward apresentara. Ademais, numa carta particular, Lincoln encorajou-o: "Seu recente discurso foi bem recebido aqui. E creio que ele tem um efeito positivo no país inteiro." Encontrando-se no Capitólio com Charles Francis Adams algumas semanas depois do discurso, Seward confidenciou-lhe que "tinha recebido notícias do sr. Lincoln," que aprovava sua conduta, mas estava tão assediado em Springfield que se sentia forçado a não se comprometer no momento.

O presidente eleito estava envolvido num jogo de engenharia política, mais complexo do que Seward percebia. Embora indubitavelmente satisfeito com o fato de o tom conciliador de Seward ter surtido um efeito tranquilizante nos Estados fronteiriços, Lincoln sabia que, se ele pessoalmente propusesse concessões, perderia o apoio de uma ala importante do Partido Republicano. Em vez disso, ele manteve-se firme no silêncio, enquanto Seward absorvia a reação violenta ao que poderia se revelar uma vantajosa postura de conciliação.

No final, apesar de o papel de Lincoln não ter sido plenamente reconhecido na época, foi ele quem manteve unido seu partido rebelde, quando uma ruptura evidente poderia com facilidade ter destruído sua Administração, antes mesmo que ela começasse. Ao endossar em segredo o espírito conciliador de Seward, enquanto continuava a exibir uma imagem pública intransigente, o presidente eleito Lincoln manteve um espantoso grau de controle sobre uma situação cada vez mais caótica e potencialmente devastadora.

Capítulo 6

Na noite anterior à posse de seu marido, no dia 4 de março, Mary Lincoln não conseguiu dormir. Ficou parada junto da janela no Willard Hotel, observando desconhecidos que se aglomeravam nas ruas escuras lá embaixo. Embora todos os hotéis mais importantes tivessem providenciado colchões e catres em todos os locais imagináveis, enchendo salões, salões de festas e saguões; ainda assim a milhares restava apenas perambular pelas ruas e aguardar pelo amanhecer do grande dia.

Lincoln levantou-se antes do nascer do sol para repassar o discurso de posse que vinha redigindo à sua moda peculiar. Segundo Nicolay, "Lincoln costumava recorrer ao processo do pensamento cumulativo." Ele reduzia ideias complexas a parágrafos e frases; e então dias ou semanas mais tarde voltava ao mesmo trecho e o burilava um pouco mais "para aperfeiçoar ou concluir aquele ponto ou argumentação". Enquanto Seward ou Chase consultariam inúmeras obras, recolhendo da história antiga e moderna material para ilustrar e refinar sua linha de raciocínio, Lincoln construiu o arcabouço de seu discurso de posse a partir de quatro obras: a Constituição, o pronunciamento de Andrew Jackson sobre a crise da nulificação, o memorável discurso de Daniel Webster intitulado

"Liberdade e União Para Sempre" e o discurso de Clay ao Senado em defesa do Compromisso de 1850.

Lincoln enfrentava um duplo desafio nesse discurso tão esperado, seu primeiro pronunciamento público desde a eleição. Era imperioso que ele transmitisse sua resolução inabalável de defender a União e cumprir suas obrigações como presidente, ao mesmo tempo que atenuava as ansiedades dos Estados sulistas. Encontrar o equilíbrio entre a força e a conciliação não era fácil, e seu primeiro rascunho pendia mais para o lado da força.

De todos os que leram a minuta, foi Seward quem exerceu o maior impacto sobre o discurso de posse de Lincoln. Seward tinha se sentido deprimido com a leitura da minuta. Apesar de acreditar que o argumento de Lincoln em prol da perpetuação da União era "forte e conclusivo", na sua opinião o tom belicoso do texto anularia todos os esforços, todos os riscos corridos durante as semanas anteriores, para impedir a expansão do movimento separatista. Trabalhando na minuta horas a fio, sentado em sua cadeira giratória preferida, Seward escreveu a Lincoln uma carta longa e ponderada, que continha dezenas de correções. No conjunto, as alterações sugeridas por ele abrandavam o tom da minuta, tornando o discurso mais conciliador para com o sul.

As revisões de Seward estão evidentes em quase todos os parágrafos. Alguns ele suavizou; em outros eliminou a agressividade. Onde Lincoln tinha se referido aos decretos separatistas e aos episódios de violência como "atos de traição", Seward substituiu a expressão pelo termo "revolucionário", de teor menos acusatório. Tendo em mente o julgamento do caso de Dred Scott, Lincoln fez uma advertência para que o governo não fosse "entregue ao despotismo dos poucos integrantes [vitalícios] da corte". Seward eliminou a palavra "despotismo" e substituiu Corte por "aquele eminente tribunal".

A maior contribuição de Seward ao tom e à substância do discurso de posse estava na sua conclusão. O fecho de Lincoln era um desafio ao sul: "Cabe a vocês, e não a mim, responder à pergunta solene: 'Será pela paz ou pela espada?'" Em contraste, Seward sugeriu: "Encerro minhas palavras. Não somos, não devemos ser estranhos ou inimigos, mas irmãos e compatriotas. Embora as paixões tenham esgarçado demais nossos laços afetivos, eles não devem ser desfeitos e tenho certeza de que não o serão. Os acordes místicos, que, provenientes de tantos campos de batalha e dos túmulos de tantos patriotas, passam por todos os corações e todos os lares neste nosso país continental, ainda hão de mais uma vez se harmonizar em sua antiga melodia sob o sopro do anjo da guarda da nação."

Lincoln então tratou de remodelar e aguçar os sentimentos patrióticos de Seward numa linguagem poética concisa e poderosa: "Reluto em encerrar este discurso. Não somos inimigos, mas amigos. Não devemos ser inimigos. Embora as paixões possam ter esgarçado nossos laços de afeto, elas não devem desfazê-los. Os místicos acordes da memória, que se estendem a partir de cada campo de batalha e túmulo de patriota, até cada ser vivo e cada lar, por todo este vasto país, ainda irão se unir ao coro da União, quando novamente serão tocados, como sem dúvida serão, pelos melhores anjos de nossa natureza." O que é mais significativo é que o "anjo da guarda" de Seward sopra de cima sobre a nação; já os "melhores anjos" de Lincoln são inerentes a nossa natureza como um povo.

Quando o relógio marcou meio-dia, o presidente Buchanan chegou ao Willard para escoltar o presidente eleito até a cerimônia. Lincoln, com apenas 52 anos, alto e vigoroso, de cartola, em seu brilhante terno novo preto e brilhante, fazia um contraste surpreendente com Buchanan, baixo e atarracado, com quase 70 anos, que tinha uma expressão melancólica no rosto envelhecido. Enquanto seguiam de braços dados na direção da carruagem aberta, a Banda dos Fuzileiros Navais tocou a marcha presidencial "Hail to the Chief" [Salve o Chefe]. A carruagem seguiu pela Pennsylvania Avenue, enquanto a multidão entusiasmada e centenas de dignitários se misturavam constrangidos com as centenas de soldados dispostos ali pelo general Scott como proteção contra alguma tentativa de assassinato. Atiradores de elite olhavam do alto de janelas e telhados. A cavalaria foi posta em pontos estratégicos ao longo de todo o percurso.

À medida que o dia se enchia de luz, Washington, segundo um observador estrangeiro, assumiu "uma aparência quase idílica". Embora a cidade "exibisse um aspecto inacabado" — com o monumento ao presidente Washington ainda com apenas um terço de sua altura prevista, a cúpula do novo Capitólio ainda com dois anos de construção pela frente, e a maioria das ruas sem pavimentação —, as inúmeras árvores e jardins eram muito agradáveis e criavam a sensação de um "amplo povoado rural".

O aparecimento de Lincoln na plataforma quadrada construída a partir do pórtico leste do Capitólio foi recebido com fortes vivas de mais de 30 mil espectadores. Mary estava sentada atrás do marido, com os três filhos ao lado. Na fileira da frente, junto com Lincoln, estavam o presidente Buchanan, o senador Douglas e o presidente da Suprema Corte Taney, três dos quatro homens que Lincoln tinha retratado em seu discurso sobre a "Casa Dividida", como carpinteiros em complô, decididos a destruir a casa original que os construtores tinham projetado e construído.

Edward Baker, o velho amigo de Lincoln que tinha se mudado para o Oregon e conquistado um lugar no Senado, apresentou o presidente eleito. Lincoln encaminhou-se para a mesinha da qual deveria fazer seu discurso. Percebendo a incerteza de Lincoln quanto ao lugar onde deveria deixar a cartola, o senador Douglas estendeu a mão, pegou-a e a colocou em seu próprio colo. E então Lincoln começou. Sua voz alta e clara, treinada nos ambientes ao ar livre dos Estados do oeste, pôde ser ouvida até pelas pessoas mais distantes na multidão.

Lincoln tratou imediatamente de tranquilizar a ansiedade do povo sulista, citando um discurso anterior no qual tinha garantido não ter "nenhum propósito de interferir, de modo direto ou indireto, com a instituição da escravidão nos Estados em que ela existe. Creio não ter nenhum direito legítimo de fazê-lo, e não tenho nenhuma propensão a fazê-lo". Passou então a sua poderosa defesa da continuidade da autoridade federal sobre o que insistiu ser, "à luz da Constituição e das leis", uma União "intacta". Embora "não haja necessidade de derramamento de sangue", ele pretendia fazer vigorar a lei, "manter, ocupar e controlar a posse de imóveis e locais pertencentes ao governo, bem como recolher taxas e impostos; mas, além do que possa ser necessário para esses objetivos, não haverá invasão alguma — nenhum uso da força contra ou entre o povo, em nenhum lugar. (...)

"Em termos físicos, não podemos nos separar", declarou Lincoln, acrescentando em tom profético: "Suponhamos que entremos em guerra. Não se pode lutar para sempre. E, depois de muitas perdas dos dois lados, e nenhum ganho para nenhum lado, quando a luta cessar, as mesmas velhas questões, quanto aos termos das relações humanas, se abaterão de novo sobre nós. (...)

"Em suas mãos, meus compatriotas insatisfeitos, e não nas minhas, está a questão momentosa da guerra civil. O governo não os atacará. Não haverá conflito algum, sem que os senhores mesmos sejam os agressores."

Ao final do discurso, Taney, presidente da Suprema Corte, aproximou-se lentamente da mesa. A Bíblia foi aberta, e Abraham Lincoln prestou juramento como o décimo sexto presidente dos Estados Unidos.

As reações a seu discurso variaram muito, dependendo da convicção política dos comentaristas. Jornais republicanos louvaram a fala como "grandiosa e admirável sob todos os aspectos", além de “convincente na argumentação, concisa e vigorosa no estilo”. O discurso foi “eminentemente conciliador”, observou o *Philadelphia Bulletin*, elogiando a determinação do presidente de “garantir os direitos do país inteiro, de cada Estado sujeito à Constituição”. O *New York Commercial Advertiser* afirmou que o discurso de posse foi “obra da própria lavra do sr. Lincoln, sem nenhuma interferência por parte das pessoas a quem ele confidenciou seu teor”.

Nos jornais democratas do norte, o tom foi menos generoso. Um “documento terrivelmente remendado e indigno de um estadista”, opinou o *Hartford Times*. “É ele o nulificador”, vociferou o *Albany Atlas and Argus*. “É ele que desafia a vontade da maioria. É ele que dá início à Guerra Civil.” Não foi surpresa que as reações negativas fossem mais fortes no sul. O *Richmond Enquirer* alegou que o discurso estava “expresso na linguagem deliberada, desapaixonada e fria do fanático (...) perseguindo as sugestões do fanatismo até chegar mesmo à desagregação do Governo com os horrores da guerra civil”. Em tom sinistro, o *Herald* de Wilmington na Carolina do Norte advertiu aos cidadãos da América que “seria bom abrir os olhos para o grave fato de que a guerra é inevitável”.

Contudo, por trás dos comentários esbravejantes na maioria dos jornais sulistas, ressalta o historiador Benjamin Thomas, o discurso “recebeu críticas favoráveis nos importantíssimos Estados escravocratas leais, a Virgínia e a Carolina do Norte. Era esse público que Seward tinha em mente quando disse a Lincoln que abrandasse o tom de seu discurso. De fato, Seward sentiu enorme alívio, não apenas por perceber que muitas de suas sugestões tinham sido acatadas, mas também porque a postura conciliadora de Lincoln lhe deu cobertura junto a seus críticos no Congresso. Ele agora podia deixar o Senado, disse à mulher, “sem precisar se esforçar demais”, satisfeito por ter proporcionado um alicerce “sobre o qual uma Administração pode se firmar”.

Das reações ao discurso de posse, talvez a mais pessimista tenha vindo de dentro do próprio Partido Republicano. Radicais e abolicionistas ficaram desalentados com o que consideraram um tom apaziguador. A notícia da eleição de Lincoln tinha de início propiciado alguma esperança extremamente necessária ao abolicionista negro Frederick Douglass.

A vida dramática do ex-escravo que se tornou um escritor e orador eloquente era bem conhecida no norte. Ele havia pertencido a alguns senhores cruéis, mas a bondosa mulher de seu segundo senhor o ensinara a ler. Quando descobriu, seu senhor interrompeu a instrução imediatamente, avisando à mulher que era "ilegal, além de perigoso, ensinar um escravo a ler (...) não haveria como segurá-lo. A leitura o incapacitaria permanentemente para ser um escravo. (...) Ela o deixaria (...) descontente e infeliz". Essas palavras revelaram-se proféticas. O jovem Douglass logo percebeu que "aprender a ler tinha sido uma maldição, não uma bênção. A leitura me deu uma visão de minha condição desgraçada, sem me dar a solução".

Aos 20 anos de idade, Douglass conseguiu fugir de Maryland para Nova York, acabando por tornar-se palestrante na Sociedade Antiescravagista de Massachusetts, chefiada por William Lloyd Garrison. Sua autobiografia tornou-o uma celebridade em círculos antiescravagistas, permitindo-lhe publicar seu próprio jornal mensal em Rochester, Estado de Nova York.

Douglass acreditava que a eleição de um presidente republicano prenunciava uma ruptura no poder da nação escravocrata. "[A eleição] ensinou ao norte sua força e mostrou ao sul sua fraqueza. Ainda mais importante, ela demonstrou a possibilidade de eleger, se não um abolicionista, pelo menos alguém com uma reputação antiescravagista para a Presidência." Entretanto, quando Douglass leu o discurso de posse, que começava com a declaração de Lincoln de não possuir "nenhum poder legítimo para interferir com a escravatura nos Estados", e ainda pior, nenhuma "propensão" a fazê-lo, ele encontrou pouca razão para otimismo. Ainda mais insuportável foi a disposição de Lincoln de capturar escravos fugitivos, "abatê-los a tiros se eles se insurgirem contra seus opressores e de proibir o Governo Federal irrevogavelmente de interferir em prol de sua libertação". Todo o tom do discurso, alegou Douglass, revelava a compulsão de Lincoln de rastejar "diante da maldição imunda e devastadora da escravidão. Houve quem pensasse que tínhamos no sr. Lincoln a coragem e a decisão de um Oliver Cromwell; mas o resultado mostra que apenas temos uma continuação dos Pierces e Buchanans".

Quando Lincoln entrou em seu escritório na primeira manhã depois da posse, deparou-se com notícias profundamente perturbadoras. Em sua mesa, "a primeiríssima coisa em que pôs as mãos" foi uma carta do Major Anderson do Forte Sumter. A comunicação calculava, recordou-se Lincoln mais tarde, que suas "provisões se esgotariam antes que uma expedição fosse enviada" para socorrê-los. A carta trazia o endosso do general Winfield Scott: "Agora não vejo alternativa a não ser a rendição."

A urgência dessa crise representava enorme dificuldade para Lincoln. A versão revisada de seu discurso de posse já não continha uma promessa de "recuperar" propriedades invadidas, mas Lincoln tinha decididamente jurado "manter, ocupar e controlar" todas as propriedades ainda nas mãos do Governo Federal. Nenhum símbolo da autoridade federal era mais importante que o Forte Sumter. Desde que o Major Anderson, na calada da noite de 26 de dezembro, tinha sorrateiramente transferido sua tropa do Forte Moultrie para a fortaleza mais bem protegida de Sumter, ele se tornara um herói romanesco no norte. A rendição de sua guarnição seria humilhante. Ainda assim, o presidente se sentia tolhido pelo juramento feito a seus "compatriotas insatisfeitos" de que o "novo governo" não os atacaria. "Não haverá conflito algum, sem que os senhores mesmos sejam os agressores."

O presidente precisava de tempo para pensar, mas quase não tinha um instante para "comer ou dormir" em meio à multidão de candidatos a cargos públicos. Centenas, talvez milhares, forçaram a entrada, assim que as portas foram abertas, desrespeitando as barreiras estabelecidas para mantê-los em fila. Quando Lincoln transitava pela casa para fazer uma refeição frugal — que geralmente se limitava a pão, frutas e leite —, "ele precisava literalmente abrir caminho em meio à multidão". Cada pretendente tinha uma história a contar, um motivo pelo qual um posto burocrático em Washington, um emprego na agência postal ou na alfândega de sua localidade permitiria a sobrevivência de sua família. Inúmeras vezes, Lincoln foi criticado por desperdiçar suas energias. "Você vai se esgotar", avisou-lhe o senador Henry Wilson, de Massachusetts. "Eles não querem muito", respondeu Lincoln. "Conseguem muito pouco, e eu preciso atendê-los."

De algum modo, apesar do caos, Lincoln conseguiu se concentrar na crise no Forte Sumter. Tarde da noite, ele costumava sentar na biblioteca, trajado em seu "longo roupão desbotado, com o cinto amarrado na cintura", a grande Bíblia encadernada em couro ao seu lado. Gostava de ler e pensar em sua "ampla poltrona junto da janela", observou Julia Taft, "só de meias, com uma perna comprida cruzada sobre a outra, um pé balançando devagar para lá e para cá, como que acompanhando alguma melodia inaudível".

Não se dispondo a aceitar a suposição de Scott de que o Forte Sumter deveria ser evacuado, Lincoln redigiu um bilhete para o velho general, pedindo mais detalhes. Exatamente quanto tempo Anderson poderia resistir? O que seria necessário para reabastecer e reforçar Sumter? A resposta de Scott expôs um quadro realmente desanimador. Com o governo da Carolina do Sul agora impedindo a guarnição de se reabastecer em Charleston, Anderson conseguiria resistir, calculava Scott, por apenas 26 dias. Seriam necessários de "seis a oito meses" para reunir a "frota de navios de guerra e de transporte, mais 5 mil soldados e 20 mil voluntários" necessários para reabastecer e reforçar a guarnição.

Corriam rumores de que Sumter logo se renderia, mas Lincoln "não pretendia se precipitar", registrou Welles em seu diário, "e desejava ter tempo para que a Administração entrasse em funcionamento e que suas políticas fossem entendidas". Repetidas vezes, ele convocou o Gabinete para examinar a situação. Reuniu-se com Francis Blair, que, como seu filho, Monty, acreditava com fervor que a rendição de Sumter "equivalia praticamente a uma rendição da União, a menos que se desse diante da coação de uma força irresistível... que compactuar com a traição era trair o Governo".

Por sugestão de Monty Blair, Lincoln reuniu-se com seu cunhado, Gustavus Fox, um ex-oficial da Marinha que tinha desenvolvido um plano engenhoso para reabastecimento por mar. Pão e suprimentos poderiam ser carregados em dois rebocadores resistentes, protegidos por um grande vapor com tropas prontas para atirar, se os rebocadores fossem atacados. Curioso, Lincoln pediu a Fox que apresentasse seu plano. E, no dia seguinte, 15 de março, o Gabinete reuniu-se em torno da longa mesa para discutir a manobra. Lincoln quase não se sentou, andando para lá e para cá enquanto Fox falava. Após a reunião, Lincoln enviou um memorando a cada um dos membros do Gabinete, pedindo-lhes uma resposta por escrito à seguinte pergunta: "Supondo-se que seja possível agora aprovisionar o Forte Sumter, levando em consideração todas as circunstâncias, é prudente tentar fazê-lo?"

Seward, que tinha se esforçado nos meses anteriores, tentando apaziguar os Estados escravagistas que tinham permanecido na União, achou detestável a ideia de aprovisionar Sumter e mandar soldados para a Carolina do Sul. Em sua longa resposta ao presidente, Seward reiterou que, sem as medidas de conciliação que tinham solidificado o sentimento unionista no sul, a Virgínia, a Carolina do Norte, o Arkansas e os Estados da fronteira teriam se unido à Confederação. A tentativa de abastecer o Forte Sumter por meio de forças armadas inevitavelmente faria com que os Estados escravagistas remanescentes se separassem e iniciassem uma guerra civil — a "mais desastrosa e deplorável das calamidades de uma nação". Muito melhor, aconselhou Seward, seria adotar uma posição defensiva, deixando "a necessidade de agir" nas mãos daqueles "que procuram desintegrar e subverter esta União. (...) Nesse caso, teríamos do nosso lado a disposição de espírito do país e a aprovação da humanidade".

Considerando-se suas credenciais de linha dura, a resposta de Chase foi surpreendentemente evasiva e ambígua: "Se essa tentativa inflamar de tal modo a guerra civil, a ponto de acarretar a imediata necessidade de alistamento de exércitos, bem como do dispêndio de milhões de dólares, não posso aconselhá-la." Seria melhor, explicou ele mais tarde, considerar "a organização de um governo real por parte dos sete Estados separados como uma revolução consumada — consumada por meio da cumplicidade da Administração anterior — permitindo que a Confederação faça sua experiência". Mesmo assim, concluiu ele em sua resposta a Lincoln, "parece-me altamente improvável" que disso resulte a guerra. "Portanto, minha resposta é afirmativa."

Todos os outros membros do Gabinete, com exceção de Blair, rejeitaram a possibilidade de dar sustentação ao Forte Sumter. Bates alegava hesitar em empreender "qualquer ato que pudesse dar ao mundo a impressão de um início de uma guerra civil". Cameron contestou que, mesmo que o plano de Fox tivesse êxito, o que ele considerava duvidoso, a rendição do forte continuaria a ser uma "necessidade inevitável". Welles, escrevendo de seu escritório no segundo andar do Departamento da Marinha na 17th Street, ponderou que, como "já se espalhou a impressão de que Sumter deverá ser evacuado, e o choque causado por essa notícia já surtiu efeito", somente agravaria a situação seguir "um curso que provocasse hostilidades". E se o plano não desse certo, "ao fracasso se seguiria uma catástrofe sem precedentes". De modo semelhante, o secretário do Interior, Caleb Smith, concluiu que, embora o plano pudesse dar certo, "ele não seria prudente nas circunstâncias vigentes".

Somente Montgomery Blair respondeu com um "sim" incondicional, argumentando que "cada nova conquista por parte dos rebeldes fortalece sua posição interna e sua reivindicação por reconhecimento no exterior, como um povo independente". Enquanto os rebeldes pudessem afirmar que "os nortistas carecem da coragem necessária para manter o governo", o ímpeto do movimento separatista continuaria.

Nos dias que se seguiram à votação pelo Gabinete, Lincoln pareceu hesitar. Mais tarde, Weed insistiu que, pelo menos em três ocasiões, o presidente disse que, se pudesse manter a Virgínia na União, desistiria do Forte Sumter. Contudo, Lincoln achava que a rendição de Sumter seria "totalmente desastrosa (...) que, internamente, ela desestimularia os simpatizantes da União, reforçaria a coragem de seus adversários e seria importante para assegurar a estes últimos um reconhecimento no exterior".

Desejando mais informações, Lincoln enviou Stephen Hurlbut, que conhecera bem em Springfield, a Charleston. Hurlbut tinha sido criado em Charleston, e sua irmã ainda morava lá. Em conversas particulares com velhos amigos, ele poderia testar a suposição de Seward de que o sentimento unionista por todo o sul continuaria a se fortalecer, desde que o governo se abstivesse de qualquer ato de provocação ou de agressão aparente. Hurlbut passou dois dias em sua cidade natal. Voltou "relatando, sem nenhuma hesitação, que era inquestionável" que o sentimento unionista estava extinto, tanto na cidade como no Estado, "que a nacionalidade independente" era um "fato concreto".

Enquanto Lincoln estudava mais a fundo os aspectos da situação, seus colaboradores do Gabinete se engajavam numa série de disputas mesquinhas. Chase considerava Smith "uma nulidade" e Bates "um advogado medíocre". Seward ficou uma fera quando Chase e Bates insistiram em duas nomeações em seu próprio território e afirmou que isso seria "humilhante" para ele. De seu escritório no Departamento do Tesouro, com vista para os jardins da Casa Branca, Chase queixou-se a Lincoln de que Seward "decerto não teria nenhum motivo para se congratular, se insistir em me negar o único favor que pode me prestar". Blair (pai), refletindo o sentimento de seu filho, reclamou com Chase, dizendo que todas as melhores missões no exterior tinham sido entregues a velhos amigos *Whigs* de Seward. "Creio que nosso Partido Republicano não perdurará, a menos que haja uma fusão dos elementos *Whig* e democrata", comentou ele, pesaroso.

Apesar das altercações entre os membros do Gabinete por conta da distribuição de cargos, eles se mantinham unidos em seu ressentimento contra a posição proeminente de Seward. Ficavam irritados por ser ele quem convocava as sessões do Gabinete; e o tempo que passava com Lincoln causava inveja. Finalmente, com Chase como seu "porta-voz", eles solicitaram que as reuniões do Gabinete fossem realizadas em horários regulares. Lincoln concordou, designando as terças e sextas, ao meio-dia.

Ao meio-dia no dia 27 de março, o Gabinete reuniu-se. Lincoln apresentou todas as informações que tinha colhido, incluindo uma nova notícia sobre a situação do Major Anderson, que afirmava que, se reduzisse o arraçoamento de seus homens pela metade, poderia se manter até o dia 15 de abril, bem como a conclusão de Hurlbut de que o unionismo estava em sua essência extinto na Carolina do Sul. Mais uma vez, foi pedido aos membros do Gabinete que expusessem suas opiniões por escrito. Dessa vez, a opinião da maioria — com a discordância nítida apenas de Seward e Smith — foi favorável a que tanto Sumter como Pickens fossem reabastecidos e reforçados.

Indícios sugerem que Lincoln já tinha tomado uma decisão antes da reunião do Gabinete, pois tinha pedido a Fox que enviasse uma lista dos "navios, homens e suprimentos de que precisaria para sua expedição".

Para Seward, a decisão de Lincoln de reforçar Sumter foi devastadora. Ele estava em casa na noite de 29 de março, quando George Harrington, secretário assistente do Tesouro, bateu à porta. Harrington tinha acabado de sair da Casa Branca, onde Welles, Blair e Fox tinham se reunido com Lincoln, e "foi finalmente determinado, com a aprovação do presidente, que se reforçasse o Forte Sumter".

"Com mil demônios, George! Do que você está falando?", perguntou Seward. "Não pode ser." Quando Harrington repetiu a notícia, Seward encolerizou-se. "Não quero mais saber dessa Administração que pode ser derrotada. Ainda não estamos preparados para entrar em guerra." O sucesso de Seward ao conseguir que Lincoln abrandasse o tom de seu discurso de posse, associado à votação do Gabinete no dia 15 de março, decididamente refletindo o próprio aconselhamento de Seward no sentido de evacuar Sumter, o deixara com a convicção equivocada de que ele era o poder por trás de um presidente fraco.

Cartas elogiosas provenientes do sul tinham agravado essa suposição errônea de Seward. Frederick Roberts, na Carolina do Norte, assegurou-lhe que todos contavam com ele para uma "solução pacífica das dificuldades". Outro admirador asseverou que "os Unionistas contam com o senhor e apenas com o senhor, como membro do Gabinete, para salvar o país". Seward concordava plenamente com essas avaliações das falhas do presidente em contraposição com sua própria envergadura. Confidenciou a Adams que Lincoln não fazia a menor "ideia de sua situação — excesso de atenção aos detalhes de distribuição de cargos, mas pouca aplicação a ideias importantes". Não foi difícil convencer Adams, que escreveu em seu diário: "O homem não está à altura da situação." A única esperança, escreveu ele repetidas vezes, residia na influência do secretário de Estado sobre o presidente.

Num memorando discordante enviado ao presidente no dia 1° de abril, Seward reiterou sua argumentação favorável a abandonar o Forte Sumter, dando nova ênfase ao reforço ao Forte Pickens. Lincoln manteve-se firme na decisão quanto a Sumter, mas concordou em examinar o caso do Forte Pickens. A seu ver, reforçar Pickens não equivalia a escolher entre as duas guarnições.

Lincoln assinou em 1° de abril ordens para que Andrew Foote, o comandante do Arsenal da Marinha em Brooklyn, "aprestasse o Powhatan sem demora" para uma missão secreta a Pensacola sob o comando do Tenente David Porter, para ajudar a reforçar o Forte Pickens. O Powhatan era o mais poderoso navio de guerra da Marinha dos EUA. Com seus potentes canhões e trezentos marinheiros, o navio deveria ter um papel crucial no apoio aos rebocadores que fossem levar suprimentos para Sumter. Lincoln não tinha lido com atenção as ordens e inadvertidamente designou o Powhatan ao mesmo tempo para Pickens e para Sumter. Quando o erro foi descoberto, o Powhatan já tinha avançado bastante a caminho da Flórida.

Quando Gustavus Fox chegou a Charleston para reabastecer o Forte Sumter, ele passou horas procurando em vão pelo Powhatan, sem fazer ideia de que o navio tinha sido enviado para outro destino. Tampouco sabia ele que as autoridades confederadas em Montgomery tinham interceptado seus planos e ordenado ao comandante em Charleston, o general de brigada

Pierre Beauregard, que atacasse o forte antes da hora marcada para a chegada do Powhatan e do comboio da União. Às três e meia da manhã de 12 de abril, Beauregard mandou um aviso a Anderson, anunciando sua intenção de abrir fogo dentro de uma hora. A pequena guarnição de sessenta homens de Anderson respondeu ao fogo, mas foi rapidamente derrotada pela força confederada de 9 mil homens.

Trinta e quatro horas após o começo da luta, o Major Anderson rendeu-se. Num gesto que para sempre lhe granjeou a estima do norte, ele reuniu seus homens e disparou uma nobre salva de cinquenta tiros em homenagem à bandeira americana, esfarrapada, antes de arriá-la e deixar o forte. Por incrível que pareça, somente um soldado da União morreu, em consequência de uma explosão acidental de pólvora durante a saudação à bandeira. Beauregard, que tinha sido aluno de Anderson em West Point e nutria muito respeito por ele, esperou que Anderson partisse antes de entrar no forte, pois "não seria uma atitude honrada (...) estar presente à humilhação de seu amigo".

Mais tarde, críticos afirmariam que Lincoln tinha manipulado o sul para que este desse início à guerra. Na realidade, ele havia simplesmente seguido seu discurso de posse, segundo o qual "manteria" as propriedades pertencentes ao governo, "mas além do que for necessário" para tanto, "não haverá invasão, nem uso da força". O Forte Sumter não poderia ser mantido sem alimentos e suprimentos. Se Lincoln tivesse optado por abandonar o forte, teria descumprido sua promessa ao norte. Se tivesse usado força, com qualquer objetivo que não fosse o de "manter" propriedades do governo, teria descumprido sua promessa para com o sul.

Os confederados haviam feito o primeiro disparo. Tinha começado uma guerra que ninguém imaginava que fosse ultrapassar quatro anos de duração e custar mais de 600 mil vidas — mais do que o total acumulado de todas as outras guerras americanas, desde a guerra da Independência até a do Iraque. A devastação e o sacrifício atingiriam todas as comunidades, quase todas as famílias, numa nação de 31,5 milhões de habitantes. Proporcionalmente à população atual, o número de mortes ultrapassaria 5 milhões.

Capítulo 7

A notícia do ataque confederado ao Forte Sumter espalhou-se por todo o norte naquele fim de semana. Walt Whitman recordou-se de ter ouvido os gritos dos jornaleiros quando saía de uma ópera na 14th Street e vinha caminhando pela Broadway tarde da noite naquele sábado.

A "saudação à bandeira" produziu uma "comoção vulcânica" no norte, observou Whitman, "que de imediato resolveu substancialmente a questão da desunião." O *National Intelligencer* falou por muitos nortistas: "Nosso povo, agora totalmente unido, está determinado a apoiar o Governo e a exigir que seja dado vigoroso prosseguimento à guerra iniciada pelos separatistas. Acabou-se toda a solidariedade para com eles."

O entusiasmo febril no norte também se refletia no sul. "A festa começou", dizia um comunicado de Charleston, na Carolina do Sul. "A empolgação na comunidade é indescritível. Com o primeiríssimo estrondo dos canhões, milhares saíram da cama e acorreram ao cais do porto. Ao longo do dia inteiro, multidões de senhoras e senhores ocupavam todos os espaços disponíveis, acompanhando o espetáculo através de binóculos."

No domingo, Lincoln voltou da igreja e imediatamente convocou uma reunião do Gabinete. Tinha decidido emitir uma proclamação ao norte, convocando milícias estaduais e estabelecendo o dia 4 de julho como data para o Congresso retomar seus trabalhos.

John Nicolay fez uma cópia da proclamação do presidente e a entregou ao secretário de Estado, que a carimbou com o sinete principal do Governo e a enviou para publicação no dia seguinte.

"A reação à proclamação no norte", recordou-se Fred Seward, "foi tudo o que se poderia ter previsto, ou ainda mais". Cada governador de um Estado livre prometeu de imediato que enviaria sua cota.

A entusiástica solidariedade do norte subestimou, a um ponto perigoso, a força e a determinação do sul. Seward previu que a guerra estaria terminada em sessenta dias. Em tom de superioridade, John Hay manifestou o desejo de que ela fosse "sangrenta e curta, por piedade para com o sul enlouquecido. Eles são fracos, ignorantes, desprovidos de dinheiro e de crédito. Seu exército é uma enorme turba, insubordinada e faminta.(...) O que os aguarda a não ser a derrota, a pobreza, as desavenças, insurreições e a destruição?"

Sinais assustadores provenientes do sul logo esvaziaram essas previsões descuidadas. A Carolina do Norte, o Tennessee e o Kentucky recusaram-se a enviar tropas "para a finalidade malévola de sujeitar os Estados do sul, [seus] irmãos". E então, no dia 17 de abril, citando a convocação do presidente às armas, o importantíssimo Estado da Virgínia separou-se da União. O historiador James Randall designaria esse ato como "um dos acontecimentos mais decisivos da história americana".

No dia posterior à secessão da Virgínia, Francis Blair, (pai), convidou o coronel Robert E. Lee para sua casa amarela na Pennsylvania Avenue. Formado em West Point, Lee, aos 54 anos, tinha servido na Guerra contra o México, ocupado o posto de superintendente em West Point e comandado as forças que capturaram John Brown em Harpers Ferry. O general Scott o considerava "o melhor soldado que jamais vi em campo". Lincoln tinha designado Blair para propor a Lee o mais alto posto militar que cabia a um presidente oferecer.

"Venho abordá-lo em nome do Presidente Lincoln", começou Blair, "para lhe perguntar se existe algo que ele lhe possa oferecer que o faça aceitar o comando do Exército da União". Lee respondeu "com a franqueza e a cortesia" possíveis: "Sr. Blair, considero a secessão o mesmo que anarquia. Se eu possuísse quatro milhões de escravos no sul, sacrificaria todos eles pela União; mas como eu poderia brandir minha espada contra a Virgínia, meu Estado natal?"

Terminada a reunião, Lee fez uma visita ao velho general Scott para debater melhor a questão. Voltou então para casa em Arlington, para pensar. Dois dias mais tarde, contatou Scott para apresentar seu pedido de baixa do Exército americano.

Naquele mesmo dia, um Lee atormentado escreveu a sua irmã: "Agora estamos num estado de guerra que não cederá diante de nada." Embora escapasse a sua compreensão a "necessidade para esse estado de coisas; e embora tivesse preferido se abster e pleitear até o fim pela compensação por injustiças reais ou supostas", explicou que se sentia incapaz "de levantar a mão contra [seus] parentes, [seus] filhos, [sua] terra natal". Por isso, pedia baixa do Exército e, a menos que fosse para defender o Estado onde nascera (com a sincera esperança de que seus serviços nunca fossem necessários), ele esperava nunca mais ser chamado a sacar da espada. Pouco depois, Lee foi nomeado comandante das forças estaduais da Virgínia.

Cada dia trazia novos conflitos e decisões, à medida que Lincoln lutava para estabilizar a União assediada. Numa disputada reunião do Gabinete, Seward afirmou que deveria ser instituído de imediato um bloqueio aos portos do sul. Reconhecido pelo direito internacional, o bloqueio concederia à União o poder de busca e apreensão de navios. Gideon Welles contrapôs que declarar um bloqueio seria um reconhecimento equivocado de que a União estava em guerra com o sul e incentivaria forças estrangeiras a conceder à Confederação direitos de beligerante. Seria melhor simplesmente fechar os portos contra a insurreição e usar o poder de polícia das leis municipais para apreender navios que chegassem ou partissem. O Gabinete partiu-se ao meio. Chase, Blair e Bates apoiaram Welles, enquanto Smith e Cameron ficaram do lado de Seward. Lincoln concluiu que a posição de Seward era mais forte e emitiu sua proclamação formal de bloqueio no dia 19 de abril. Apesar de sua hesitação inicial, Welles cumpriria o bloqueio com enorme energia e competência.

As primeiras baixas da guerra ocorreram em 19 de abril de 1861, o mesmo dia em que o bloqueio foi anunciado. Quando o Sexto Regimento de Massachusetts chegou a Baltimore de trem a caminho de Washington para defendê-la, os homens foram atacados por uma turba de separatistas. Quatro soldados e nove civis foram mortos.

De imediato o presidente convocou à Casa Branca o prefeito de Baltimore e o governador de Maryland. Ainda com a esperança de manter Maryland na União, Lincoln concordou em "não fazer questão de trazer [mais tropas] através de Baltimore", onde estavam concentrados separatistas fervorosos, mas insistiu em que os soldados deveriam ter permissão para "contornar" Baltimore. Pouco depois da meia-noite, uma comissão de delegados furiosos, proveniente de Baltimore, chegou à Casa Branca para enfrentar Lincoln. John Hay levou-os para ver Cameron, mas só de manhã lhes deu acesso ao presidente. A delegação exigiu que as tropas não só fossem mantidas fora de Baltimore, mas fora de todo o Estado de Maryland. Lincoln foi irredutível em sua recusa a aceitar essa imposição. "Preciso de soldados para defender esta Capital", respondeu ele. "Em termos geográficos, a capital está cercada pelo território de Maryland. (...) Nossos homens não são toupeiras e não têm como se locomover por baixo da terra; também não são aves que poderiam vir voando. Não existe outro modo de chegar aqui, a não ser marchando pelo solo de Maryland, e isso eles terão de fazer."

No mesmo dia, soube-se que os separatistas tinham cortado todos os cabos telegráficos em Baltimore e demolido todas as pontes ferroviárias em torno da cidade. Washington ficou isolada de toda comunicação com o norte.

Com os cabos cortados e a entrega de correspondência interrompida, os moradores de Washington passaram a semana seguinte num estado de temor constante. Visitantes abandonaram os grandes hotéis. Lojas foram fechadas. Portas e janelas foram reforçadas com barricadas. Cidadãos ansiosos convergiam para a estação ferroviária todos os dias, na esperança de acolher um grande contingente de soldados nortistas, necessários para proteger a cidade vulnerável. Rumores espalhavam-se rapidamente. Do outro lado do Potomac, eram visíveis as fogueiras dos acampamentos de soldados confederados. Parecia que eles estavam prontos para impor um cerco a Washington. Aguardando o ataque, o secretário da Guerra, Cameron, dormia em seu escritório. "Cá estávamos nós nesta cidade", escreveu Nicolay para sua noiva, "encarregados de todos os prédios, bens e arquivos públicos, com apenas cerca de 2 mil homens confiáveis para defendê-la".

Em público, Lincoln mantinha sua calma, mas o desespero crescente da posição do governo o enchia de medo. Tarde da noite, depois de "um dia de dúvida e desalento", John Hay viu-o com o olhar fixo pela janela, na vã expectativa dos contingentes prometidos por vários Estados nortistas, entre eles Nova York, Rhode Island e Pensilvânia. "Por que eles não chegam?", perguntou ele. "Por que não chegam?!" No dia seguinte, visitando os feridos do Sexto de Massachusetts, ouviram-no dizer: "Creio que não existe norte algum. O Sétimo Regimento [de Nova York] é um mito. Rhode Island já não é reconhecido em nossa geografia. Vocês [homens de Massachusetts] são a única realidade do norte."

Os tumultos continuaram em Baltimore, dias a fio. Multiplicaram-se os temores de que a legislatura de Maryland, que estava reunida em Annapolis, pretendesse votar a favor da secessão. O Gabinete debateu se o presidente deveria acionar o Exército "para prender ou dispersar os membros daquele órgão". Lincoln decidiu que "não seria justificável". Foi uma determinação sábia, pois no final das contas, embora turbas separatistas continuassem a perturbar a paz em Maryland por semanas, o estado nunca se juntou à Confederação e acabou se tornando, como Lincoln previu, "o primeiro a redimir-se".

Finalmente, depois de uma semana de inquietação crescente, o Sétimo Regimento de Nova York chegou a Washington. O *New York Times* noticiou que as "escadas e sacadas dos hotéis, as janelas das residências particulares, as entradas das lojas e até mesmo os telhados de muitas casas estavam apinhados de homens, mulheres e crianças, que gritavam e acenavam com lenços e bandeiras". Nos dias que se seguiram, mais regimentos chegaram. Mary e as amigas assistiam ao desfile dos regimentos a partir de uma janela na mansão. A presença das tropas aliviou consideravelmente o humor de Lincoln. Alegre, ele disse a John Hay que, além de garantir a segurança da capital, ele com o tempo "iria até Charleston para acertar a pequena dívida para com ela". Hay ficou tão feliz ao ouvir essas palavras que "sentiu vontade de dar um brado característico de Illinois".

Frances Seward, em casa em Auburn, sentiu enorme alívio quando recebeu uma carta do marido, confirmando que mais de 8 mil soldados estavam em Washington. Mesmo assim, Seward não lhe deu autorização para vir juntar-se a ele na capital. Prevendo as atribulações que um ambiente tão febril causaria nela, talvez Seward tenha considerado melhor que ela ficasse em sua tranquila casa em Auburn.

Além disso, ele sabia que os dois discutiriam acerca do propósito da guerra. Frances, diferentemente do marido, já tinha decidido que a meta principal era acabar com a escravidão. Ela admitia que a guerra poderia durar anos e resultar em "imenso sacrifício de vidas humanas", mas a erradicação da escravatura justificava tudo. "O norte verdadeiro, forte, glorioso, finalmente despertou", escreveu ela ao marido, "o entusiasmo das pessoas — de classe alta e baixa, ricos e pobres" (...) "todos engajados na causa dos direitos humanos. Nenhuma concessão do sul será agora de qualquer valia para deter o caudal. Não se chegará a nenhum acordo com a escravidão de negros ou de brancos. Deus escutou a prece dos oprimidos, e um castigo tremendo está reservado aos opressores".

Em sua visão geral da guerra, a posição de Frances àquela altura era contrária não apenas à de seu marido mas à da maior parte do Gabinete e à de uma substancial maioria dos nortistas. Ainda na certeza de que se trataria de uma guerra rápida com uma reconciliação fácil, Seward disse a um amigo que "no final das contas não haveria combates graves; o sul desmoronaria, e tudo se ajustaria com serenidade". Bates queria uma guerra limitada, de modo que "perturbasse o mínimo possível as ocupações rotineiras do povo", aí incluída a posse de escravos no sul. Blair concordava, aconselhando a Lincoln que seria um "erro fatal" se o conflito se tornasse uma luta "entre todo o povo do sul e o povo do norte".

Para Lincoln, a luta para salvar a União continha um propósito ainda maior do que o de abolir a escravidão, que afinal de contas era autorizada pela própria Constituição que ele tinha jurado defender. "Considero que a ideia central que permeia essa luta", disse ele a Hay no início de maio, "é a necessidade que se abateu sobre nós de provar que o governo popular não é um absurdo. Precisamos resolver agora a questão de saber se, num governo livre, a minoria tem o direito de derrubar o governo sempre que desejar. Um fracasso nosso serviria para provar a incapacidade do povo para se governar".

Com problemas mais do que suficientes a ocupá-lo na esfera interna, Lincoln enfrentava uma situação confusa no exterior. Um membro do Parlamento Britânico tinha apresentado uma proposta em que recomendava que a Inglaterra concedesse a condição de Estado beligerante à Confederação Sulista. Se fosse aprovada, a resolução daria aos navios confederados os mesmos direitos em portos neutros garantidos aos navios federais. A economia têxtil da Grã-Bretanha dependia do algodão fornecido pelas grandes lavouras sulistas. A menos que os britânicos rompessem o bloqueio da União, para garantir a continuidade do fornecimento de algodão, os enormes cotonifícios de Manchester e Leeds seriam forçados a reduzir a produção ou a interrompê-la. Comerciantes perderiam dinheiro, e milhares de trabalhadores perderiam o emprego.

Seward temia que a Inglaterra apoiasse o sul, simplesmente para manter suas próprias fábricas abastecidas. Embora os "ramos mais jovens do tronco britânico" apoiassem a liberdade, disse ele à mulher, os aristocratas, mais preocupados com a economia do que com a moral, haveriam de se tornar "aliados dos traidores". Para que isso não acontecesse, ele estava "tentando lançar uma forte admoestação, por intermédio do Gabinete, antes que fosse tarde demais". Ele esperava não só conter quaisquer pensamentos de reconhecimento da Confederação, mas também assegurar que os britânicos respeitassem o bloqueio da União e se recusassem a receber, até mesmo informalmente, os três comissários sulistas que tinham sido enviados a Londres para negociações em nome dos confederados. Para atingir esses objetivos, Seward estava disposto a travar uma guerra. "Eles que se danem. Vou mandar todos pro inferno", disse ele a Sumner, chutando o ar enquanto falava.

No dia 21 de maio, Seward entregou a Lincoln a minuta de uma carta ríspida, preparada para Charles Francis Adams, o embaixador na Grã-Bretanha, ler pessoalmente para Lorde John Russell, secretário britânico das Relações Exteriores. Lincoln reconheceu de imediato que o tom estava áspero demais para uma comunicação diplomática. Embora uma ação decisiva fosse necessária para impedir a Grã-Bretanha de manifestar qualquer forma de solidariedade para com o sul, Lincoln não tinha a menor intenção de travar duas guerras ao mesmo tempo. Toda a sua vida, ele tinha tido o cuidado de não enviar cartas escritas quando estivesse com raiva. Agora, para abrandar a rispidez da minuta, ele alterou o tom da carta em numerosas passagens. Onde Seward tinha alegado que o presidente estava "surpreso e desgostoso" por não ter havido nenhum protesto contra reuniões informais com os comissários do sul, Lincoln escreveu simplesmente que o "Presidente lamenta". Onde Seward fez ameaças de que "não seria tolerada nenhuma dessas medidas [reconhecimento informal ou formal, ou ainda rompimento do bloqueio]", Lincoln mudou a frase para "nenhuma dessas medidas passará despercebida".

E o mais importante, onde Seward tinha dado instruções de que a carta fosse lida diretamente na presença do secretário britânico de Relações Exteriores, Lincoln insistiu que ela servisse apenas para orientação de Adams e que não deveria "ser lida nem revelada a ninguém". Ainda assim, a mensagem central permaneceu clara: um aviso à Grã-Bretanha de que, se essas questões inconvenientes não fossem resolvidas, e a Grã-Bretanha decidisse "confraternizar com nosso inimigo doméstico", isso "poderia resultar" numa guerra entre os Estados Unidos e a Grã-Bretanha, causada pelos "atos da Grã-Bretanha, não por nossos próprios atos". Caso isso acontecesse, a Grã-Bretanha perderia para sempre "a solidariedade e o afeto da única nação da qual ela poderia reivindicar naturalmente solidariedade e afeto".

Desse modo, uma mensagem de ameaça que poderia ter envolvido a União em duas guerras simultâneas tornou-se a base para uma política rígida, que efetivamente interrompeu o impulso britânico no sentido de reconhecer a Confederação. Além disso, a França, cujos ministros tinham prometido agir em concordância com a Grã-Bretanha, seguiu o exemplo. Essa foi uma vitória crucial para a União, que impediu por algum tempo o reconhecimento, o qual teria conferido legitimidade à Confederação aos olhos do mundo, teria enfraquecido o moral nortista e proporcionado "liquidez aos papéis sulistas".

Posteriormente a história daria ao secretário de Estado Seward alta aprovação por seu papel em impedir que a Grã-Bretanha e a França interviessem na guerra. Há quem considere ter ele sido o "diplomata americano mais hábil do século". Mas nesse caso, como tantas vezes aconteceu, a mão invisível de Lincoln moldou um posicionamento crítico. Apenas três meses antes, o advogado de regiões remotas confessara a Seward que pouco sabia sobre as relações exteriores. No entanto, sua revisão do comunicado exibe a capacidade sofisticada de um estadista veterano: ele analisara uma situação complexa e procurara o modo menos provocador para neutralizar um inimigo em potencial, enquanto deixava perfeitamente clara a posição de seu país.

Aos poucos, mas de modo inevitável, Seward começava a valorizar os talentos notáveis de Lincoln. "É preciso que se diga, a magnanimidade do Presidente é quase sobre-humana", disse ele à mulher em meados de maio. "Sua autoconfiança e solidariedade aumentam a cada dia." À medida que Lincoln começava a confiar em sua própria capacidade, Seward passou a confiar mais no presidente. No início de junho, ele disse a Frances: "O vigor e a habilidade executiva são qualidades raras. O Presidente é o melhor de nós; mas ele precisa de cooperação constante e assídua." Embora o exuberante nova-iorquino continuasse a debater inúmeras questões com Lincoln nos anos seguintes, exatamente como Lincoln tinha esperado e precisava que ele fizesse, Seward haveria de se tornar seu aliado mais fiel no Gabinete. Seu compromisso para com "seu chefe", observaram Nicolay e Hay, "era não apenas sem reservas, mas com uma ligação pessoal sincera e dedicada".

Lincoln recorreu a Chase em busca de orientação quanto ao complexo problema de financiar uma guerra numa época em que o governo estava muito endividado. O pânico econômico de

1857, a corrupção na Administração Buchanan e a desintegração parcial da União tinham causado rombos profundos nos cofres do governo. Com o Congresso em recesso, sem poder autorizar novos impostos e tarifas, Chase foi forçado a contar com empréstimos ao governo para fazer frente às despesas da guerra. De início, os bancos hesitaram, exigindo taxas de juros mais altas do que as que o governo tinha condições de pagar, mas Chase acabou por reunir receita suficiente para cobrir as despesas até a convocação do Congresso.

Mais tarde, Chase salientou com orgulho que nos primeiros tempos da guerra Lincoln contou com ele para cumprir funções que de ordinário pertenciam ao Departamento da Guerra. Segundo Chase, ele assumiu "o encargo principal" de impedir que os importantes Estados fronteiriços do Kentucky, Missouri e Tennessee caíssem nas mãos dos separatistas. Ele autorizou um leal senador do Kentucky a reunir vinte companhias. Redigiu as ordens que permitiram que Andrew Johnson, o único senador de um Estado confederado que permaneceu leal à União, recrutasse "regimentos no Tennessee". Demonstrando sério menosprezo pelo papel crítico de Lincoln, ele acreditava ter sido o meio pelo qual o Kentucky e o Missouri se mantiveram na União.

Na realidade, Chase jamais deixaria de subestimar Lincoln, nem de se ressentir por ter perdido a presidência para um homem que considerava seu inferior. Em fins de abril, cheio de presunção, ele enviou a Lincoln um artigo do *New York Times* altamente depreciativo em sua visão da Administração. "O Presidente e o Gabinete em Washington estão muito atrás do povo", afirmava o *Times*. "São como alguém que acabou de despertar e está numa semiconsciência sonhadora." Essa acusação, informou Chase a Lincoln, "é infelizmente muito verdadeira". Lincoln não respondeu, entendendo muito bem o implacável anseio de Chase pela presidência. Por enquanto, porém, ele precisava dos enormes talentos e da total cooperação do natural de Ohio.

Em meados de julho, o clamor no norte por alguma forma de ação significativa contra os rebeldes já tinha atingido um grau febril. "Avante até Richmond!" era a manchete gritante do *New York Tribune*. O senador Trumbull apresentou uma proposta que exigia "a imediata movimentação das tropas e a ocupação de Richmond antes de 20 de julho", data marcada para o início dos trabalhos do Congresso Confederado. O general Scott hesitou, acreditando que o Exército ainda não estava preparado para uma grande ofensiva, mas Lincoln receou que, sem alguma ação, o moral tanto dos soldados como do público em geral baixaria. Os líderes europeus interpretariam a inatividade por parte do norte como uma falta de determinação da União.

O general Irvin McDowell, um general de brigada de Ohio, criou um plano para enfrentar as forças rebeldes sob o comando do general Beauregard em Manassas, uns 40 quilômetros a sudoeste de Washington. O plano era inteligente. Com 3 mil soldados da União à sua disposição, McDowell poderia derrotar as forças de Beauregard, desde que o general Robert Patterson, da União, impedisse os 9 mil soldados confederados sob o comando do general Joseph Johnston em Winchester, Virgínia, de se juntarem a Beauregard. No dia 29 de junho, Lincoln e seu Gabinete aprovaram o plano de McDowell.

A batalha de Bull Run, como veio a se tornar conhecida no norte, começou nas primeiras horas da manhã do domingo, 21 de julho. Quando o "troar da artilharia" chegou à Casa Branca, recordou-se Elizabeth Grimsley, "foi enorme a animação". Mesmo em local tão distante quanto a propriedade da família Blair, em Silver Spring, a irmã de Monty, Elizabeth, foi dar um passeio pelo bosque para "parar o barulho nos ouvidos", mas o som dos tiros somente aumentou.

Enquanto soldados de ambos os lados do campo de batalha estavam descobrindo a medonha carnificina da guerra, centenas de moradores de Washington prepararam às pressas cestas de piquenique, cheias de pão e vinho. Correram então para o monte em Centreville e os campos abaixo dele para presenciar o que a maioria supunha fosse ser uma vitória fácil para o norte. Senadores, congressistas, funcionários do governo e suas famílias examinavam o campo de batalha através de binóculos de ópera. Depois de uma "descarga extraordinariamente pesada", o jornalista britânico William Russell ouviu uma exclamação de uma mulher: "Que maravilha. Meu Deus! Não é sensacional? Acho que já estaremos em Richmond amanhã a esta hora."

Enquanto Lincoln estava na igreja, as tropas da União avançaram, forçando os rebeldes mais para o sul, para dentro dos bosques. Ao meio-dia, a notícia do que parecia ser uma vitória total da União chegou a Lincoln e aos membros de seu Gabinete pelo telégrafo do Departamento da Guerra. No local apinhado de gente que abrigava o equipamento telegráfico, os operadores tinham dificuldade para se concentrar em suas responsabilidades. Cada novo comunicado, salientou o *New York Times*, era publicado e lido em voz alta para centenas de pessoas reunidas diante do Willard Hotel. A multidão exultante "aplaudia com veemência, parecendo estar inebriada de alegria".

Exatamente quando o povo festejava nas ruas, a etapa mais feroz da luta estava apenas começando. Os confederados recusavam-se a desistir, arregimentados pelo inabalável general Thomas Jackson. "Lá está Jackson com seus virginianos, resistindo como uma muralha de pedra", teria o general Barnard Bee supostamente gritado para inspirar seus soldados. E daí em diante tanto os soldados confederados como os da União passaram a se referir a Jackson como Jackson "Muralha de Pedra". Os dois lados lutaram com bravura ao sol escaldante, enquanto a linha de frente avançava e retrocedia.

Às 3 da tarde, Lincoln estava na sala do telégrafo, examinando os mapas na parede e esperando ansioso pelos boletins atualizados, que chegavam a intervalos de 15 minutos. A linha de telégrafo alcançava apenas o fórum do Condado de Fairfax. Notícias da frente de combate mais ao sul eram transmitidas a Fairfax por uma tropa de estafetas, estabelecida pelo jovem Andrew Carnegie, que mais tarde trabalhou com a Unidade de Telegrafia Militar dos EUA. Percebendo alguma confusão entre os relatos do campo de batalha, Lincoln dirigiu-se à base de comando do general Scott, "uma pequena casa de tijolos aparentes de três andares", apinhada de oficiais e funcionários. Acordando Scott de uma sesta, Lincoln manifestou sua preocupação. Scott — relatou Nicolay — simplesmente reafirmou "sua confiança num resultado vitorioso e se acomodou para mais um cochilo, quando o Presidente saiu".

Começaram a chegar comunicados sucessivos, uniformemente positivos, transmitindo afirmações de que as linhas dos confederados tinham sido rompidas. Por volta das quatro e meia da tarde, o operador do telégrafo proclamou que o Exército da União tinha obtido "uma vitória esplêndida". Lincoln decidiu dar seu passeio de carruagem de costume, acompanhado por seus filhos pequenos, Tad e Willie, e pelo secretário Bates.

Enquanto Lincoln passeava relaxado com Bates na carruagem, o curso da batalha voltou-se contra a União. As forças confederadas do general Johnston tinham escapado ao controle do general Patterson; e no meio da tarde, 9 mil novos soldados confederados chegaram para dar reforço a Beauregard. McDowell não tinha tropas de reserva à disposição. "Uma súbita investida, e uma força de cavalaria [confederada] abateu-se sobre nossas colunas", relatou Edmund Stedman, do campo de batalha. "Eles saíram dos bosques (...) e a infantaria veio se derramando logo atrás."

Soldados exaustos da infantaria da União dispersaram-se. Teve início uma debandada na direção de Washington. À confusão somou-se a fuga em pânico dos espectadores horrorizados. Mosquetes e pequenas armas eram abandonados pelo caminho. Soldados feridos imploravam por socorro. Cavalos descontrolados agravaram a debandada das pessoas.

A notícia chocante chegou a Washington na ausência de Lincoln. "O exército do general McDowell está batendo em retirada através de Centerville", dizia o comunicado. "A batalha está perdida. Salvem Washington e os remanescentes do Exército." Seward agarrou o telegrama e saiu correndo para a Casa Branca. Com um "ar terrivelmente assustado e agitado", ele disse a Nicolay que "procurasse o Presidente e lhe dissesse para ir imediatamente ao escritório do General Scott".

Quando Lincoln voltou, seus jovens assistentes transmitiram a mensagem de Seward. "Ele escutou em silêncio", relataram eles mais tarde, "sem a menor alteração na expressão ou nas feições, e foi andando para o quartel-general do Exército". Lá ele permaneceu com Scott e o Gabinete até um telegrama de McDowell confirmar a derrota. Reforços imediatos foram chamados para defender a capital. Sem mais recurso algum, a equipe consternada dispersou-se.

Lincoln voltou para a Casa Branca, onde assistiu enquanto soldados desgarrados voltavam pelas ruas, ouviu os sons lamuriosos das ambulâncias e passou horas sentado com vários senadores e congressistas que tinham presenciado o combate, de cima do monte. No início da manhã do dia seguinte, com uma chuva torrencial, o general Scott chegou, recomendando que Mary levasse os filhos para o norte, até que fosse considerado que Washington estava a salvo de ser capturada. Elizabeth Grimsley recordou a conversa, quando Mary se dirigiu para o marido. "Você virá conosco?", perguntou ela. "Está mais do que claro que não sairei daqui num momento destes", respondeu ele. "Então, eu não o deixarei num momento destes", disse ela, decidida.

Lincoln não dormiu naquela noite terrível. Encontrando seu único lenitivo em preparar o movimento seguinte, ele começou a redigir um memorando que incorporava as dolorosas lições de Bull Run a uma futura política militar coerente. Entendendo que a desordem da tropa recém-formada tinha contribuído para a derrota, ele exigiu "treinamento, disciplina e instrução" constantes das forças. Além disso, quando soube que a retirada tinha sido liderada por soldados que estavam se preparando para encerrar seus três meses de serviço, Lincoln propôs que todos os alistados a curto prazo "que se recusassem a aceitar servir por um período mais longo deveriam ser dispensados com a rapidez que as circunstâncias permitissem". Prevendo reações por parte da Europa à derrota, ele determinou que se efetivasse o bloqueio "com a maior brevidade possível". Naquela noite, também foi mandado um telegrama ao general George McClellan na região oeste da Virgínia, com ordens para vir para Washington e assumir o comando do Exército do Potomac. Lincoln então criou uma estratégia que consistia em três avanços: um segundo enfrentamento em Manassas; uma descida pelo Mississippi rumo a Memphis; e uma ofensiva de Cincinnati para o leste do Tennessee.

"Se na história não houvesse mais nada com que se pudesse rotular Abraham Lincoln", refletiu Walt Whitman, "já seria suficiente para consagrá-lo à memória para sempre o fato de ele ter resistido àquela hora, àquele dia, mais amargo que o fel — de fato um dia de crucificação —, de não ter se deixado abater por ele, de ter feito frente àquela vicissitude sem hesitar e de ter decidido erguer a si mesmo e à União, deixando aquele momento para trás".

Embora se acabrunhasse quando estava só, confidenciando a Browning que estava "muito melancólico", Lincoln manteve uma imagem pública estoica. Escutou com paciência relatos do que tinha dado errado no campo de batalha. Contou histórias humorísticas para proporcionar algum conforto moral. E nos dias que se seguiram, com Seward a seu lado, visitou uma série de regimentos, levantando os ânimos a cada parada que fazia.

A opinião pública nortista refletia a firme determinação de Lincoln. Jornais republicanos do país inteiro relatavam um "patriotismo renovado", fazendo com que milhares de voluntários se alistassem por três anos. "Que nenhum homem leal se sinta desencorajado por esse revés", proclamou o *Chicago Tribune*. "Como o gigante Anteu, que, quando lançado ao chão, colhia forças do contato com a mãe terra e se levantava renovado e mais forte do que antes, para retomar a luta, o mesmo ocorrerá com os Filhos da Liberdade: a perda desta batalha servirá apenas para encorajá-los a maiores esforços."

Com a espantosa derrota e debandada em Bull Run, porém, dissolveram-se as ilusões do norte quanto a uma vitória fácil. "Está bastante evidente, agora, que subestimamos a força, os recursos e a disposição do inimigo", admitiu o *Times*. "Além disso, não nos demos conta da natureza extraordinária do território no qual o combate deverá ser travado, nem de suas extraordinárias possibilidades de defesa." Contudo, as mortificantes lições de Bull Run geraram uma confiança equivocada de que o norte poderia "se tranquilizar", por já ter conhecido o pior que poderia acontecer. No caos ansioso que se seguiu à primeira batalha importante da Guerra Civil, era inimaginável que o que ainda estava por vir fosse muito pior.

Capítulo 8

"Só algum remédio milagroso adquiriu celebridade tão repentina", era o que se dizia de George B. McClellan, quando ele chegou a Washington em 27 de julho de 1861, para assumir o comando do Exército do Potomac. Entre os generais mais jovens da União, aos 34 anos de idade, o vistoso e atlético McClellan parecia justificar o louvor e a enorme expectativa. Ele descendia de uma ilustre família de Filadélfia. Seu pai tinha se formado em Yale College e na Faculdade de Medicina da University of Pennsylvania. Sua mãe era elegante e requintada. Educado em escolas excelentes, entre as quais West Point, McClellan fizera parte do estado-maior do general Scott na Guerra com o México. E o que era mais importante, para um público em busca de salvação, ele havia derrotado recentemente um bando de guerrilheiros no oeste da Virgínia, proporcionando ao norte sua única vitória, embora pequena.

Para os nervos esgotados dos moradores de Washington, McClellan parecia "o salvador da pátria", exatamente o líder que moldaria a tropa desorganizada da União, transformando-a num exército disciplinado, capaz de voltar a Manassas e derrotar o inimigo.

Lincoln esperava que, com a sabedoria experiente do general Scott no comando geral associada à vitalidade e força de McClellan, ele por fim teria uma equipe de eficácia poderosa. Desde o início, porém, McClellan encarou Scott como "o maior obstáculo", tanto à sua própria ambição pela autoridade apenas em suas mãos, como à sua estratégia maior para a guerra. Menos de duas semanas depois de assumir o comando do Exército do Potomac, McClellan questionou a avaliação de Scott de que a chegada de reforços a Washington tinha garantido a segurança da capital. Numa carta ao general Scott, que enviou com cópia para o presidente, ele afirmava que seu exército era "totalmente insuficiente para a emergência", pois "o inimigo tem no mínimo 100 mil homens em nosso front". Scott ficou furioso por sua avaliação ter sido questionada, insistindo com acerto que McClellan estava exagerando demais as forças contrárias. Esse não seria o último erro de cálculo do general autoritário.

Em suas cartas quase diárias à mulher, McClellan reconhecia que suas desavenças com Scott poderiam "resultar numa inimizade mortal por parte dele contra mim". Justificando sua própria falta de disposição para se conciliar com Scott, ele se referia com frequência à sua noção de destino. "Deus pôs em minhas mãos uma importante missão", era o que sua convicção lhe dizia. Ele sentia que "por alguma estranha operação mágica", tinha se tornado "o poder do país" (...) "as pessoas recorrem a mim para que salve o país — devo salvá-lo e não posso respeitar nada que atrapalhe o caminho." McClellan disse-lhe que recebia "cartas e mais cartas" que lhe imploravam que assumisse a presidência ou se tornasse ditador. Embora descartasse a presidência, ele de bom grado aceitaria ser ditador "e concordar em abdicar de minha vida quando o país estivesse a salvo".

Frustrado pela falta de atendimento a seus constantes pedidos de mais soldados e equipamento, McClellan insistia em dizer que Scott era "um perfeito imbecil", um "velho *caduco*", até mesmo possivelmente "um *traidor*". Recusando-se a admitir que a desavença representava um puro e simples conflito de opiniões, McClellan reiterava que a discórdia tinha como origem a "eterna inveja" do veterano "de todos os que conquistassem qualquer distinção".

À medida que se acirrava a briga entre os dois, McClellan decidiu ignorar os comunicados de Scott, muito embora a cadeia de comando exigisse que ele informasse a seu oficial superior sua posição e o número de soldados a sua disposição. Scott ficou indignado. "A solução por detenção e julgamento diante de uma Corte Marcial provavelmente logo curaria o mal", disse Scott ao secretário da Guerra, Cameron, mas ele temia que um conflito público "representasse um forte estímulo para os inimigos e abatesse os ânimos dos amigos da União. Daí minha prolongada paciência". Em vez disso, ele propôs que, assim que o presidente tomasse outras providências, ele próprio se dispunha a pedir a reforma, "tendo em vista que estou impedido de cavalgar, ou até mesmo de marchar, por conta do edema nos pés e pernas, além da paralisia na altura dos rins".

Por dois meses, Lincoln tentou restaurar a harmonia entre os comandantes. Passou muitas horas no escritório do general Scott, escutando o velho guerreiro e tentando abrandar seu ânimo. Fez visitas frequentes ao quartel-general de McClellan, sediado numa casa luxuosa na esquina da Lafayette Square, não distante da nova casa de Seward. Os cômodos do andar superior eram reservados para o uso particular de McClellan. Os salões do térreo eram ocupados pelo posto do telégrafo, com dezenas de funcionários, "fumando, lendo jornais e escrevendo". Às vezes, McClellan recebia bem as visitas de Lincoln; em outras ocasiões, achava que eram uma perda de tempo: "Acabei de ser interrompido pelo Presidente e o Secretário Seward que não tinham nada de especial a tratar, a não ser histórias a contar." Observadores salientavam consternados que McClellan costumava deixar Lincoln esperando na sala do térreo, "junto com outros meros mortais". O repórter britânico William Russell começou a ter pena do presidente, que vinha ali só para ser informado de que o general estava "descansando, extremamente fatigado". Não obstante, como acreditava na influência positiva de McClellan sobre a tropa, Lincoln tolerava esses evidentes desrespeitos ao protocolo.

A primeira insatisfação pública para com o desempenho de McClellan surgiu quando começaram a cair as primeiras folhas de outono. Embora os moradores de Washington apreciassem suas magníficas revistas de mais de 50 mil soldados, marchando em colunas perfeitas ao som de salvas de cem armas, sem "nem um erro, nem uma falha", eles começaram a ficar impacientes com o fato de os soldados não partirem para o combate. Sem se deixar intimidar, McClellan repetia para sua mulher que só se movimentaria quando tivesse certeza de estar totalmente preparado para enfrentar o inimigo. "Ainda falta muito tempo para eu poder fazê-lo, e calculo que todos os jornais vão me criticar pela demora... mas não me importarei com isso."

Ao mais leve sinal de repreensão, McClellan passava a culpa adiante: ao fracasso de Scott em reunir os recursos necessários; à incompetência do Gabinete, "alguns dos maiores patetas... com que já me deparei — que conseguiriam acabar com a paciência de Jó". Ele considerava Seward "um cachorrinho abelhudo, incompetente, intrometido", Welles "mais fraco do que uma velhota faladeira" e Bates "um velho palerma". Sentia aversão pela "canalhice de Cameron" e, apesar de elogiar a coragem de Monty Blair, "não gostava muito dele!" Somente Chase foi poupado de seu desdém, talvez porque o secretário do Tesouro tivesse lhe enviado uma carta elogiosa, antes de McClellan ser convocado para Washington, carta na qual alegava ser o responsável pela promoção do general a general de divisão.

A impaciência para com McClellan aumentou, quando uma de suas divisões sofreu uma derrota esmagadora num pequeno combate em 21 de outubro de 1861. Tendo sido informado de que os rebeldes tinham retirado parte de suas tropas de Leesburg, Virgínia, McClellan ordenou ao general Charles P. Stone que montasse "uma pequena demonstração de nossa parte" com o objetivo de "deslocá-los". Stone supôs que teria o auxílio de uma divisão vizinha, que McClellan ordenara que retornasse a Washington sem informar Stone. O coronel Edward Baker, amigo de Lincoln de Illinois, foi morto em serviço, junto com 49 de seus homens, quando os confederados os emboscaram à margem do rio em Ball's Bluff.

McClellan de imediato negou ter responsabilidade pela derrota, insistindo tipicamente em que o "desastre foi causado por erros cometidos" pelos líderes no front. "A coisa toda aconteceu a pouco mais de 60 quilômetros daqui, sem minhas ordens ou meu conhecimento", contou ele à mulher. "Foi algo totalmente sem minha autorização, e não sou de modo algum responsável pelo que ocorreu." O culpado direto, disse McClellan, foi o coronel Baker, que excedeu às ordens do general Stone, ao atravessar o rio.

Quando líderes congressistas frustrados, muitos dos quais amigos de longa data de Baker, protestaram contra a derrota em Ball's Bluff e a estagnação generalizada das tropas da União, o presidente defendeu McClellan. Quando esses mesmos líderes abordaram McClellan, ele desatou numa invectiva contra Scott, acusando-o de colocar obstáculos a cada passo de seu caminho. A delegação do Congresso saiu com o compromisso de tirar Scott do cargo: "Você pode ter sabido, pelos jornais e outros meios, da pequena desavença existente entre mim e o General Scott", escreveu McClellan à mulher, "na qual a *vox populi* está se manifestando com veemência a meu favor. (...) Eu soube que oficiais e soldados declaram todos que não lutarão sob o comando de ninguém que não seja 'nosso George', como os moleques inventaram de me chamar".

No dia 1º de novembro, Lincoln lamentou aceitar o pedido de reforma do veterano. Os jornais publicaram a carta de renúncia do general Scott, junto com a resposta sincera de Lincoln. O presidente louvou a "longa e brilhante carreira" de Scott, afirmando que os americanos receberiam "com tristeza e profunda emoção" a notícia de sua saída da ativa. Ao mesmo tempo, Lincoln designou McClellan para suceder Scott no comando geral do Exército da União.

Dois dias depois, com seu objetivo realizado, McClellan admitiu sentimentos conflitantes ao acompanhar Scott à estação ferroviária, para sua partida de Washington. "Vi ali o fim de uma vida longa, ativa e ambiciosa", escreveu à sua mulher, "o fim da carreira do soldado número um de sua nação. E era um velhote fraco, que quase não conseguia andar... praticamente sem ninguém para se despedir dele, além de seu sucessor". A verdade, como noticiaram os jornais, foi que uma grande aglomeração estava reunida na estação, muito embora o trem partisse às cinco da manhã, em meio a uma chuva forte. Estavam lá todos os integrantes do estado-maior de Scott, bem como todo o pessoal de McClellan e uma escolta de cavalaria. Os secretários Chase e Cameron tinham vindo se juntar ao general em sua viagem para Harrisburg. Ademais, "um bom número de cidadãos" tinha vindo prestar sua homenagem, desmentindo o adeus ignominioso descrito por McClellan. Mais uma vez, o jovem Napoleão errava em seus cálculos.

Com a aproximação do inverno, intensificou-se a insatisfação pública com a inatividade do Exército da União. "Não pretendo ir para o sacrifício", escreveu o novo comandante geral à sua mulher. Agora que não podia mais culpar Scott por seus problemas, McClellan deslocou sua censura para Lincoln, por lhe negar os meios para enfrentar as forças rebeldes na Virgínia, cujos números, insistia ele, eram no mínimo três vezes os de suas próprias forças. Em cartas para casa, ele se queixava das constantes intromissões de Lincoln, que o forçavam a ir se esconder na casa do também democrata Edwin Stanton, "para evitar todos os inimigos sob a forma de um Presidente 'enxerido' etc." Ele relatou uma visita à Casa Branca num domingo depois do chá, onde encontrou "o gorila em pessoa", como tinha se habituado a chamar o presidente. "Que figura para estar no comando de nossos assuntos neste momento!", vociferou ele. "Fui à casa de Seward, onde mais uma vez encontrei o 'gorila' e naturalmente aprendi muito com suas histórias edificantes: sempre oportunas e sempre indignas de alguém que ocupa seu alto posto."

Com o tempo, Lincoln passou a visitar com menos frequência o general arrogante. Se quisesse falar com McClellan, enviava um chamado para que ele viesse à Casa Branca.

Durante esses dias de tensão, Mary procurava distrair o marido. Se velhos amigos estivessem na cidade, ela os convidava para o café da manhã e enviava uma mensagem para o escritório do presidente, chamando-o para vir se unir a eles. Irritado de início, por ser afastado do trabalho, Lincoln se sentava a contragosto e começava a trocar histórias. Sua "boca se descontraía, o olhar se iluminava, e todo o seu rosto se desanuviava", recordou-se Elizabeth Grimsley, "e nós éramos lançados num mar de risadas". Mary também tinha instituído um "passeio diário" terapêutico, fazendo questão de que eles dois, e às vezes os filhos, dessem um passeio de carruagem de uma hora no fim da tarde, para absorver "o ar puro, do qual ele tanto precisava".

Mais do que a maioria das primeiras-damas anteriores, Mary gostava de receber. Nunca tinha perdido seu gosto pela política. Muitas noites, enquanto o marido trabalhava até tarde no escritório, a primeira-dama realizava *soirées* na Sala Azul, para as quais o círculo de convidados era em sua maioria do sexo masculino.

Enquanto encantava os convidados em suas reuniões noturnas, Mary conquistava respeito pela energia e segurança com que comandava as tradicionais recepções da Casa Branca ao público. Ela acreditava que essas reuniões sociais ajudavam a sustentar o moral. E o que era mais importante, seu marido se orgulhava, tanto de seu traquejo social como de sua aparência. "Minha mulher continua tão bonita quanto era quando moça", disse ele, numa recepção na

Casa Branca. "E eu, na época um joão-ninguém, me apaixonei por ela e nunca me desapaixonei."

Quando o Príncipe Napoleão, o primo de Napoleão Bonaparte III, visitou Washington no início de agosto, Mary organizou um sofisticado jantar. Ela considerava a tarefa de receber muito mais simples do que tinha sido nos seus tempos em Springfield. "Só precisamos dar as ordens para o jantar, e nos *trajarmos* de modo condizente", escreveu ela à amiga Hannah Shearer. Tendo aprendido francês quando jovem, ela conversou à vontade com o príncipe. Foi um "belo jantar", recordou-se Lizzie Grimsley, "primorosamente bem servido, com o predomínio de animada conversa em francês". Dois dias depois, com seu interesse pela literatura francesa aparentemente reanimado, Mary solicitou à Biblioteca do Congresso o Volume 9 das *Oeuvres de Victor Hugo.*

Capítulo 9

No nono mês de combates, boatos sobre corrupção e má administração no Departamento da Guerra combinavam-se com a falta de progresso no campo de batalha, o que dificultava a missão de Chase de levantar os fundos de que o Tesouro precisava para manter o esforço de guerra em andamento. Lincoln acabou por perceber que cometera um terrível engano ao designar Simon Cameron para chefiar o Departamento da Guerra. Durante muitas décadas, Cameron mantivera a base de seu poder na Pensilvânia fazendo hábil uso do favoritismo para recompensar os que lhe eram leais e punir adversários. Infelizmente, a *expertise* de um chefe político sagaz revelou-se insuficiente para o imenso desafio administrativo de chefiar o Departamento da Guerra no meio de uma guerra civil.

Lincoln tinha se mantido tão reticente durante o verão e o outono, quando Cameron foi criticado pela primeira vez por conta de sua administração relapsa e de contratos controversos, que Seward se perguntou se o presidente estava suficientemente atento àquela situação incômoda. Então, numa noite de janeiro, recordou-se o secretário de Estado, "a campainha da minha porta tocou". O presidente entrou, sentou-se no sofá "e de maneira abrupta começou a falar sobre a situação do Departamento da Guerra. Logo deixou transparecer que todo aquele tempo vinha observando e sabia o que estava acontecendo, tanto quanto qualquer um de nós (...) agora tinha chegado a uma decisão e viera me consultar sobre um sucessor para o sr. Cameron".

Escolher o sucessor certo de Cameron era de extrema importância. A princípio, Lincoln pode ter pensado, dentre outros, em Joseph Holt, secretário da Guerra de Buchanan, que prestou à União apoio fundamental durante a crise da secessão, ou Montgomery Blair, graduado pela academia de West Point. Segundo Welles, Blair "tinha demonstrado grande inteligência, conhecimento sobre os militares, bem como sagacidade e discernimento" durante as discussões do Gabinete. Em vez de um desses dois nomes, numa decisão que se mostraria da maior significância para o curso da guerra, Lincoln escolheu Edwin Stanton, o advogado mal-humorado cujos comentários mordazes sobre sua atuação como presidente eram bem conhecidos nos círculos de Washington.

Os familiarizados com os meandros do poder em Washington atribuíram a escolha à influência combinada de Seward e Chase. Esses dois rivais raras vezes concordavam a respeito de políticas ou princípios, mas cada um deles tinha seus motivos para defender o nome de Stanton. Seward jamais se esqueceria da contribuição de Stanton como seu informante nas últimas semanas do mandato de Buchanan. As informações sigilosas fornecidas por Stanton ajudaram a extirpar traidores e manter Washington a salvo de ser conquistada. Elas também fortaleceram a posição de Seward como a figura central na difícil conjuntura entre a eleição de Lincoln e o momento em que foi empossado. Já Chase tinha laços muito mais estreitos de amizade com Stanton, laços que vinham se desenvolvendo desde seus primeiros tempos em Ohio. Chase acreditava que Stanton seria um aliado fiel na luta contra a escravidão.

No sábado, 11 de janeiro, o presidente enviou a Cameron uma carta de uma rispidez inusitada. Levando em consideração o fato de que o secretário da Guerra já havia "expressado o desejo de mudar de cargo", escreveu Lincoln, "posso agora atender a seu pedido, de acordo com minha visão do interesse público, indicando seu nome ao Senado, na próxima segunda-feira, para embaixador na Rússia". Diz-se que Cameron teria chorado, após receber a carta de demissão no domingo. "Não se trata de uma questão política", insistiu ele, "isso significa degradação pessoal".

No dia seguinte, talvez por orientação de Seward e Chase, Lincoln concordou em retirar essa carta lacônica e substituí-la por uma nota cordial, em que indicava que partira de Cameron a saída do cargo. Visto que o almejado posto em São Petersburgo estava disponível, o presidente se sentiria feliz em "satisfazer" o desejo de Cameron. "Caso o senhor aceite, levará consigo a certeza de minha confiança inabalada, meu apreço e minha expectativa confiante de que (...) poderá prestar ao seu país serviços não menos importantes do que os que poderia prestar aqui." Ele pedia ainda que Cameron lhe recomendasse um sucessor. Cameron expressou sua opinião fervorosa de que Stanton, da Pensilvânia como ele, era a melhor pessoa para ocupar a função. A bem da verdade, Lincoln já havia tomado sua decisão, mas Cameron saiu acreditando que fora o responsável por Stanton ter sido escolhido como seu sucessor. No final, cada um dos três homens — Seward, Chase e Cameron — entendeu que tinha contribuído de forma decisiva para a nomeação do novo secretário da Guerra de Lincoln.

Depois de acertar a questão com Cameron, Lincoln pediu a George Harding, que ele havia designado chefe da Agência de Patentes, para trazer Stanton, seu ex-sócio num escritório de advocacia, à Casa Branca. Stanton estava então com 47 anos, apesar de seus grisalhos cabelo e barba fazerem com que parecesse mais velho, assim como os óculos, que escondiam o brilho de seus olhos castanhos. Harding temia que as desagradáveis lembranças do Caso das Colheitadeiras* estragassem o encontro. Contudo, tanto Lincoln como Stanton pareciam ter deixado o passado para trás, fazendo com que Harding se tornasse "o mais constrangido dos três".

A urgência da situação deixou Stanton com pouco tempo para pensar. Ele consultou a mulher, Ellen, que, segundo a sogra de Stanton, "foi contra". A mudança para o Departamento da Guerra baixaria substancialmente o nível de vida da família Stanton, reduzindo uma renda declarada de mais de 50 mil dólares por ano para 8 mil dólares. Também Stanton, que a vida inteira fora atormentado pelo temor de ir à falência, deve ter ficado preocupado com a drástica redução de sua renda. Não obstante, ele não podia recusar o cargo de secretário da Guerra no meio de uma terrível guerra civil. E, se atuasse com distinção, sua vida, embora curta em anos, poderia se "estender por conta de seus feitos nobres", como profetizara Chase certa vez. Stanton aceitou o posto com a condição de poder levar Peter Watson, seu velho amigo e assistente no Caso das Colheitadeiras, "para cuidar dos contratos", pois reconheceu que "ficaria sobrecarregado de imediato" sem a ajuda de Watson.

O Senado confirmou a indicação de Stanton no dia seguinte.

Em seu primeiro dia no cargo, o enérgico e incansável Stanton instituiu "um regime inteiramente novo" no Departamento da Guerra. O Departamento de Cameron estivera tão inundado de políticos e de pessoas que buscavam empregos que os funcionários tinham pouco tempo para responder às cartas ou arquivar os telegramas que recebiam. Resultado: requisições de suprimentos militares costumavam enfrentar semanas de atraso. Stanton de-

*No Caso das Colheitadeiras, Lincoln fora escolhido para defender um fabricante de colheitadeiras da acusação de violação de patentes. Seu cliente também contratara E. M. Stanton, que, ao ver Lincoln, desfizera dele por sua aparência caipira, chamando-o de chimpanzé, por conta de seus longos braços. Mesmo humilhado, Lincoln não pôde deixar de apreciar a qualidade extraordinária da defesa apresentada por Stanton na época. [*N. da T.*]

cretou que "cartas e comunicações por escrito receberão atenção em primeiro lugar na parte da manhã, assim que forem recebidas, e terão prioridade sobre qualquer outro assunto". Enquanto Cameron recebia congressistas e senadores todos os dias, à exceção dos domingos, Stanton anunciou que o Departamento da Guerra estaria fechado de terça a sexta para todos os atendimentos que não estivessem relacionados a questões militares. Congressistas e senadores seriam atendidos aos sábados; o público em geral, às segundas-feiras.

As reuniões de Stanton eram breves e objetivas. Ele era "fluente sem ser prolixo", escreveu George Templeton Strong, "e, acima de tudo, sincero, acolhedor e de bom coração". Seu estilo incansável de trabalho revigorava seus colaboradores. Segundo um correspondente na capital do país, "de longe, as pessoas não conseguem perceber a revolução que ocorreu em Washington com a troca do chefe do Departamento da Guerra. O próprio ambiente da cidade respira mudança; as ruas, os hotéis, os salões do Congresso evidenciam isso".

Depois de quase um ano de decepção com Cameron, Lincoln descobrira em Stanton o líder de que o Departamento da Guerra precisava.

Nos primeiros dias de fevereiro de 1862, Mary Lincoln foi a pioneira de uma nova forma de entretenimento na Casa Branca. Em vez das tradicionais recepções públicas, que permitiam a entrada de qualquer pessoa, ou os caros jantares oficiais, destinados apenas a seletos grupos, ela enviou uns quinhentos convites para um baile a ser realizado na Casa Branca, no dia 5 de fevereiro. Uma vez que a festa não era aberta ao público, um convite tornou-se marca de prestígio na sociedade de Washington. Aqueles que não estavam na lista original, segundo Nicolay, "pediram, e quase imploraram pelos convites".

Mary preparou-se para a grande ocasião com um entusiasmo enorme. Convidou a Banda de Música dos Fuzileiros Navais para tocar no corredor e trouxe um famoso serviço de bufê de Nova York para a ceia da meia-noite. Pediu à sua costureira negra, Elizabeth Keckley, um belo vestido novo de cetim branco debruado de preto, com uma longa cauda e um decote que logo chamou a atenção de Lincoln. Ele sugeriu brincando que "se parte dessa cauda estivesse mais perto da cabeça, o vestido ficaria mais elegante".

Nesse ínterim, Willie e Tad viviam uma rotina feliz. Passavam a parte da manhã com seu preceptor e, de tarde e de noite, brincavam com Bud e Holly Taft, filhos do juiz Taft e sua mulher, Julia. O juiz Taft ficou "muito apegado" aos dois filhos de Lincoln. Ele acreditava que Willie "tinha mais discernimento e visão que qualquer menino de sua idade que [ele tinha] conhecido". Os quatro meninos construíram uma cabana no terraço da mansão, protegida em toda a sua volta por "uma alta balaustrada de pedra". Eles batizaram sua fortificação improvisada de "Navio do Estado", e a equiparam com uma luneta que lhes permitia observar o movimento de embarcações no Potomac e de tropas na margem. Recebiam convidados para apresentações teatrais no sótão. Cavalgar no pônei que Willie tinha recebido de presente era outro de seus passatempos prediletos. Em meados de janeiro, quando Robert veio para casa, de férias de Harvard College, a família ficou completa.

Então, alguns dias antes da grandiosa festa de Mary, Willie caiu doente com febre. Naquele mês de janeiro, doenças eram uma constante em Washington, uma vez que a neve se fez acompanhar de chuva, deixando o solo coberto com uma espessa camada de lama fétida. A varíola e a febre tifoide haviam ceifado muitas vidas. "Existe um grande alarme na cidade por conta da quantidade de casos de varíola", registrou em seu diário o juiz Taft. "Há casos da doença em quase todas as ruas da cidade."

Mary achou melhor cancelar a festa por causa da doença de Willie, mas Lincoln hesitou, porque os convites já tinham sido enviados. Ele chamou o dr. Robert Stone, que era considerado "o decano da comunidade médica de Washington". Após examinar Willie, o renomado médico concluiu que o menino não "corria perigo imediato" e "que tudo levava a crer numa pronta recuperação". Aliviados com o diagnóstico, o casal Lincoln decidiu realizar o baile.

As carruagens começaram a chegar à resplandecente Casa Branca por volta das 9 horas da noite. Toda a elite de Washington estava presente — os membros do Gabinete e senhoras, generais e seus estados-maiores, membros do corpo diplomático, senadores e congressistas, advogados e homens de negócios. McClellan, de uniforme de gala, atraiu muita atenção, assim como o novo secretário da Guerra. Os salões Verde, Vermelho e Azul foram abertos para visita, juntamente com o Salão da Ala Leste, onde os Lincoln receberam os convidados. Jornalistas das colunas sociais fizeram comentários sobre o "extremo bom gosto com que a Casa Branca havia sido redecorada sob o comando da sra. Lincoln" e sobre a magnificência dos trajes femininos. Kate Chase, com seus "olhos da cor de violeta", destacou-se, como sempre. "Ela usava um vestido de seda lilás, sem enfeites", escreveu um jornalista com admiração. "Sobre a pequena cabeça de formato clássico, uma guirlanda simples, feita com diminutas flores brancas, misturava-se com as ondas loiras de seus cabelos luminosos que haviam sido apanhados num coque grego."

À meia-noite, os convidados começaram a se encaminhar para a sala de jantar fechada. As portas foram abertas, revelando um banquete suntuoso, que seria regado de excelente vinho e champanhe. "O brilho do ambiente não conseguiu afastar a tristeza que pairava sobre o rosto da sra. Lincoln", recordou-se Elizabeth Keckley, a costureira que se tornara sua confidente. "Durante a recepção, ela subiu várias vezes ao quarto do filho doente, ficando à sua cabeceira por um tempo."

Apesar da preocupação e da vigília de Mary, o baile foi um sucesso. "Aqueles que lá estavam", disse Nicolay à sua noiva, "se sentirão para sempre felizes na lembrança do favor desfrutado, porque sua vaidade foi atiçada com o pensamento de que conquistaram algo que outros não conquistaram". Embora houvesse algumas alfinetadas sobre "frivolidade, hilaridade e gula", enquanto "centenas de soldados doentes e sofrendo" estavam "ali bem perto", as matérias na capital do país foram esmagadoramente favoráveis. O *Evening Star* de Washington afirmou que o evento foi "um espetáculo brilhante", enquanto o *Leslie's Illustrated Newspaper* descreveu Mary como "nossa bela 'Rainha republicana'", trajada numa "resplandecente túnica de cetim branco" e um toucado preto e branco "em perfeita harmonia com sua régia beleza".

O sucesso do baile da Casa Branca foi seguido de duas vitórias da União no Tennessee, a tomada do Forte Henry, no rio Tennessee, e do Forte Donelson, no Cumberland. Essa vitória dupla deu uma guinada na batalha defensiva do oeste, transformando-a numa guerra ofensiva, além de levar o reconhecimento nacional a um novo herói: o general Ulysses S. Grant. Formado em West Point e com uma queda para o álcool que contribuiu para seu pedido de exoneração do Exército oito anos antes, Grant lutava para sustentar a família como vendedor de couro em Galena, Illinois, quando teve início a Guerra Civil. Ele se apresentou como voluntário para servir de imediato, e foi designado para chefiar um regimento no Missouri. Desde o início, Grant percebeu ser essencial um movimento em direção ao sul partindo do Missouri, mas não foi capaz de persuadir o general Henry Halleck a dar sua autorização. Tendo ouvido rumores de que Grant, desalinhado e barbudo, ainda bebia demais, Halleck não se dispôs a lhe confiar uma missão importante. Finalmente, em 1º de fevereiro, depois de o almirante Andrew

Foote ter concordado com uma expedição conjunta do Exército e da Marinha, Halleck deu carta branca para Grant "tomar e ocupar o Forte Henry".

Grant e Foote partiram imediatamente. As canhoneiras da Marinha deram início a um ataque violento, fazendo com que 2.500 soldados rebeldes batessem em retirada para o Forte Donelson, que contava com um reforço mais pesado, a cerca de 20 quilômetros de distância. As tropas remanescentes renderam-se. "O Forte Henry é nosso", telegrafou Grant a Halleck no estilo lacônico e direto que se tornaria sua marca registrada. "No dia 8 tomaremos e destruiremos o Forte Donelson." Apesar de uma tempestade fortíssima ter atrasado a marcha para o Donelson, ao leste, Grant permaneceu confiante. Dias depois, as tropas de Grant cercaram o Forte e começaram um assalto bem-sucedido. Depois de muitas mortes, o comandante dos confederados, general Simon Buckner, nascido em Kentucky, propôs um cessar-fogo "e a designação de delegados para ajustar os termos de capitulação". Em 16 de fevereiro, Grant telegrafou de volta com as históricas palavras que definiriam tanto seu caráter quanto sua carreira: "Nenhum termo poderá ser aceito, salvo a rendição imediata e incondicional." Buckner e 15 mil soldados confederados foram feitos prisioneiros.

O norte rejubilou-se quando recebeu a notícia da vitória de Grant no Donelson, a primeira vitória substancial da União na guerra. Por todo o país foram disparadas salvas de cem armas em comemoração ao feito. A capital do país ficou "num verdadeiro frenesi". No Senado, "a galeria levantou-se em massa e deu três vivas, cheios de entusiasmo". Foram feitos planos intrincados para a iluminação dos prédios públicos da capital numa celebração conjunta da dupla vitória e do aniversário de George Washington.

No dia seguinte à vitória de Grant no Donelson, o presidente assinou documentos promovendo-o a general de divisão. Lincoln vinha acompanhando o general do oeste desde que havia lido a amável declaração de Grant quando de sua marcha sobre Paducah, no Kentucky, no outono anterior. "Estou entre vocês não como inimigo", disse ao povo do Kentucky, "mas como seu amigo e conterrâneo". Relatos de que "Grant saíra em campanha com nada mais que uma camisa sobressalente, uma escova de cabelo e uma escova de dente" fizeram com que se tornassem inevitáveis comparações entre a "intrepidez do oeste" e a "extravagância do leste" ostentada por McClellan. Era amplamente conhecido o fato de terem parado à porta de McClellan "seis imensas carroças puxadas por quatro cavalos" para levar até o front suas roupas e outros pertences.

A exultação do país diante da vitória de Grant no Donelson não encontrou eco na Casa Branca. O estado de Willie tinha se agravado cada vez mais desde a noite do baile, e Tad caíra doente também. Acredita-se que os dois meninos contraíram febre tifoide, provavelmente em decorrência das condições insalubres de Washington. A doença acometeu Willie com maior gravidade. Ele "foi se enfraquecendo e empalidecendo" à medida que se manifestavam nele os sintomas debilitantes da doença — febre alta, diarreia, fortes cólicas, hemorragia interna, vômitos, prostração, delírio.

Ao cuidar dos dois meninos, Mary "quase se exauriu pela vigília", observou o comissário French. Ela cancelou as usuais recepções e cafés da manhã dos sábados. Também para Lincoln foi um período de agonia. Nicolay relatou que o presidente "dedicava praticamente toda a sua atenção" aos filhos, mas a nefasta função de conduzir a guerra não podia ser deixada de lado.

Durante todo o tempo em que perdia e recobrava a consciência, Willie chamava pelo amigo, Bud Taft, que passava dia e noite sentado à sua cabeceira. Certa vez, ao vê-lo sentado ao lado do filho tarde da noite, Lincoln "passou o braço pelo ombro dele e acariciou o cabelo do filho". Voltando-se para Bud, disse baixinho: "Você tem de ir para a cama, Bud", mas Bud recusou-se a sair, dizendo: "Se eu for, ele vai me chamar." Quando voltou ao quarto mais tarde, Lincoln "pegou no colo o menino, que tinha adormecido, e o levou para acomodá-lo com carinho numa cama".

Às cinco horas da tarde do dia 20 de fevereiro, uma quinta-feira, Willie faleceu. Minutos depois, Lincoln irrompeu no escritório de Nicolay. "Bem, Nicolay", disse, "meu menino se foi — ele realmente se foi!" Lincoln começou a soluçar. Segundo Elizabeth Keckley, quando Lincoln voltou ao quarto, depois que o corpo de Willie tinha sido lavado e vestido, ele "enterrou a cabeça nas mãos, e seu corpo alto foi sacudido pela emoção". Embora Keckley tivesse tido mais oportunidades do que a maioria das pessoas de observar Lincoln de perto, ela "não imaginava que aquela natureza austera pudesse se emocionar tanto".

Mary Lincoln ficou "inconsolável", como registrou Keckley. "O pálido rosto do filho morto provocou nela convulsões de desespero." Ela costumava dizer que se o filho bonito de olhos azuis "fosse poupado pela Providência, seria a esperança e esteio de sua velhice". Caiu de cama, sem conseguir dormir nem aliviar sua dor.

Nesse meio-tempo, o estado de Tad ficou crítico. Como Mary não tinha condições de cuidar dele, Lincoln procurou ajuda. Mandou sua carruagem à casa dos Browning, que vieram imediatamente e passaram a noite à cabeceira de Tad. Ele pediu também a Mary Jane, a jovem esposa de Gideon Welles, que velasse o sono do menino. Julia Bates, que havia se recuperado de um derrame, também cuidou dele. Estava claro, porém, que Tad necessitava de cuidados profissionais 24 horas por dia. Lincoln recorreu a Dorothea Dix, a incansável lutadora que havia sido designada pelo secretário da Guerra como Superintendente das Enfermeiras.

Quando lhe pediram para recomendar uma enfermeira, Dix indicou Rebecca Pomroy, jovem viúva que trabalhara em enfermarias de doentes com febre tifoide em dois hospitais de Washington. Ao apresentar a enfermeira Pomroy a Lincoln, Dix assegurou ao presidente que tinha "mais confiança" nela do que em qualquer outra, mesmo as que tinham o dobro da idade da jovem. Lincoln pegou a mão de Pomroy e sorriu: "Bem, tudo o que tenho a dizer é que ela pode começar de imediato."

Enquanto o corpo de Willie estava no Salão Verde e Mary continuava acamada sob efeito de sedativos, a enfermeira Pomroy cuidava de Tad. Sempre que podia, o presidente trabalhava no quarto de Tad e fazia companhia ao filho, que "se debatia com a febre tifoide". Sempre preocupado e compassivo com a vida de outras pessoas, Lincoln perguntou à enfermeira sobre sua família. Ela explicou que era viúva e tinha perdido dois filhos. Seu único filho vivo estava no Exército. Quando ouviu aquela triste história ele começou a chorar, não apenas por ela, como também por sua própria família, que passava por um momento de doença e de luto. "Esta é a provação mais dura de minha vida", disse. "Por quê? Ah, por quê?" Várias vezes durante aquelas longas noites Tad acordava e chamava por seu pai. "No momento em que [o presidente] ouvia a voz de Taddie, ele corria para o seu lado", de roupão e chinelos, sem se importar com sua aparência.

No domingo que se seguiu à morte de Willie, Lincoln foi com Browning até o cemitério de Oak Hill, em Georgetown, para inspecionar a câmara mortuária, onde ficaria o corpo do filho até o sepultamento definitivo em Springfield. O serviço fúnebre estava marcado para as duas da tarde no Salão Leste no dia seguinte. "Ele jazia de olhos fechados", lembrou-se o ensaísta Nathaniel Parker Willis, "o cabelo castanho repartido da forma como nós conhecíamos — pálido no sono eterno; de resto, nada havia mudado, pois estava vestido como se fosse sair à noite". Ao meio-dia, o presidente, a primeira-dama e Robert entraram no Salão Verde para dar o último adeus a Willie antes de o caixão ser fechado. O comissário de Prédios Públicos, Benjamim French, foi informado de que o casal

Lincoln não queria "ninguém presente nos instantes de tristeza em que estariam pela última vez com seu filho morto naquela casa", e que Mary estava tão abalada que não conseguiria participar do serviço fúnebre no Salão Leste.

Os trabalhos no Congresso foram suspensos para que os parlamentares pudessem comparecer ao funeral. Muitos dos presentes estiveram no baile havia apenas 19 dias — o vice-presidente, o Gabinete, o corpo diplomático, o general McClellan e seu estado-maior. Enquanto os convidados chegavam em fila, formou-se uma terrível tempestade. Uma chuva pesada e ventos fortes arrancaram árvores, destruíram uma igreja e destelharam muitas casas. Terminado o serviço fúnebre, um longo cortejo de carruagens seguiu em meio ao temporal para a capela do cemitério em cuja câmara mortuária o corpo de Willie foi colocado temporariamente.

Nas semanas que se seguiram, Lincoln ficou preocupado com Mary, que não saía da cama, incapaz de enfrentar a rotina diária. Embora Tad por fim se recuperasse, Mary tinha dificuldade para tolerar sua companhia, que somente intensificava a sensação da ausência de Willie. Ela também não conseguia suportar ver Bud e Holly Taft, e assim nunca mais os convidou à Casa Branca, deixando Tad completamente isolado. Compreendendo a situação, o presidente procurava ter sempre o filho ao seu lado, muitas vezes levando o menino para sua própria cama à noite.

Mary parecia encontrar um pouco de conforto quando conversava com Rebecca Pomroy e Mary Jane Welles. Esta última, que passara muitas noites em vigília ao lado da cama de Tad, havia perdido cinco filhos e podia entender a dor de Mary. Em suas conversas com a sra. Pomroy, Mary tentava entender como a viúva conseguia cuidar dos filhos de outras pessoas depois da devastação que ocorreu em sua família. Mary sabia que deveria se submeter à vontade de Deus, mas descobriu que não conseguia. Lembrando-se de quando Willie teve escarlatina, dois anos antes, ela concluiu que ele foi poupado apenas "para nos testar e nos afastar de um mundo cujos grilhões se fechavam cada vez mais à nossa volta", mas "quando o pior aconteceu", ela ainda estava "despreparada". "Nossa casa é muito bonita", escreveu ela a uma amiga três meses depois do falecimento de Willie, "o mundo ainda sorri e nos presta homenagens, e ainda assim o encanto se dissipou — tudo parece zombaria, o idolatrado não está conosco".

De fato, o luxo e a vaidade a que se entregara pareciam agora debochar dela. Ela mergulhou mais fundo na culpa e na dor, presumindo que Deus levara Willie como castigo pelo orgulho desmesurado que ela sentia do status elevado da família. "Tornei-me tão envolvida com o mundo, tão dedicada a nosso progresso político, que quase não pensava em outra coisa", reconheceu. Sabia que era pecado pensar dessa maneira, mas acreditava que Deus com certeza a "abandonara" ao levar "uma criança tão adorável".

Paralisada pela tristeza, Mary foi atraída pelo consolo que o mundo espiritualista oferecia. Através de Elizabeth Keckley, foi apresentada a um famoso médium, que a ajudou, segundo Mary, a transpor o "véu" que "nos separa dos 'entes queridos que se foram'". Durante várias sessões espíritas, algumas realizadas na Casa Branca, ela acreditou ser capaz de ver Willie. O espiritualismo atingiria proporções épicas durante a Guerra Civil, fomentado talvez pela imensa quantidade de mortes. Um contemporâneo comentou que parecia que "só se ouvia falar de espíritos e médiuns. Todas as mesas e outras peças de mobília pareciam ter adquirido vida".

Os eventuais vislumbres que Mary tinha de Willie proporcionavam apenas alívio temporário. A morte do filho fizera com que ela se tornasse "uma mulher alterada", observou Keckley. "A simples menção do nome de Willie deixava-a emotiva, e qualquer objeto, por mais trivial, que a fizesse se lembrar dele levava-a às lágrimas." Ela não conseguia olhar para a foto de Willie. Desfez-se de todos os seus brinquedos e de todas as suas roupas. Recusava-se a entrar no quarto de hóspedes em que ele morreu, ou no Salão Verde, onde foi velado.

À primeira vista, o presidente parecia lidar melhor do que a mulher com a morte de Willie. O importante trabalho que tinha a fazer consumia todos os instantes de seu dia. Vivia cercado de dezenas de funcionários que precisavam dele para discutir planos, tomar decisões e comunicar as decisões tomadas. Contudo, apesar de seus deveres infindáveis, ele tinha uma sensação de perda excruciante. Na quinta-feira depois que seu filho morreu, e por várias quintas-feiras a partir dali, Lincoln se isolava no Salão Verde e dava vazão a seu terrível pesar. “Esse infortúnio deixou-me dilacerado”, disse a um visitante da Casa Branca, “ele mostrou-me minha fraqueza como jamais a havia sentido”.

Enquanto Mary não conseguia tolerar a visão de nenhum objeto que a fizesse se lembrar de Willie, Lincoln guardava com carinho as lembranças do filho. Colocou sobre a cornija da lareira um quadro que Willie tinha pintado, para poder mostrar aos visitantes e contar histórias de seu amado filho. Num domingo, depois dos trabalhos na igreja, ele convidou Browning à biblioteca para lhe mostrar um caderno de recortes que acabara de descobrir, no qual Willie havia registrado as datas de várias batalhas e os programas de importantes acontecimentos.

Agora, mais do que nunca, Lincoln podia se identificar de maneira profunda e pessoal com os sofrimentos de famílias que tinham perdido seus entes queridos na guerra.

Capítulo 10

Dois dias após a morte de Willie, o general McClellan enviou uma nota pessoal expressando seus mais sinceros pêsames pela "triste calamidade" que tinha se abatido sobre a família Lincoln. "O senhor tem sido um amigo verdadeiro para mim", disse o general ao presidente, "sua confiança foi meu esteio nos momentos em que eu, de outra maneira, teria fraquejado". Então, referindo-se à tomada dos Fortes Henry e Donelson no oeste como "um auspicioso começo" de sua própria campanha futura no leste, exortou Lincoln a não "permitir que assuntos militares [lhe] causassem um momento que fosse de preocupação", pois "nada ficará por ser feito" na busca da vitória.

Não serviram de muito conforto a Lincoln as garantias dadas por McClellan de que avançaria. O general vinha fazendo promessas semelhantes havia muitos meses, enquanto o grande Exército do Potomac não se mexia. Por fim, Lincoln perdeu sua alardeada paciência. No dia 27 de janeiro de 1862, ele promulgou sua famosa Ordem Geral de Guerra nº 1, estabelecendo que o dia 22 de fevereiro seria "a data de um movimento geral das forças terrestres e navais dos Estados Unidos contra as forças insurgentes". Lincoln estava certo ao acreditar que, considerando-se a superioridade numérica do norte, eles deveriam atacar diversas posições rebeldes ao mesmo tempo. A ordem levou McClellan a apresentar seu plano de movimento circular que culminaria na Campanha da Península. O plano exigia que as tropas descessem de navio pelo rio Potomac até a baía de Chesapeake, com uma guinada em direção a Urbanna, na margem sul do rio Rappahannock. De lá, McClellan planejava marchar para o sudoeste, rumo a Richmond.

Lincoln, secundado por Stanton e diversos generais, entre eles MacDowell, propôs uma estratégia diferente. As tropas marchariam por terra, passando por Manassas, forçando o exército rebelde a recuar cada vez mais para Richmond, "destruindo-o por dispor de forças superiores". Essa abordagem direta daria proteção a Washington, mantendo o Exército da União entre a capital do país e os confederados. No plano circundante de McClellan, o que se temia era que os confederados se dispusessem a sacrificar Richmond para tomar Washington. Caso o sul ocupasse a sede da União, o reconhecimento estrangeiro dos Estados Confederados seria imediato. Por fim, Lincoln aceitou relutante o plano da Península, não sem antes, porém, emitir uma ordem por escrito exigindo que "dentro e nos arredores de Washington" ficassem soldados suficientes para manter a capital a salvo de ataques.

O dia 22 de fevereiro, data marcada para o avanço, encontrou Lincoln profundamente preocupado com a morte de Willie e a grave doença de Tad. Um Stanton desestimulado observou que "não havia no Potomac nenhum sinal de movimento que já não houvesse durante os três meses anteriores". Assim que assumiu seu cargo no Gabinete, explicou Stanton tempos depois, ele era e tinha sido havia meses "o amigo sincero e dedicado do general McClellan", mas se desencantou com muita rapidez. Após menos de duas semanas como secretário da Guerra, disse a um amigo que, "enquanto homens estiverem lutando heroicamente no oeste, o champanhe e as ostras deveriam ser abolidos no Potomac". O comentário de Stanton fazia alusão aos suntuosos jantares que McClellan oferecia todas as noites a quase duas dúzias de convidados, a maioria dos quais era de proeminentes figuras da sociedade de Washington com tendências sulistas.

Não obstante, McClellan contava com poderosos aliados no Gabinete, dentre eles o influente Montgomery Blair. A imprensa democrata creditava em grande parte ao "jovem Napoleão" as vitórias nos fortes Henry e Donelson, como se Grant e seus soldados não fossem mais que marionetes, cujos movimentos eram controlados pelos cordões que McClellan manipulava de Washington. Na opinião zombeteira de Stanton, a imagem descrita nos jornais de um McClellan heroico, sentado na agência dos telégrafos, "organizando a vitória, e por combinações militares sublimes tomando o Forte Donelson seis horas depois que Grant e Smith o tinham invadido" era "uma cena digna da revista Punch".

Como acabou se revelando, as vitórias no oeste aumentaram a pressão para que McClellan agisse. Afinal, no fim de semana do dia 8 de março, o imponente Exército do Potomac preparou-se para levantar acampamento. Prevendo o movimento, os confederados começaram a recuar suas baterias de Manassas para as margens do Rappahannock. Ao ouvir os relatos do recuo, McClellan liderou seus exércitos num rápido assalto para capturar os soldados remanescentes. No entanto, uma vez lá, ficou extremamente constrangido ao descobrir que a tropa confederada inteira já tinha ido embora com suas tendas, suprimentos e armas. Mais humilhante ainda, as supostas fortificações inexpugnáveis que o tinham desencorajado por meses não passavam de toras de madeira pintadas de preto para se assemelharem a canhões. Tivesse McClellan atacado a qualquer momento nos meses anteriores, teria tido a vantagem da superioridade em quantidade de homens e armas.

O caso dos "canhões de quacres"*, como foram chamadas as imitações de canhões, provocou a ira dos radicais. "Seremos motivo de chacotas no mundo inteiro", escreveu o senador Fessenden a sua mulher. "Já não restam dúvidas de que o general McClellan está completamente despreparado para a posição que assumiu. (...) E ainda assim o presidente insiste em mantê-lo no comando." A situação embaraçosa já era de se esperar, lamentou Fessenden, pois "quisemos um lenhador, e um lenhador é o que temos". A consternação de Fessenden encontrou eco no Comitê de Condutas de Guerra, que exigiu o afastamento de McClellan. Quando Lincoln perguntou quem eles propunham para substituí-lo, um membro do comitê rosnou "qualquer um". A resposta de Lincoln foi rápida: "Qualquer um está bem para vocês, mas não para mim. Preciso de um nome."

Lincoln estava convencido de que algo tinha de ser feito. No dia 11 de março, emitiu uma ordem de guerra que dispensava McClellan de suas funções como comandante em chefe, mas o mantinha na chefia do Exército do Potomac. Ele deu a Halleck o comando da Divisão Militar do Mississippi e, numa manobra que encantou os radicais, reinstituiu Frémont como responsável pela recém-criada Divisão Militar das Montanhas. O posto de comandante em chefe não foi preenchido, ficando com Lincoln e Stanton a tarefa de determinar a estratégia geral. McClellan recordou-se tempos depois que "soube através dos jornais que [ele] fora destituído". Afirmando que "nenhuma autoridade jamais [lhe] manifestara a mais leve reprovação", ele estava enfurecido. Lincoln enviou o governador de Ohio, Dennison, ao acampamento de McClellan para assegurar-lhe que não se tratava de rebaixamento. O presidente, explicou Dennison, queria apenas que o general McClellan concentrasse todas as suas energias no importantíssimo Exército

*Alusão à seita quacre, que prega a não violência. [*N. da T.*]

do Potomac, cujas ações muito provavelmente determinariam o resultado da guerra.

Na realidade, a confiança de Lincoln em McClellan desgastara-se ainda mais em consequência do caso dos "canhões dos quacres". Quanto mais estudava o general, confidenciou Lincoln a Browning, mais percebia que, quando "se aproximava o momento de ação, ele ficava nervoso e oprimido com a responsabilidade e hesitava em enfrentar a crise".

Em março, com imensas tropas ainda à sua disposição, McClellan finalmente avançou até a periferia de Yorktown, a cerca de 80 quilômetros de Richmond. Uma vez mais, insistindo de forma equivocada que os rebeldes contavam com um número maior de soldados do que ele, McClellan deixou seu exército em eterno estado de preparação. Em 6 de abril, Lincoln telegrafou a McClellan: "O senhor agora tem mais de 100 mil soldados. (...) Acho melhor romper as linhas inimigas desde Yorktown até o rio Warwick imediatamente. É provável que eles usem o tempo a seu favor, de modo tão vantajoso quanto o senhor poderá usá-lo." No dia seguinte, McClellan desfez da repreensão do presidente, informando a sua mulher que, se Lincoln quisesse que a linha inimiga fosse rompida, "seria melhor que viesse ele mesmo fazer isso".

Passaram-se outras duas semanas sem que houvesse nenhum sinal de movimento. "Não se engane com a aparente inação", disse McClellan em um telegrama a Lincoln; "aqui não se perdeu nem um único dia, nem uma única hora; têm sido realizadas obras que quase poderiam ser chamadas de gigantescas — estradas construídas através de brejos e ravinas difíceis, transporte de materiais, construção de baterias". Em outra carta a sua mulher, ele racionalizou sua demora infindável, com a dúbia argumentação de que, quanto mais soldados o inimigo reunisse em Yorktown, "mais decisivos serão os resultados". Dias depois, McClellan formulou uma nova justificativa para o adiamento, sustentando que havia sido "forçado a mudar os planos e agir com mais cautela" sem a 1ª Divisão, que lhe tinha sido tirada para proteger Washington. Isso o deixou "inesperadamente enfraquecido e com um poderoso inimigo fortemente entrincheirado diante de mim". Por conseguinte, ele não era "responsável pela demora da vitória".

Aconteceu que o general confederado Joe Johnston, depois de manter McClellan a distância durante um mês, decidira no início de maio, com seu exército em franca inferioridade numérica, retirar-se quase 20 quilômetros pela Península acima, na direção de Richmond. Ao saber que o inimigo estava recuando, McClellan finalmente avançou sobre Yorktown, para descobrir que, à semelhança do que ocorrera em Manassas, os rebeldes já não estavam lá. Embora ele tentasse reivindicar a retirada dos rebeldes como uma vitória sem derramamento de sangue, o povo não se convenceu, e a pergunta não se calava: por que ele permaneceu ocioso por um mês? Se tivesse avançado contra Yorktown com seu exército mais numeroso, McClellan poderia ter provocado um grande estrago nas tropas rebeldes. Nesse meio-tempo, exatamente como previra Lincoln, a longa espera tinha permitido aos rebeldes trazer mais soldados de várias frentes de combate para a Península, onde, sob o comando do general Johnston, eles se prepararam para uma contraofensiva.

Durante a última semana de junho, os confederados desferiram um ataque brutal às tropas da União, que se tornou conhecido como a Batalha dos Sete Dias. Ao final do primeiro dia de combate, McClellan telegrafou a Stanton para avisar que estava enfrentando "um exército imensamente superior". Segundo seus cálculos, os rebeldes somavam 200 mil soldados, quando, na verdade, não chegavam à metade desse número. Ele seguiria em frente sem os reforços que pedira repetidas vezes; mas, continuou, se sua "grande inferioridade numérica" viesse a causar "um desastre, a responsabilidade não poderia ser jogada" em seus ombros — "ela deve ser atribuída à sua real origem". Irritado, Lincoln respondeu que a conversa de McClellan sobre responsabilidade muito lhe doía. "Eu lhe dou tudo que posso (...) enquanto o senhor continua a presumir, de forma egoísta, a meu ver, que eu poderia ter dado mais, se quisesse."

A batalha intensificou-se nos dias que se seguiram. Então, no dia 27 de junho, os confederados conseguiram uma vitória crítica em Gaines' Mill, forçando McClellan a recuar. "Agora compreendo tudo o que aconteceu hoje", disse ele a Stanton num telegrama que mandou logo depois da meia-noite. "Perdi essa batalha porque minha tropa era pequena demais. Mais uma vez repito que não sou responsável por isso." E acrescentou, vingativo: "Se eu salvar este exército agora, digo-lhe sem rodeios que não devo nenhum agradecimento ao senhor nem a nenhuma outra pessoa em Washington. Os senhores fizeram tudo o que podiam para sacrificar este exército." Quando o supervisor de telegramas no Departamento da Guerra leu essa mensagem insolente, ficou de tal forma estarrecido com o tom insubordinado e com a extraordinária acusação contra o governo que instruiu seu pessoal a eliminar a última frase, antes de entregar a mensagem a Stanton.

Ainda que tenha sido revisado, o telegrama transmitia a acusação que, durante muitos anos, viria a ser feita por McClellan e seus seguidores: a vitória teria acontecido, não fosse pelo fato de o governo se negar a mandar reforços para um McClellan em condições de inferioridade numérica. Mesmo depois da derrota em Gaines' Mill, porém, as tropas de McClellan continuaram a ser uma força poderosa e resistente. Nos dias seguintes, lutaram com bravura, infligindo mais de 5 mil baixas em Malvern Hill e sofrendo apenas metade desse número. A bem da verdade, McClellan foi derrotado do ponto de vista psicológico. "Ele foi simplesmente menos 'general' que o comandante adversário", concluiu Chistopher Wolcott. Em vez de contra-atacar, continuou a bater em retirada, afastando-se de Richmond até que seus soldados extenuados alcançassem uma posição segura quase 12 quilômetros a jusante do James em Harrison's Landing. Igualmente exauridos, os soldados de Lee voltaram para Richmond, e a Campanha da Península chegou ao fim. Os confederados tinham conseguido proteger sua capital e obtido uma importante vitória estratégica. Seriam necessários quase três anos e centenas de milhares de mortes para que as forças da União voltassem a chegar tão perto de Richmond como o fizeram em maio e junho de 1862.

Capítulo 11

A derrota sofrida na Península deixou o norte com o moral arrasado. "Estamos no fundo do poço neste exato instante", admitiu George Templeton Strong no dia 14 de julho de 1862; "transpassados pela indignação, impregnados de pensamentos sombrios". Até o normalmente estoico John Nicolay confidenciou à noiva, Therena, que "a semana passada foi muito deprimente. (...) Acho que nunca ouvi tantos resmungos desde que a guerra começou".

O maior alvo de críticas foi Edwin Stanton. Nortistas descontentes fizeram do secretário da Guerra seu bode expiatório. "Publicações de todos os tipos", noticiou o *New York Times*, "exigem seu afastamento imediato".

O alarido começou com McClellan, que contou para quem quisesse ouvir que Stanton era o culpado pela derrota na Península. "Então você quer saber como me sinto a respeito de Stanton e o que penso dele agora?", escreveu a Mary Ellen em julho. "Acho que ele é o mais rematado patife que já conheci, de quem já ouvi falar ou sobre quem já li; acho que (...) tivesse ele vivido na época de nosso Salvador, Judas Iscariotes teria permanecido como um respeitado membro da fraternidade dos Apóstolos, e a estrondosa traição e perfídia de E. M. Stanton teria feito Judas erguer os braços aos céus, cheio de terror sagrado e espanto sincero."

Os democratas, não querendo culpar McClellan, foram os mais veementes em suas acusações a Stanton. Encabeçados pelos Blair, os conservadores afirmavam que Stanton abandonara tanto sua herança democrata quanto sua antiga amizade com McClellan. O democrata John Astor não conseguia deixar de praguejar à simples menção do nome de Stanton.

Além dos desconcertantes ataques pessoais, Stanton viu-se atormentado pelas longas filas de ambulâncias que entravam na cidade toda manhã vindas da Península, transportando mortos e feridos. Durante toda a sua vida, ele ficara atemorizado diante da morte. Agora, estava cercado por ela em cada esquina. Algumas vezes tomou a si a responsabilidade de dar a notícia às famílias atingidas. Mary Ellet Cabell, cujo pai, o coronel Charles Ellet, sofreu um ferimento fatal em Memphis, lembrou-se por muito tempo do momento em que Stanton apareceu na casa de sua família, em Georgetown, para falar do heroísmo de Ellet durante a batalha. "Eu tinha ouvido que esse poderoso ministro da Guerra era cruel e insensível; mas não consigo jamais me esquecer da ternura" com que nos deu a notícia, com "os olhos marejados de lágrimas".

A própria família de Stanton também foi tocada pela morte. No início de julho, seu filho mais novo, James, entrou no estágio terminal de uma varíola provocada por uma inoculação seis meses antes. Ele veio a falecer no dia 10 de julho. Para Stanton, que amava os filhos de maneira apaixonada, a morte foi devastadora, e particularmente amarga, considerando-se as fortíssimas pressões no trabalho, que o mantiveram afastado da família por muitas semanas. Sob o peso da censura pública e da tragédia na vida pessoal, sua saúde começou a ficar abalada.

Enquanto seu Gabinete cambaleava em consequência da derrota na Península, Lincoln enfrentava a triste consciência de que a responsabilidade maior tinha sido exclusivamente dele. Entretanto, como observou Whitman após a debacle em Bull Run, Lincoln recusou-se a sucumbir ao desânimo geral: "Ele resistiu sem titubear e decidiu se erguer, e tirar a União daquele estado."

Agora, após o fim da batalha da Península, confrontado com o descontentamento público, com a redução da subscrição de empréstimos e com renovadas ameaças de que a Grã-Bretanha reconheceria a Confederação, Lincoln demonstrou que seu propósito não mudara. Decidiu convocar uma grande expansão do Exército. Dois meses antes, Stanton, supondo que logo seriam vitoriosos, cometeu o monumental engano de fechar agências de recrutamento. Convocar mais soldados, logo após terem sofrido uma derrota, pensou Lincoln, poderia causar "um pânico geral". No entanto, era essencial aumentar a tropa. Seward criou uma excelente solução. Ele foi a Nova York, onde estava sendo realizada uma conferência de governadores da União. Depois de conversar a sós com os governadores e obter sua concordância, minutou uma circular que eles assinariam, solicitando ao presidente convocar 300 mil novos soldados. O presidente estaria, assim, atendendo a um apelo patriótico, sem ter ele mesmo tomado a iniciativa da convocação.

Naquele verão, Seward percorreu todo o norte para ajudar a reforçar o Exército da União. Ele abriu um precedente dentro de seu próprio Departamento, exortando aqueles que tinham entre 28 e 45 anos a se apresentar como voluntários, garantindo que seus postos estariam esperando por eles quando voltassem. Uma grande quantidade de homens atendeu à convocação de Seward.

Enquanto era feito o alistamento de novas reservas, Lincoln decidiu visitar em pessoa os extenuados soldados que lutaram nas duras batalhas da Península, para elevar-lhes o moral. Acompanhado do secretário assistente da Guerra, Peter Watson, e do congressista Frank Blair, ele partiu de Washington a bordo do *Ariel* no início da manhã de 8 de julho de 1862, dando início à viagem de 12 horas ao novo quartel-general de McClellan em Harrison's Landing, no rio James. "O dia estava muito quente", observou um correspondente do Exército, com a temperatura passando dos 37°C. Nem mesmo os soldados que se abrigavam sob a sombra das árvores encontravam muito alívio para o calor "quase sufocante". Às 6 horas da tarde, porém, quando o general McClellan e seu estado-maior se encontraram com o presidente em Harrison's Landing, o pôr do sol dava lugar a uma agradável noite de luar.

A notícia da chegada do presidente espalhou-se com rapidez pelo acampamento. Os soldados que estavam por perto saudavam-no com grandes vivas sempre que o avistavam "sentado e sorrindo com serenidade no convés de popa da embarcação". O rosto tranquilo de Lincoln, no entanto, mascarava sua profunda irritação com McClellan e com o desenrolar da guerra.

Também aborrecido, o derrotado McClellan passou as horas que antecederam a chegada de Lincoln fazendo um esboço do que chamou de "carta franca e vigorosa", em que delineava mudanças necessárias para vencer a guerra. "Se ele agir de acordo com o que está na carta, o país será salvo", disse à sua mulher. McClellan entregou a carta a Lincoln, que a leu enquanto os dois estavam sentados no convés. Conhecida na história como a carta de "Harrison's Landing", o documento apresentava ao presidente um resumo em tom imperioso do que deveriam ser a política e os objetivos da guerra. "Chegou o momento em que o governo deve estabelecer um plano de ação civil e militar", começava McClellan, arrogante, advertindo que, sem uma política precisa que definisse a natureza da guerra, "nossa causa estará perdida".

"Não deve ser de maneira alguma uma guerra contra a população", afirmava McClellan, e deverão ser envidados todos os esforços no sentido de proteger "a propriedade privada e os civis desarmados". Com efeito, a propriedade escrava devia ser respeitada, pois se fosse adotada uma atitude radical com relação à escravidão, os "exércitos atuais" se "desintegrariam rapidamente". Para conduzir essa política conservadora, o presidente precisaria de "um Comandante em Chefe do Exército — alguém que seja da sua confiança". Apesar de não ter reivindicado o posto de maneira específica para si, McClellan deixou claro que estava mais do que disposto a reassumir o comando central.

Para decepção e indignação de McClellan, Lincoln "não fez nenhum comentário sobre a carta, limitando-se a dizer, quando terminou de ler, que me agradecia por ela". Era óbvio que o silêncio do presidente não se deveu a não ter ele compreendido o significado político das propostas do general. Nos dias que se seguiram, suas ações manifestariam a rejeição àqueles conselhos políticos. Mas naquele momento, Lincoln estava ali para ver e apoiar os soldados, não debater planos de ação com seu general.

Durante três horas o presidente passou em revista uma divisão depois da outra, cavalgando lentamente pelas longas filas de soldados que o saudavam. Ficou aliviado ao encontrar o exército num estado de espírito tão animado depois da batalha sangrenta de uma semana inteira. "O sr. Lincoln cavalgou à direita do General McClellan", relatou um correspondente de guerra, "segurando com uma das mãos as rédeas que controlavam um cavalo fogoso e com a outra, uma enorme cartola", que tirava repetidas vezes em resposta às saudações dos soldados. Suas tentativas de coordenar as rédeas e levantar a alta cartola não foram de todo bem-sucedidas. Suas pernas quase "se entrelaçaram com as do cavalo em que estava montado (...) enquanto parecia provável que a mesma coisa acontecesse com seus braços". Um soldado admitiu numa carta à sua família que teve de baixar o quepe sobre o rosto "para esconder um sorriso que não conseguiu conter" diante da "cena hilária". Mesmo assim, acrescentou, os soldados adoraram Lincoln. "Seu sorriso bondoso à medida que passava era um reflexo real de seu coração honesto e afetuoso; mais fundo, porém, sob a superfície daquele rosto marcado e não totalmente feio, estavam os sinais inequívocos de preocupação e ansiedade. (...) Na verdade, sua popularidade no Exército foi e continua a ser universal."

Não obstante, apesar do entusiasmo de Lincoln com a bravura dos soldados, a opinião que tinha do General McClellan não melhorou. Menos de 48 horas depois de seu retorno, convocou o general Henry Halleck a Washington para assumir o posto de comandante em chefe que McClellan esperava que fosse seu. As vitórias de Halleck no oeste, em grande parte graças a Grant, fizeram dele uma escolha lógica para o posto. Conhecido como "Velho Cérebro", escrevera diversos livros muito respeitados sobre estratégia militar.

Muito embora a designação de Halleck fosse recebida com ampla aprovação, o clamor por mais ações não diminuíra. Os radicais exigiam a dispensa de McClellan, enquanto conservadores prosseguiam em suas acusações a Stanton, descrevendo-o como rude, dominador, uma pessoa com quem era insuportavelmente desagradável trabalhar. Contudo, Lincoln estava determinado a "tomar a decisão com calma [e] reflexão", a "se manter fiel a suas próprias opiniões, e não se ver intimidado ou persuadido a se afastar delas".

Na realidade, durante o virulento ataque ao secretário da Guerra, Lincoln nem uma única vez vacilou em seu apoio a Stanton. Durante as horas que passara todos os dias na sala dos telégrafos à espera de notícias do front, Lincoln fizera seu próprio julgamento desse secretário da Guerra enérgico e infatigável. E concluiu que o estilo vigoroso e ríspido de Stanton era exatamente aquilo de que precisava nessa crítica conjuntura. Como disse a respeito de Stanton um funcionário do Departamento da Guerra, "muito de sua aparente rispidez com as pessoas e de seu aparente desprezo por elas" poderia ser explicado pela "concentração e intensidade de sua mente no objetivo único de esmagar a rebelião".

E, como sempre, o presidente recusou-se a deixar um subordinado levar a culpa pelas decisões que foram suas. Lincoln defendeu o pressionado Stanton em público, apresentando-se diante de um grande encontro de defensores da União na escadaria do Capitólio. Os departamentos do governo tinham terminado o expediente à uma da tarde para que todos pudessem estar presentes. Lincoln estava sentado com os membros de seu Gabinete, dentre eles Chase, Blair e Bates, na tribuna ornamentada com a bandeira drapejada, no momento em que "o toque dos sinos, os tiros de canhão e a música da Banda dos Fuzileiros" anunciavam os oradores. Após um discurso proferido pelo Controlador do Tesouro, Lucius Chittenden, Lincoln voltou-se para Chase, sentado ao seu lado. "'Bem! Não seria melhor eu dizer algumas palavras e me desobrigar?' E, sem esperar por uma resposta, dirigiu-se de imediato para o atril."

"Acredito que não existe nenhum precedente para minha presença diante de vocês nesta ocasião", começou, de maneira afável, "mas também é verdade que não há precedentes para vocês mesmos estarem aqui". Lembrando à plateia que ele relutava em fazer discursos, a menos que fosse para "fazer algum bem", Lincoln declarou que algo precisava ser dito, e que "provavelmente não seria bom se fosse dito por outra pessoa", já que se tratava de "um assunto em que temos ouvido outras pessoas levarem a culpa por algo que é de minha responsabilidade". Ao falar da acusação de que Stanton não quisera enviar soldados para McClellan, ele explicou que foram mandados para o general todos os soldados de que dispunham. "O secretário da Guerra não pode ser culpado por não dar, quando ele não tinha nada para dar." Quando as pessoas começaram a aplaudir, ele continuou: "Acredito que ele é um homem corajoso e capaz, e aqui estou eu, como me obriga o espírito de justiça, para assumir a culpa de tudo de que tem sido acusado o secretário da Guerra."

O Comissário French ficou profundamente emocionado com o discurso de Lincoln. "Ele é um dos melhores homens que Deus criou", afirmou. Também Chase ficou impressionado pela "originalidade e sagacidade" da fala. "Sua expressão franca, cordial e generosa e a simplicidade direta de sua postura conquistaram todos os corações." A grande reunião terminou com os acordes de "*Yankee Doodle Dandy*" e uma salva de tiros de 68 armas, duas para cada Estado da União. Publicada na íntegra em todos os jornais, a defesa que Lincoln fez de seu criticado secretário deu um fim à campanha contra Stanton.

À medida que o verão avançava, Lincoln e a família encontraram algum alívio da pressão e do luto que pareciam não ter fim durante toda a cruel primavera. Finalmente, a severa depressão de Mary começou a passar. Jornalistas observaram que ela recomeçara a sair com o marido nos finais de tarde.

O Comissário French disse que "ela parecia estar com excelente disposição" enquanto fazia os preparativos para ir passar o verão em Soldiers' Home [Lar do Soldado], propriedade localizada em 120 hectares nas colinas, uns cinco quilômetros ao norte da cidade. Fundado na década de 1850, como retiro para veteranos incapacitados, o Soldiers' Home consistia em um prédio principal com capacidade para 150 internos, uma enfermaria, um salão de jantar e escritórios administrativos. A propriedade possuía ainda vários chalés espaçosos, entre eles, a casa de alvenaria de dois andares em que a família Lincoln residiria.

Por insistência de Mary, Lincoln concordou em se instalar ali com a família durante o verão, indo a cavalo toda manhã para a Casa Branca e voltando à noite. Para Tad, que ficara sem companhia para brincar e sem sua rotina diária, por conta da morte do irmão e do afastamento dos filhos dos Taft, o Soldiers' Home veio a calhar. O temperamento alegre e dinâmico do menino conquistou a afeição dos soldados designados para proteger seu pai. Eles chamavam-no de "3º Tenente" e permitiam que participasse dos exercícios durante o dia e das refeições noturnas em volta da fogueira do acampamento.

Foi durante esse verão restaurador que Mary criou aquilo que um jornal chamou de "hábito diário de visitar os hospitais do Distrito". Os hospitais tornaram-se seu refúgio, permitindo que ela tivesse algumas horas de conforto, afastando-se de sua dor pessoal. "Se não fosse essa ocupação humanitária de seu tempo", como disse Mary a uma amiga que costumava acompanhá-la nas visitas às enfermarias, "seu coração não teria suportado a perda do filho". Fica claro nas recordações de Walt Whitman, que trabalhava como enfermeiro ali, que a dolorosa experiência fazia simplesmente desaparecer nossas "pequenas preocupações e dificuldades". Depois de cuidar todos os dias de centenas de jovens que suportavam ferimentos horríveis, eram submetidos a amputações sem anestesia e quase sempre morriam sem o conforto da família ou dos amigos, "nenhuma das adversidades do dia a dia parece ter a mesma importância que costumava ter".

Antes de partir para suas visitas ao hospital, Mary enchia a carruagem de cestas de frutas, alimentos e flores recém-cortadas. Ela colhia os morangos do jardim da Casa Branca; e conseguiu, de um próspero comerciante, impressionado pela "forma silenciosa e sem alarde" com que ela cuidava dos enfermos, uma doação equivalente a 300 dólares em limões e laranjas, tão necessários para prevenir o escorbuto. Passava horas distribuindo as frutas e iguarias e colocando flores sobre os travesseiros dos feridos para mascarar o mau cheiro penetrante dos desinfetantes e da decomposição.

Sentava-se ao lado de soldados solitários, conversava sobre as experiências que eles tinham tido, lia para eles e os ajudava a escrever cartas para a família. Um dos soldados feridos só foi descobrir a identidade da gentil senhora que escrevera a sua mãe — explicando que ele estivera "bastante doente", mas que estava se recuperando — depois que a carta de Mary chegou à casa dele com a assinatura da primeira-dama.

Ao observar Mary saindo para sua ronda regular de visitas, William Stoddard se perguntava por que ela não divulgava seus esforços. "Se a primeira-dama fosse experiente, levaria correspondentes de jornais, de ambos os sexos, toda vez que vai ao hospital, das duas às cinco, e faria com que taquigrafassem o que diz aos soldados enfermos e o que os soldados enfermos lhe dizem." Isso mais do que qualquer coisa, supôs ele, "adoçaria o conteúdo de muitos jornais" que tantas vezes ridicularizaram suas recepções e seus projetos de redecoração.

Talvez por saber que os médicos não aprovavam a presença de visitas, Mary continuasse suas idas a hospitais sem nenhuma publicidade.

Tanto que, enquanto os jornais costumavam tecer elogios ao trabalho de outras mulheres da sociedade, referindo-se à sra. Caleb Smith como "nossa sempre generosa benfeitora e amiga", e à sra. Stephen Douglas, que transformou sua mansão em hospital, como "um anjo de bondade", Mary Lincoln mal recebia algum crédito por suas incansáveis tentativas de confortar os feridos da União. Ela, contudo, descobriu algo mais gratificante que o reconhecimento público. Nas horas em que cuidou daqueles soldados, a primeira-dama deve ter percebido a crença inabalável que eles tinham em seu marido e na União pela qual lutaram. Uma fé como aquela não era fácil de se encontrar em qualquer lugar — não no Gabinete, no Congresso, na imprensa, nem nos círculos sociais da cidade.

Enquanto Washington sufocava de calor naquele verão longo e quente, Lincoln tomou a importantíssima decisão sobre a emancipação, que viria a definir tanto sua Administração como o curso da Guerra Civil.

A grande dúvida do que fazer acerca da escravidão vinha provocando debates cada vez mais acirrados no Capitólio havia muitos meses. No último mês de março, conforme prenunciado numa mensagem ao Congresso, Lincoln pedira ao Legislativo para aprovar uma resolução conjunta que contemplasse um auxílio federal a todo Estado que se mostrasse disposto a adotar um plano para a gradual abolição da escravatura. Lincoln calculara que "menos da metade do custo de um dia com essa guerra pagaria por todos os escravos em Delaware, ao preço de 400 dólares por cabeça", e que as despesas de 87 dias dariam para comprar todos os escravos de todos os outros Estados da fronteira juntos. Ele acreditava que nada acabaria mais rápido com a rebelião do que um compromisso por parte dos Estados escravagistas da fronteira de "renunciar, em termos justos, a seu próprio interesse na escravatura, para não ver a dissolução da União".

A proposta dependia da aprovação dos representantes dos Estados da fronteira, que teriam de promover o plano em suas legislaturas estaduais. No entanto, exceto Frank Blair, que havia muito tempo defendia a emancipação compensada, combinada com a colonização*, os representantes recusaram-se a endossar a proposta. Eles insistiam que a medida puniria injustamente aqueles que permaneceram leais à União, forçando-os a abrir mão de seus escravos, enquanto os Estados rebeldes continuariam com os deles. Eles enfrentariam uma comoção em meio a seus próprios eleitores, e a proposta cobraria um preço muito mais alto do que o governo federal poderia pagar.

Nesse ínterim, a maioria republicana no Congresso, liberta da dominação do bloco sulista, começou a forçar sua própria pauta a

*A colonização foi um movimento que defendia a emancipação dos escravos e seu exílio voluntário para algum país do Caribe, como o Haiti, ou de volta para a África, para formar um país chamado Libéria, cujo território tinha sido adquirido com essa finalidade. [*N. da T.*]

respeito da escravidão. Em abril, o Congresso aprovou um projeto de lei dispondo sobre a emancipação compensada de escravos no Distrito de Colúmbia. O projeto de lei obteve a aprovação incondicional de Lincoln, pois ele "jamais duvidara da autoridade constitucional do Congresso para abolir a escravidão" em áreas sob a jurisdição do governo federal; e, na verdade, Lincoln tinha, ele mesmo, apresentado sua proposta para a libertação de escravos no Distrito quando esteve no Congresso 14 anos antes. Frederick Douglass estava em êxtase. "Creio não estar sonhando", escreveu a Charles Sumner, "mas os últimos acontecimentos parecem um sonho". À medida que os escravos do Distrito conquistavam sua liberdade, os senhores de escravos da vizinha Maryland e da região norte da Virgínia, temerosos de que seus escravos ficassem agitados, começaram a vendê-los a senhores mais ao sul.

A situação tornou-se mais complexa quando o bloco radical do Congresso começou a tratar da questão da escravidão nos Estados sulistas, onde ela já existia e era protegida pela Constituição. Em julho, apesar dos protestos, os radicais fizeram tramitar no Congresso um novo projeto de lei de expropriação. A lei emancipava todos os escravos de pessoas engajadas na rebelião, independentemente de envolvimento em assuntos militares. Tratava-se de um projeto mal concebido, que não contemplava nenhuma forma exequível para seu cumprimento e nenhum procedimento para determinar se o senhor de um escravo que estivesse atravessando as linhas da União estava de fato engajado na insurreição. Segundo o historiador Mark Neely, "foi letra morta desde o início". Contudo, ela atiçou o coração de todos aqueles que, como Charles Sumner, acreditavam que a escravidão era uma "influência perturbadora que, enquanto existir, fará desta terra um vulcão sempre pronto a entrar em erupção".

Rumores de que Lincoln vetaria o projeto de lei revelaram-se incorretos. Ainda assim, antes de assinar o projeto que ficaria conhecido como a Segunda Lei de Expropriação, Lincoln conseguiu que ele fosse revisado para que tivesse mais chances de satisfazer os requisitos constitucionais.

Os reveses devastadores na Península, que deixaram clara a necessidade de meios extraordinários para salvar a União, deram a Lincoln uma abertura para lidar mais diretamente com a questão da escravidão. Relatórios diários vindos dos campos de batalha lançaram luz sobre as incontáveis maneiras pelas quais a Confederação usava os escravos. Eles cavavam trincheiras e construíam fortificações para o Exército. Eram trazidos para os acampamentos para trabalhar como carroceiros, cozinheiros e auxiliares nos hospitais, de forma que os soldados ficassem liberados para lutar nos campos. Além disso, havia escravos trabalhando nas propriedades, lavrando a terra, plantando lavouras e colhendo algodão, para que seus senhores pudessem ir para a guerra, sem o temor de que suas famílias passassem fome. Caso os rebeldes fossem privados de seus escravos, que ficariam livres para se juntar às tropas da União, o norte teria uma vantagem decisiva. Vista dessa forma, a emancipação poderia ser considerada uma necessidade militar, um exercício legítimo dos poderes constitucionais de guerra do presidente. Os Estados da fronteira haviam recusado a ideia de emancipação compensada como um primeiro passo voluntário, insistindo que esse tipo de ação deveria ser iniciado nos Estados escravagistas. Na mente de Lincoln uma decisão histórica tomava forma.

Lincoln revelou sua ideia inicial a Seward e Welles nas primeiras horas do domingo, dia 13 de julho, enquanto seguiam juntos na carruagem do presidente para o funeral do filho de Stanton. A viagem até o Cemitério de Oak Hill, onde ocorreria o sepultamento, deve ter evocado recordações dolorosas de Willie, cujo corpo continuava ali numa câmara mortuária particular, aguardando o sepultamento definitivo em Springfield. Apesar desse tormento pessoal, as ameaças ao país exigiam total concentração de Lincoln. Durante a viagem, registrou Welles em seu diário, o presidente informou-lhes que estava pensando em "emancipar os escravos através de proclamação, caso os rebeldes insistissem com aquela guerra". Ele disse que "vinha pensando seriamente a respeito da gravidade, importância e delicadeza" do assunto e tinha "chegado à conclusão de que era uma necessidade de cunho militar, sem dúvida alguma essencial para a salvação da União, que libertássemos os escravos, pois do contrário seríamos subjugados". Aquilo era, segundo Welles reconheceu com clareza, "um caminho novo para o presidente, já que até aquele momento, em todos os nossos encontros, (...) ele fora rápido e categórico em censurar qualquer interferência do Governo Federal nesse assunto". O sempre falante Seward limitou-se a dizer que o "assunto envolvia consequências tão abrangentes e tão graves que desejava dedicar a ele uma reflexão madura antes de dar uma resposta decisiva", embora estivesse inclinado a considerá-lo "justificável".

E não se falou mais desse assunto até a manhã da segunda-feira, 21 de julho, quando foram despachados mensageiros por toda a Washington entregando avisos para uma reunião extraordinária do Gabinete a ser realizada às 10 horas da manhã.

Para essa reunião extraordinária, o Gabinete foi convocado a comparecer à biblioteca do segundo andar, e não ao escritório oficial do presidente. Ali, cercado das estantes em curva que Mary havia pouco tempo preenchera com coleções primorosamente encadernadas de obras de Shakespeare e romances de Sir Walter Scott, o presidente começou a reunião admitindo que estava "profundamente preocupado com a atual conjuntura, e que tinha decidido adotar algumas medidas definitivas com respeito à ação militar e à escravidão". Os membros escutaram, enquanto Lincoln lia várias determinações que ele contemplava. Uma autorizaria os generais da União em território da Confederação a se apropriarem de qualquer propriedade necessária para seu sustento no campo; outra sancionaria o pagamento de salários aos negros levados a serviço do Exército. Juntas, essas determinações sinalizavam uma condução mais vigorosa da guerra. Quando a discussão passou para o possível armamento daqueles negros a serviço do Exército, Stanton e Chase foram a favor. Lincoln, segundo registrou Chase, não "estava preparado para decidir a questão".

Quando as discussões preliminares se prolongaram, o presidente agendou outra sessão para o dia seguinte, 22 de julho, para revelar o objetivo principal de ter convocado a reunião. É provável que a segunda sessão tenha sido realizada no escritório de Lincoln, conforme ilustrado no famoso quadro de Francis Carpenter, *Primeira Leitura da Proclamação da Emancipação*. Ali, em meio às evidências de uma guerra que se expandia cada vez mais, com mapas dos campos de batalha por todos os lados — em rolos em prateleiras, colocados em pastas sobre o chão e encostados nas paredes —, a conversa do dia anterior teve prosseguimento.

Lincoln tomou a palavra e informou que os reunira ali para ler a minuta preliminar de uma proclamação de emancipação. Ele compreendia as "diferenças que havia no Gabinete sobre a questão da escravidão", e disse que as sugestões de todos eram bem-vindas, depois que tivessem ouvido o que tinha a dizer; mas queria que soubessem que "essa medida já estava decidida e que não os reuniu ali para pedir seus conselhos". Em seguida, tirou de seu bolso duas folhas de papel almaço e, ajeitando os óculos, começou a ler o que equivalia a uma peça jurídica, com os argumentos favoráveis à emancipação com base nos poderes do presidente da República na qualidade de comandante em chefe.

Sua proclamação estabelecia que em 1º de janeiro de 1863 todos os escravos existentes nos Estados ainda em rebelião contra a União seriam declarados livres, "a partir daquele dia e para sempre". Não seria necessário nenhum procedimento complexo para o cumprimento da lei. Apesar de não abranger os cerca de 425 mil escravos que viviam nos Estados leais da fronteira — onde, sem o uso de seus poderes em tempos de guerra, nenhuma autoridade constitucional justificava sua ação —, a proclamação era de imenso impacto em sua abrangência. De uma só tacada, ela substituiu a legislação sobre a escravidão e o direito de propriedade que por quase três quartos de século orientaram a política de onze Estados. Três milhões e meio de negros que viviam em estado de escravidão havia gerações recebiam a promessa de liberdade. Mais tarde Welles diria que aquele era um passo ousado, "que levava consigo consequências, imediatas e remotas, cuja magnitude o ser humano não conseguiria prever".

Os membros do Gabinete ouviram em silêncio. À exceção de Seward e Welles, a quem o presidente confidenciara suas intenções na semana anterior, todos ficaram atônitos pela ousadia da proclamação de Lincoln. Apenas Stanton e, de forma surpreendente, Bates declararam-se a favor de "sua promulgação imediata". Stanton percebeu no mesmo instante o valor militar da proclamação. Não menos importante, ele havia desenvolvido uma crença apaixonada na justiça da emancipação.

A aprovação de Bates teve como condição que os escravos libertos fossem deportados para algum lugar na América Central ou na África. Ao contrário de Lincoln, que insistia que qualquer emigração deveria ser voluntária, Bates acreditava que ela deveria ser compulsória. Bates "estava plenamente convencido", disse Welles tempos depois, "de que as duas raças não poderiam viver e prosperar no mesmo ambiente social". Ele acreditava que a assimilação era impossível sem a fusão, e era inevitável que a fusão trouxesse "degradação e desmoralização para a raça branca".

Gideon Welles permaneceu em silêncio depois de Lincoln ter apresentado a proclamação. Mais tarde, admitiu que a perspectiva de emancipação envolvia resultados de tal maneira imprevisíveis, "carregando consigo uma revolução dos hábitos sociais, civis e industriais e da condição de sociedade em todos os Estados escravocratas", que se sentiu oprimido pela "solenidade e pelo peso" da decisão. Ele temia que, longe de abreviar a guerra, a emancipação geraria uma "energia de desespero por parte dos senhores de escravos" e "intensificaria a luta". Ainda assim, apesar de questionar de si para si o envolvimento do "extremo exercício de poderes de guerra", Welles nada disse e depois apoiou o presidente com toda a lealdade.

Caleb Smith manteve-se igualmente em silêncio, embora também ele tivesse sérias reservas. John Usher, secretário assistente do Departamento do Interior, recordou-se mais adiante de Smith ter lhe dito que se Lincoln publicasse a proclamação, ele "pediria demissão e iria para casa para atacar a Administração".

Talvez a reação mais surpreendente tenha vindo de Salmon Chase. Nenhum membro do Gabinete defendera com tanta veemência a emancipação, e nenhum conseguiria se igualar a ele no comprometimento de toda uma vida com a causa abolicionista. Contudo, ao se deparar com uma iniciativa presidencial que, conforme reconheceu, ia "além de tudo o que eu recomendei", ele recuou. Segundo notas de Stanton, Chase argumentou que se tratava de "uma medida de grande perigo — que levaria à emancipação universal". Seu receio era de que uma desordem generalizada engolisse o sul, levando a "depredação e massacre, por um lado, e apoio à insurreição, por outro". Chase recomendava uma abordagem mais tranquila e gradual, "permitindo aos generais organizar e armar os escravos" e "orientando os Comandantes de Divisões Militares a proclamar a emancipação em seus Distritos tão logo fosse viável". De qualquer forma, já que considerava a proclamação melhor do que nenhuma ação, ele daria seu apoio.

Apesar de ser legítimo o argumento de Chase de que o Exército poderia ter um melhor controle do ritmo da emancipação, é difícil não suspeitar de que considerações de cunho pessoal o levaram a deixar de apoiar incondicionalmente a proclamação do presidente. Chase tinha visto evaporar-se a grande esperança de se tornar presidente em 1856 e 1860. Nenhum presidente, desde Andrew Jackson, fora reeleito, e faltavam apenas dois anos para a próxima eleição. O mais forte apelo de Chase para derrotar Lincoln na indicação como candidato em 1864 residia no apoio constante que ele obtivera no crescente círculo de republicanos radicais, frustrados com a lentidão de Lincoln para resolver a questão da escravidão. A ousada proclamação ameaçava minar sua potencial candidatura, pois, como reconheceu Welles, com perspicácia, a proclamação "colocava o presidente à sua frente numa área que era sua especialidade".

Embora preocupado com os efeitos da proclamação, Seward não pensou em lhe fazer oposição. Uma vez que Lincoln tinha tomado sua decisão, Seward continuou firme em sua lealdade. Sua única objeção foi quanto à escolha do momento. "Sr. Presidente", disse, "aprovo a proclamação, mas tenho dúvidas quanto à conveniência de sua publicação na atual conjuntura. A depressão que o povo vem sentindo, decorrente de nossos repetidos reveses, é tão grande que receio (...) que isso possa ser visto como a última medida de um governo enfraquecido, um pedido de socorro (...) nosso último grito, antes de bater em retirada." Melhor esperar, sugeriu ele em tom grandiloquente, "a águia da vitória alçar voo", e, encorajados pelo sucesso militar, "pendurar em seu pescoço a proclamação". O argumento de Seward foi reforçado, naquele mesmo dia, por Thurlow Weed, que em visita a Washington esteve com Lincoln.

"A sabedoria da opinião do Secretário de Estado atingiu-me com uma força tremenda", disse Lincoln mais tarde ao artista Francis Carpenter. "Foi um aspecto que, apesar de toda a atenção que dediquei ao assunto, não me ocorrera. O resultado foi que deixei a proclamação de lado, como você faz com seu esboço para um quadro, esperando por uma vitória."

Entretanto, enquanto o mês de julho cedia a vez a agosto, o pensamento de Lincoln jamais se desviou da proclamação. Muitas vezes ele voltava à minuta, "retocando aqui e ali, aguardando com ansiedade o desenrolar dos acontecimentos". Tendo decidido apresentá-la para publicação no momento do primeiro êxito militar, tratou de educar a opinião pública, com o objetivo de preparar o terreno para sua aceitação. Como já vimos, havia muito tempo que Lincoln acreditava que "com o sentimento do povo, nada pode falhar; sem ele, nada pode ter êxito". Ele entendia que um dos maiores empecilhos no caminho da emancipação era o temor difundido entre brancos, tanto do norte como do sul, de que as duas raças jamais conseguiriam coexistir de forma pacífica numa sociedade livre. Pensou que um plano para a emigração voluntária de escravos libertos diminuiria esses temores, encorajando uma aceitação maior de sua proclamação.

No dia 14 de agosto, Lincoln convidou uma delegação de escravos libertos para uma conferência na Casa Branca, esperando estimular a cooperação deles na orientação de seus companheiros negros sobre os benefícios da colonização. "Vocês e nós constituímos raças diferentes", começou ele. "Temos entre nós uma diferença maior do que a que existe entre quase quaisquer outras duas raças." Lincoln reconheceu que, com a escravidão, a raça negra tinha suportado "os maiores males infligidos a qualquer povo". Contudo, continuou, "quando vocês deixam de ser escravos, ainda estão longe de ser colocados em pé de igualdade com a raça branca. São excluídos de muitas vantagens usufruídas pela outra raça. A aspiração dos homens é desfrutar de igualdade com os melhores, quando livres, mas neste imenso continente nem um único homem de sua raça está em pé de igualdade com um único homem da nossa". Agora, as nefastas consequências da escravidão dos negros recaíram sobre os homens brancos como uma guerra civil calamitosa que foi encontrá-los "cortando a garganta uns dos outros". É muito "melhor, por conseguinte, que nossas raças estejam separadas", argumentou Lincoln, informando aos delegados que "uma soma de dinheiro foi reservada pelo Congresso e posta à sua disposição" para ajudar a estabelecer uma colônia em algum lugar da América Central. Ele precisava de um contingente de negros inteligentes e instruídos, como os homens ali presentes, para divulgar a oportunidade entre seu povo.

Os líderes negros responderam de imediato, mas não como Lincoln desejara, revelando uma antipatia generalizada para com a proposta. Como argumentou com eloquência o *Liberator*, os 4 milhões de escravos da nação "pertencem a este país da mesma forma que seus opressores. Foi aqui que nasceram; é aqui, para todos os fins de justiça e humanidade, que eles têm o direito de viver; e será aqui que deverão morrer no devido tempo". "Tentar fazer o Niágara fluir de volta para sua fonte, ou fazer desaparecerem no mar as montanhas de Alleghany, seria o mesmo que pensar em expulsar os negros do país ou incitá-los a sair." Como causa tristeza, observou o *Liberator*, que o presidente de um país "com espaço suficiente para conter a atual população do globo", uma nação que "se gaba com orgulho de ser o refúgio dos oprimidos de todas as nações", chegue a pensar em forçar o exílio de "toda a população de cor (...) para um lugar distante".

Relatos do diálogo de Lincoln com a delegação de negros provocaram o mais cáustico ataque que Frederick Douglass jamais fizera ao presidente. Ao mesmo tempo que admitiu que aquela tinha sido a primeira vez que negros foram convidados para uma audiência na Casa Branca, ele acusou Lincoln de tecer comentários "absurdos" que demonstravam "orgulho pela raça e pelo sangue" e "desprezo pelos negros". O presidente "devia saber", argumentou Douglass, "que o ódio aos negros e o preconceito racial não são vícios nem originais nem invencíveis; são apenas ramificações da mesma raiz de todos os crimes e males — a escravidão. Se as pessoas de cor, em lugar de terem sido roubadas e trazidas à força para os Estados Unidos, tivessem vindo como imigrantes livres, como os alemães e os irlandeses, e jamais tivessem sido consideradas adequadas para serem objetos de posse, elas nunca teriam se tornado alvo de aversão e perseguição feroz".

Faltou a Lincoln sua extraordinária empatia nessa abordagem inicial às consequências iminentes da emancipação. Apesar de ter procurado se colocar no lugar dos negros e sugerir aquilo que pensava ser o melhor para eles, a falta de contato com a comunidade negra fez com que ele não soubesse da forte ligação que os negros tinham com seu país e de como se sentiam insultados com a ideia de serem exilados. Com o tempo, a amizade de Lincoln com Frederick Douglass e o contato pessoal com centenas de soldados negros, dispostos a dar a vida pela liberdade, viriam a gerar uma compreensão mais profunda de seus concidadãos negros que permitiria a Lincoln abandonar para sempre a ideia da colonização.

Capítulo 12

Lincoln depositava suas esperanças de vitória no recém-formado Exército da Virgínia, chefiado pelo general John Pope, o que lhe permitiria emitir sua Proclamação da Emancipação. No teatro ocidental, Pope demonstrara a agressividade que faltava a McClellan. No início de agosto de 1862, Halleck ordenou a McClellan que retirasse em vapores todo o seu exército, de Harrison's Landing para Aquia Creek e Alexandria, encerrando assim a Campanha da Península. Uma vez chegando lá, ele deveria se encontrar com Pope, que avançava para o sul a partir de Manassas rumo a Richmond, ao longo do percurso pelo interior que Lincoln tinha preferido de início. Reunidos, os dois exércitos superariam significativamente em número as forças do general Lee.

McClellan porém procurou ganhar tempo, temeroso de que Pope fosse ser posto no comando do exército conjunto. Ele apresentou argumentos ferozes contra a manobra, avisando a Halleck que ela se "revelaria desastrosa ao extremo". Sua única esperança, confidenciou à mulher, era conseguir "induzir o inimigo a atacar" antes que ele chegasse a Washington e fosse exonerado do comando. Depois de um atraso de dez dias com protestos estratégicos e alegações de meios de transporte insuficientes, ele a contragosto começou sua retirada no dia 14 de agosto, só chegando a Aquia Creek em 24 de agosto.

Percebendo que seria sobrepujado pelos exércitos reunidos, o general Lee rumou para o norte a partir de Richmond para enfrentar Pope antes que McClellan chegasse a ele. Em 18 de agosto, as forças confederadas, sob o comando dos generais Jackson, o Muralha de Pedra, e James Longstreet, tinham chegado a uma distância da qual era possível atingir Pope. Somente o rio Rappahannock, a meio caminho entre Washington e Richmond, separava as duas forças. Da segurança da margem norte do rio, Pope aguardava as tropas de McClellan para reforçar o que todos esperavam fosse ser uma ofensiva em grande escala.

Lee aproveitou-se de modo brilhante do atraso de McClellan. Deixando as forças de Longstreet diante de Pope, ele enviou Jackson por trás das linhas de Pope para capturar a base de suprimentos da União, no entroncamento em Manassas, e depois se reagrupar no bosque perto do velho campo de batalha de Bull Run. Num estado de confusão, Pope deixou o Rappahannock e se dirigiu para o norte, onde enfrentaria as forças combinadas de Lee, Longstreet e Jackson.

Embora concordasse em enviar dois corpos de exército para auxiliar Pope, McClellan continuou a procrastinar, esperando confirmação de seu próprio status como comandante. Se seu exército fosse incorporado ao de Pope, disse ele à mulher no dia 24 de agosto, ele tentaria "pedir uma licença!" Tudo seria diferente, porém, se Pope fosse derrotado. Nesse "caso, eles podem querer que eu salve Washington mais uma vez".

A Segunda Batalha de Bull Run começou mesmo na sexta-feira, 29 de agosto. Quando o vento soprava do oeste, "o cheiro de pólvora era bastante perceptível", informou o *Evening Star*, e o "troar distante" dos canhões era perfeitamente audível por toda Washington. Grupos reuniam-se nas esquinas e se amontoavam nos grandes hotéis.

Esses foram dias inquietantes para o presidente. O chefe do setor de telégrafos do Departamento da Guerra recordou-se de que Lincoln passava horas a fio no escritório lotado do segundo andar, aguardando boletins do front, "disposto a passar ali a noite, se necessário". Ele mandou telegramas, solicitando notícias de Manassas, a vários generais, entre eles McClellan, que tinha instalado seu quartel-general em Alexandria. McClellan respondeu de pronto, oferecendo conselhos em vez de informações. O presidente agora tinha apenas duas opções, aconselhou McClellan. Ou bem ele deveria "concentrar todas as nossas forças disponíveis para abrir passagem até Pope", ou deveria "deixar que Pope saísse sozinho de sua enrascada e de imediato usar todos os nossos meios para garantir a segurança da capital".

Na manhã de sábado, John Hay encontrou-se com o presidente em Soldiers' Home e foi com ele à Casa Branca. Durante o trajeto, Lincoln "foi muito franco a respeito da conduta atual de McClellan", afirmando que sua impressão era realmente a de que "McC queria que Pope fosse derrotado". Lincoln disse a Hay que estava especialmente indignado com a recomendação de McClellan de "deixar que Pope saísse sozinho de sua enrascada".

E então chegou a terrível notícia do campo de batalha. O exército de Pope tinha sofrido uma derrota esmagadora. John Hay registrou em seu diário: "Por volta das oito horas, o presidente veio a meu quarto, quando eu me vestia, e me chamou para dizer, 'Bem, John, parece que levamos mais uma surra.'" Mais uma vez, como depois da Primeira Batalha de Bull Run, Washington preparou-se para um ataque. À medida que os rumores se espalhavam de que o general Jackson estava atravessando o Potomac em Georgetown, milhares de moradores apavorados começaram a fugir da cidade. Soldados desgarrados chegavam do front com histórias de um Exército desmoralizado e de unidades que não se dispunham a combater sob o comando de Pope. As perdas foram imensas — de 65 mil homens, os federais tinham sofrido 16 mil baixas. O ímpeto estava nitidamente favorável à Confederação.

A derrota devastadora deixou o presidente numa situação insustentável. Quanto mais ele refletia sobre o atraso de McClellan em mandar tropas para reforçar Pope, mais raiva sentia. Não havia, porém, tempo para se entregar à raiva enquanto a própria Washington estava ameaçada e ele precisava desesperadamente das melhores forças à sua disposição. Lincoln ainda acreditava que McClellan era o mais bem preparado para reorganizar as tropas desmoralizadas. Durante suas visitas de inspeção ao Forte Monroe e Harrison's Landing, Lincoln tinha testemunhado a devoção dos soldados a seu comandante. "Não existe outro homem melhor que ele no Exército para equipar essas fortificações e levar esses nossos soldados à plena forma", disse Lincoln a Hay. "É indiscutível que ele agiu mal para com Pope! Ele queria que Pope fracassasse! O que é imperdoável. Mas ele é útil demais no momento para ser sacrificado." Quando Halleck recomendou que fosse restaurado a McClellan o comando tanto do Exército da Virgínia como do exército do Potomac, Lincoln concordou.

Desconhecendo as deliberações de Lincoln, o Gabinete tinha se empenhado em vigorosas tramas para dispensar McClellan. Eles haviam elaborado um documento contundente em que exigiam a exoneração de McClellan, acusando-o de desobediência deliberada "a ordens superiores". Bates então reescreveu o protesto para abrandar seu tom. Stanton, Chase, Smith e Bates assinaram o novo documento. Welles, a quem não agradava a ideia de "associação para influenciar ou controlar o Presidente," disse, não obstante, que falaria "sem hesitação" durante a reunião do Gabinete no dia seguinte para dizer a Lincoln que concordava com a saída de McClellan.

A sessão do Gabinete mal tinha começado quando o presidente foi chamado para um breve intervalo. Na ausência de Lincoln, Stanton tomou a palavra. "Com uma voz reprimida, trêmulo de emoção", ele informou aos colegas que "McClellan tinha recebido ordens de assumir o comando das forças em Washington". Os membros do Gabinete ficaram perplexos. Lincoln logo voltou e explicou sua decisão, que ele havia comunicado a McClellan às 7 horas naquela manhã. "McClellan conhece todo este terreno", disse Lincoln, e "podemos confiar nele para atuar na defensiva". Ele sabia até bem demais que McClellan tinha "excesso de cautela", mas afirmou que não havia "melhor organizador". Lincoln acreditava que os acontecimentos justificariam sua avaliação.

Na discussão generalizada que se seguiu, registrou Welles em seu diário, "havia uma sensação de maior perturbação e desânimo" do que ele jamais tinha presenciado numa reunião do Gabinete. Lincoln estava "extremamente angustiado", da mesma forma que Stanton e Chase. Chase previu que "aquilo acabaria se revelando uma calamidade nacional", enquanto Stanton, reconhecendo que o protesto era letra morta, voltou para o Departamento da Guerra na condição "de uma folha caída". O episódio produziu um distanciamento entre Stanton e Lincoln que se prolongou por semanas.

Era profunda a inquietação de Lincoln com o conhecimento de que seu Gabinete se opunha a ele num assunto de importância tão vital. Segundo Bates, Lincoln "parecia torturado pela angústia mais amargurada... dizia que se sentia quase pronto para se enforcar". A dissensão do Gabinete em relação a McClellan, a derrota de Pope e a própria guerra medonha e prolongada exerciam sobre ele uma pressão estarrecedora, levando-o a refletir. "Em grandes contendas", escreveu ele, "cada lado afirma atuar em conformidade com a vontade de Deus. Os dois lados podem estar errados, e pelo menos um deve estar. Deus não pode ser favorável e contrário à mesma coisa ao mesmo tempo. Na atual guerra civil, é muito possível que o propósito de Deus seja diferente do propósito de qualquer um dos lados", e que Deus tenha determinado que ela "ainda não" se encerre.

Enquanto isso, McClellan, todo presunçoso, voltava a seu antigo quartel-general na esquina, ao lado da casa de Seward. "Mais uma vez recorrem a mim para salvar o país", escreveu ele à mulher. "É de cortar o coração ver os remanescentes destroçados do meu Exército do Potomac, pobres coitados! E ver como eles me amam, mesmo nesse momento. Eu os ouço gritar para mim quando passo a cavalo entre eles — 'George, não nos deixe outra vez!' 'Eles não vão tirá-lo de nós novamente.'"

Havia apenas dois dias que McClellan tinha sido reinstalado no comando quando Lee, encorajado por suas duas vitórias na Península e em Bull Run, atravessou o Potomac para começar uma invasão a Maryland. O comandante confederado supôs equivocadamente que os moradores do Estado escravocrata se levantariam para apoiar seu exército. Na realidade, a população de Maryland recebeu o exército rebelde com desdém e reservou sua acolhida entusiástica para os uniformes azuis de McClellan, aplaudindo e agitando bandeirolas enquanto as tropas federais marchavam pela região rural para travar combate com Lee. Quando os dois exércitos se defrontaram, McClellan tinha mais uma vantagem nítida. Os planos de batalha do General Lee tinham sido descobertos, num embrulho com três charutos, esquecidos por um mensageiro descuidado.

No dia 17 de setembro, teve início a Batalha de Antietam. "Estamos no meio da mais terrível 'batalha desta era'", escreveu McClellan a Mary Ellen no meio da tarde enquanto os combates se desenrolavam. Ao final do dia, 6 mil soldados de ambos os lados tinham morrido e outros 17 mil estavam feridos, um total espantoso, quatro vezes maior que o número de americanos que perderiam a vida no dia-D, durante a Segunda Guerra Mundial. No final, o Exército da União saiu vitorioso, forçando Lee a retirar-se. "Nossa vitória foi total", informou McClellan, radiante. "Sinto um pouco de orgulho por ter, com um exército abatido e desmoralizado, derrotado Lee em termos tão arrasadores, salvando o norte de modo tão completo."

Lincoln ficou feliz com relatos iniciais que indicavam que o exército de Lee talvez estivesse destruído. Telegramas subsequentes revelaram, porém, que McClellan, empolgado com a vitória, não tinha perseguido os rebeldes em retirada, tendo permitido que Lee atravessasse o Potomac para o interior da Virgínia, onde ele poderia se reagrupar e se reequipar com homens e suprimentos.

Mesmo assim, a vitória, por incompleta que fosse, era o acontecimento tão esperado que proporcionou a Lincoln o ensejo para anunciar seus planos de fazer uma Proclamação de Emancipação no mês de janeiro seguinte. Em 22 de setembro, ele convocou uma reunião do Gabinete para revelar sua decisão.

Lincoln disse-lhes que, ainda quando o exército de Lee estava em Maryland, tinha decidido que "assim que fosse expulso" do Estado, ele faria sua proclamação. O presidente deixou claro que não estava procurando "conselhos sobre a questão principal", pois já tinha levado em conta as opiniões do Gabinete antes de tomar sua decisão; mas aceitaria sugestões quanto à redação. Lincoln passou então à leitura do documento, que tinha revisado ligeiramente nas últimas semanas para reforçar a fundamentação da necessidade militar.

A proclamação preliminar, publicada no dia seguinte, trouxe uma grande multidão de simpatizantes animados à Casa Branca. Embora só fosse vigorar depois que Lincoln fizesse a proclamação definitiva em 1º de janeiro de 1863, dando aos Estados rebeldes uma última oportunidade para voltar à União, ela mudava o curso da guerra. "Espero em Deus que eu não tenha cometido um erro", disse Lincoln aos que ali estavam para felicitá-lo. "Cabe agora ao país e ao mundo julgar essa decisão."

Frederick Douglass, cujas críticas a Lincoln tinham sido implacáveis, compreendeu o impacto revolucionário da proclamação.

"Bradamos com alegria por termos vivido para registrar esse decreto justo", escreveu ele em seu *Monthly*. Prevendo a poderosa oposição que a proclamação enfrentaria, ele perguntou: "Ela levará o Presidente a reconsiderar e revogar o decreto?" "Não", concluiu ele. "Abraham Lincoln não voltará atrás." Captando de modo intuitivo o caráter de Lincoln, apesar de ainda não terem se conhecido pessoalmente, Douglass explicou que "Abraham Lincoln pode ser lento... mas não é um homem dado a reconsiderar, revogar e desdizer palavras e propósitos proclamados solenemente acima de sua assinatura oficial.(...) Se Lincoln nos ensinou a não confiar em mais nada, ele nos ensinou a confiar em sua palavra."

Enquanto descansava suas tropas nas proximidades de Antietam, McClellan avaliava sua situação. Convencido de que sua reputação militar tinha sido plenamente restaurada pela vitória recente, ele acreditava ser sua prerrogativa insistir na saída de Stanton e em que Halleck lhe devolvesse seu antigo posto. Se essas duas exigências não fossem atendidas, disse à mulher, ele pediria exoneração do posto. Além do mais, ele não conseguia tolerar a ideia de lutar por uma "doutrina tão amaldiçoada" quanto a Proclamação da Emancipação, que ele considerava uma conclamação "infame" por uma "insurreição de escravos".

McClellan tinha superestimado seu prestígio redescoberto. Lincoln decidira que, se McClellan não se empenhasse em perseguir o general Lee, o que, à medida que setembro cedia lugar a outubro, ele não dava o menor sinal de fazer, ele seria dispensado do serviço.

Na esperança de que uma visita pessoal inspirasse McClellan, Lincoln viajou de trem até o quartel do general no início de outubro. Como sempre, ele se sentiu fortalecido por suas interações com os soldados. Enquanto os regimentos apresentavam armas, ao rufar dos tambores, o presidente, acompanhado por McClellan, passava lentamente, erguendo o chapéu. "A revista da tropa foi esplêndida sob todos os aspectos", salientou um correspondente. "Os soldados, apesar das longas marchas e dos combates árduos, estavam com ótima aparência, motivo pelo qual foram altamente elogiados. O presidente permitiu-se uma série de anedotas humorísticas, que muito divertiram a todos."

Compartilhando os alojamentos de McClellan para fazer as refeições e ocupando a barraca ao lado durante a noite, Lincoln, de modo discreto porém franco, sugeriu a seu general que abandonasse seu "excesso de cautela" e fizesse planos para movimentos futuros. Embora McClellan, em carta a sua mulher, admitisse que Lincoln "foi muito afável" e "muito gentil em termos pessoais", ele desconfiava acertadamente que o "verdadeiro objetivo de sua visita é me forçar a invadir a Virgínia num avanço prematuro".

Lincoln voltou muito animado para Washington no sábado à tarde, sentindo-se encorajado pela boa condição das tropas. Para garantir que McClellan não interpretasse mal suas conversas, Lincoln fez com que Halleck lhe enviasse um telegrama na segunda-feira seguinte: "O Presidente ordena que você atravesse o Potomac e trave combate com o inimigo ou faça com que recue para o sul. Seu exército deve se movimentar agora, enquanto as estradas estão em boas condições." Entretanto, semanas se passaram, e McClellan encontrava todos os tipos de desculpas para a inatividade — falta de suprimentos, falta de calçados, cansaço dos cavalos. Diante dessa última desculpa, Lincoln não conseguiu conter sua irritação. "Queira me perdoar a pergunta, mas o que os cavalos de seu exército estão fazendo desde a batalha de Antietam que possa causar qualquer fadiga?"

A inatividade do Exército associou-se ao ressentimento conservador contra a Proclamação da Emancipação para produzir o que Seward chamou de "maré negativa" de insatisfação quando os eleitores se dirigiram para as urnas para as eleições de meio de mandato, em novembro. Os resultados foram devastadores para o governo. Embora os republicanos mantivessem uma pequena maioria no Congresso, os chamados "democratas pela paz", partidários de um acordo que tolerasse a escravidão, conquistaram cargos cruciais em Illinois, Nova York, Pensilvânia, Ohio e Indiana. Quando lhe perguntaram como se sentia com as perdas republicanas, Lincoln respondeu: "Mais ou menos como aquele rapaz do Kentucky, que deu uma forte topada enquanto corria para se encontrar com a namorada. Ele disse que já era grande demais para chorar e estava sentindo dor demais para rir."

No dia seguinte, deixando para trás as eleições, Lincoln substituiu McClellan no comando do Exército do Potomac. Embora o jovem Napoleão tivesse finalmente atravessado o Potomac, de imediato ele voltou a estacar. "Comecei a recear que ele não estivesse sendo leal — que ele não quisesse ferir o inimigo", disse Lincoln a Hay. "Vi de que modo ele poderia interceptar o inimigo a caminho de Richmond. Resolvi testá-lo com isso. Se ele os deixasse escapar, eu o demitiria. Ele deixou que escapassem, e eu o demiti."

McClellan recebeu o telegrama em sua barraca às 11 horas da noite, na companhia do homem que Lincoln tinha escolhido para sucedê-lo: o general Ambrose Burnside. Conhecido como um general combativo, Burnside tinha chefiado um corpo de exército sob o comando geral de McClellan na Península e em Antietam. "O coitado do Burn está se sentindo péssimo, quase enlouquecido", relatou McClellan à mulher. "É claro que fiquei muito surpreso", admitiu ele, mas "nem um músculo tremeu, nem ficou visível em meu rosto a mais leve expressão de sentimento."

A escolha de Burnside por Lincoln revelou-se desafortunada. Apesar de ser carismático, honesto e diligente, ele não possuía a inteligência e a autoconfiança para liderar um grande exército. Dizia-se que ele tinha "dez vezes mais coração do que cérebro". Em 13 de dezembro, contra os conselhos de Lincoln, o novo comandante levou cerca de 122 mil soldados a atravessar o Rappahannock rumo a Fredericksburg, onde o general Lee esperava no terreno elevado, altamente fortificado. Apanhadas numa armadilha, as forças da União sofreram 13 mil baixas, mais que duas vezes as perdas da Confederação, sendo forçadas a uma retirada humilhante.

Lincoln tentou amenizar o impacto da derrota, emitindo uma carta aberta de louvor aos soldados: "A coragem com que vocês, em campo aberto, sustentaram a luta contra um inimigo entrincheirado... [demonstra] que vocês possuem todas as qualidades de um grande exército, que ainda hão de dar a vitória à causa do país e do governo popular." Contudo, mesmo enquanto fazia as "contas terríveis" das perdas relativas, Lincoln chegou à conclusão de que, como disse a William Stoddard, "se a mesma batalha fosse travada repetidamente, todos os dias, durante uma semana inteira, com os mesmos resultados relativos, o exército sob o comando de Lee seria dizimado até o último homem, o Exército do Potomac ainda seria uma força poderosa, a guerra estaria terminada, seria o fim da Confederação".

A série de recriminações que se seguiu ao fracasso em Fredericksburg levou a uma crise para a Administração que deixou Lincoln "mais angustiado que qualquer outro acontecimento de [sua] vida". Republicanos radicais no Capitólio começaram a insistir que, se não fosse adotado um empenho mais vigoroso na guerra, iriam se multiplicar as exigências dos conservadores por um acordo de paz, e a União seria restaurada com a escravidão intacta. As eleições de meados de mandato, alegavam eles, demonstravam a crescente insatisfação do público com a tática corrente — o presságio da calamidade estava bem claro.

Na tarde da terça-feira, 16 de dezembro, todos os senadores republicanos reuniram-se no imponente salão de recepção do Senado, na esperança de estabelecer uma resposta unificada para a situação desastrosa. Sem transformações abrangentes na Administração, concordaram eles, "o país estava arruinado; e a causa, perdida". Hesitando em atacar Lincoln em público no meio da guerra, eles focalizaram sua revolta no homem que consideravam ser o poder maligno por trás do trono — William Henry Seward. Havia meses, Chase tinha alegado que "havia uma influência maligna e oculta que controlava o presidente e derrubava todas as decisões do Gabinete", uma referência praticamente óbvia a Seward. Em cartas particulares que logo se tornaram de conhecimento público, Chase tinha repetidamente se queixado de Lincoln deixar de consultar o Gabinete "sobre questões relativas à salvação do país", insinuando que suas deliberações teriam evitado os reveses que o país e o partido enfrentavam.

Em círculos republicanos, espalharam-se rumores de que Seward era uma "influência paralisante sobre o Exército e o Presidente". Dizia-se que ele era o "Presidente de fato", responsável pela longa demora em demitir McClellan, que levou à estagnação e derrota no campo de batalha. Dizia-se que ele teria tolhido a intenção de Lincoln de fazer da guerra uma cruzada pela emancipação; e ele era considerado responsável pelo vigor renovado dos conservadores nas eleições de meio de mandato.

Na mente da maioria dos republicanos reunidos no salão de recepções naquela tarde de dezembro, esses rumores tinham se solidificado, transformando-se em fatos. À medida que um senador após o outro se levantava para falar da "influência controladora" de Seward "sobre a cabeça do Presidente", Ben Wade sugeriu que eles "fossem todos juntos exigir que o Presidente dispensasse o sr. Seward". O dever mandava que eles exercessem seu poder constitucional, como declarou William Fessenden, de exigir "que medidas fossem tomadas para conferir unidade ao Gabinete e para remover dele qualquer um que não compartilhasse entusiasticamente" das opiniões deles a respeito da guerra.

Embora as deliberações devessem ser mantidas em sigilo, o senador por Nova York Preston King, amigo de Seward, sentiu-se forçado a informar o secretário de Estado da situação. Naquela noite, ele foi à casa de Seward, que escutou com tranquilidade e então falou. "Eles podem fazer o que quiserem a meu respeito, mas não vão deixar o Presidente numa situação embaraçosa por minha causa." Pegando papel e caneta, ele redigiu seu pedido de demissão do cargo de secretário de Estado e pediu ao filho Fred e a King que levassem o pedido à Casa Branca.

Lincoln leu a carta de demissão "com uma expressão cheia de surpresa e dor", dizendo: "Que significa isso?" Depois de escutar a descrição feita pelo senador King das emoções exacerbadas que tinham gerado "sede por uma vítima", Lincoln foi andando até a casa de Seward. A reunião foi difícil para os dois homens. Disfarçando sua aflição, Seward disse a Lincoln que "seria um alívio ser liberado de preocupações oficiais". Lincoln respondeu: "Ah, sim, Governador, isso pode funcionar muito bem para você, mas eu estou como o estorninho no conto de [Laurence] Sterne: 'Não posso sair.'"

Lincoln entendeu de imediato que ele era o verdadeiro objeto da ira dos radicais. Descreveu as conversas que expunham a influência controladora de Seward sobre ele como "uma mentira, uma mentira absurda", da qual "não se conseguiria convencer uma criança". Mesmo assim, ele não estava em condições de hostilizar os senadores republicanos tão essenciais para sua coalizão de governo. Precisava refletir sobre suas opções. Tinha de saber mais sobre toda a dinâmica da situação.

Quando os senadores republicanos voltaram a se reunir na tarde de quarta-feira, Ira Harris, de Nova York, apresentou uma resolução alternativa que recebeu aprovação unânime. Em vez de citar direto o nome de Seward como seu alvo, a resolução afirmava simplesmente que "a confiança pública na atual Administração aumentaria com uma reestruturação do Gabinete". Quando surgiu o temor de que também Chase talvez perdesse seu posto, a resolução foi corrigida para exigir uma "reestruturação parcial do Gabinete". A reunião escolheu um Comitê de Nove para fazer uma visita ao presidente e apresentar a resolução. Foi marcada uma reunião para as 7 da noite de quinta-feira, 18 de dezembro.

Orville Browning chegou à Casa Branca para falar com Lincoln pouco antes do início da reunião. "Vi de imediato que ele estava aflito", registrou Browning em seu diário, "que estava sob uma pressão maior do que a dos problemas habituais". Quando Lincoln perguntou o que aqueles homens queriam, Browning respondeu sem rodeios que eles tinham uma "disposição excessivamente violenta para com a Administração" e que a resolução adotada "era a mais suave que poderiam ter redigido". Além disso, embora Seward fosse "o alvo específico de sua hostilidade", seus ânimos estavam "muito acirrados" também contra o presidente. Lincoln admitiu ter se sentido enormemente perturbado, desde que teve notícia do desenrolar da reunião dos senadores. "Mal consigo ver um raio de esperança", confidenciou a Browning.

Disfarçando sua angústia, Lincoln recebeu o Comitê de Nove, com sua cortesia de costume, permitindo-lhes total oportunidade para expor suas opiniões ao longo de três horas. Jacob Collamer, do Vermont, deu início aos trabalhos, com um detalhamento de sua alegação principal de que o Gabinete de um presidente deveria em conjunto endossar princípios e políticas, "que todas as medidas e determinações públicas de importância deveriam resultar do critério e deliberação do Gabinete como um todo". Como não se podia considerar que esse fosse o atual estado de coisas, o Gabinete deveria ser reestruturado para "garantir ao país unidade de propósito e de ação".

Embora os senadores republicanos manifestassem sua confiança na honestidade do presidente, disse Lincoln mais tarde, eles pareciam acreditar que, quando ele nutria bons propósitos, o sr. S[eward] "dava um jeito de extirpá-los" sem que ele percebesse. Lincoln tratou de esvaziar a raiva e a tensão. Confessou que o movimento contrário a Seward "o chocava e o entristecia", sustentando que, embora seu Gabinete tivesse enfrentado dificuldade para se decidir acerca de certas questões, "nunca tinha havido discordâncias profundas". Rumores de que Seward exercesse alguma influência nefasta em oposição à maioria do Gabinete simplesmente não eram verdadeiros. Pelo contrário, o Gabinete tinha agido com enorme harmonia na maioria das questões. De fato, nos dias mais fatigantes, "ele se sentia sustentado e reconfortado" por sua "confiança e dedicação recíprocas e altruístas". À medida que a conversa prosseguia, Lincoln teve a impressão de que os integrantes do comitê estavam "sérios e tristes, sem malevolência, nem dominados pela paixão". Ele "expressou sua satisfação com o tom e a moderação" da conversa, prometeu examinar com atenção o documento elaborado e os deixou com a sensação de que estava "feliz com a entrevista".

Consciente de que "deveria encontrar uma solução sozinho", sem consultar ninguém, Lincoln "refletiu profundamente sobre o assunto". De manhã, ele já havia criado um plano de ação. Enviou bilhetes a todos os membros do seu Gabinete, com exceção de Seward, marcando uma reunião especial para as dez e meia da manhã. Quando todos estavam sentados em torno da conhecida mesa de carvalho, Lincoln pediu-lhes que guardassem segredo do que ia dizer. Ele os informou da carta de demissão de Seward, falou-lhes da reunião com o Comitê de Nove e leu em voz alta o documento que os membros do comitê lhe entregaram. Ele reiterou suas declarações ao comitê, ressaltando o fato de que seu Gabinete heterogêneo trabalhara em colaboração harmoniosa, "não importava quais tivessem sido suas afiliações partidárias de antes", e que, durante as "dificuldades avassaladoras do país, que tinham pesado tanto sobre seus ombros", ele contara com sua lealdade e "sentimentos positivos". Ele "não tinha condições de perder" nenhum deles e declarou que não seria "possível para ele prosseguir, se fosse totalmente abandonado por velhos amigos".

Sabendo que, quando confrontados pessoalmente, os membros do Gabinete afirmariam que tinham trabalhado bem juntos, Lincoln propôs uma sessão conjunta do grupo com o Comitê de Nove, mais para o início da noite. Presumivelmente, eles convenceriam os senadores do equívoco de suas noções de desunião e discórdia no Gabinete. Chase entrou em pânico diante da ideia de uma reunião conjunta, tendo em vista que as histórias sobre o mau funcionamento do Gabinete se haviam originado principalmente a partir de suas próprias declarações feitas aos senadores. Em tom veemente, Chase argumentou contra a reunião conjunta; mas quando todos os outros concordaram, foi forçado a aceitar.

Na noite de 19 de dezembro, quando os membros do Comitê de Nove chegaram à Casa Branca, Lincoln começou a sessão inusitada lendo as propostas dos senadores e abrindo uma discussão franca sobre as questões levantadas. Ele reconheceu que as reuniões do Gabinete não tinham sido tão regulares quanto ele gostaria, considerando as urgências terríveis que sua Administração enfrentava. Mesmo assim, acreditava que "a maioria das questões de importância tinham recebido uma consideração razoável" e que "todos haviam concordado com medidas, uma vez que a questão estivesse decidida". Lincoln passou então a defender Seward da acusação do comitê de que ele teria "interferido indevidamente" em decisões e não teria se "dedicado ao esforço da guerra". Citou especificamente a plena concordância de Seward com a Proclamação da Emancipação.

Os senadores renovaram a exigência de que "o Gabinete inteiro" deveria "examinar e decidir questões importantes", sem que nenhum indivíduo isolado dirigisse a totalidade da "ação do Executivo".

Blair falou em seguida, com uma longa argumentação que "apoiava o Presidente e discordava com a máxima firmeza da ideia de um Executivo plural". Embora "tivesse divergido muito do sr. Seward", ele mesmo assim "o considerava tão empenhado na guerra quanto qualquer outro, achava que seria prejudicial ao interesse público deixá-lo sair do Gabinete e que seria melhor o Senado não se intrometer nesse tipo de questão". Bates manifestou sua total concordância, da mesma forma que Welles. Enquanto refletia sobre a conversa, escreveu Welles no dia seguinte, ele percebia que, apesar de ter divergido de Seward em numerosas ocasiões, as falhas de Seward eram "leves". Ademais, "nenhum partido ou facção deveria ter permissão de fazer imposições ao Presidente no que dizia respeito a seu Gabinete".

O rumo da conversa tinha comprometido muito a posição de Chase. Irritado, ele ressaltou que "não deveria ter comparecido", se soubesse que "seria questionado por um comitê do Senado", mas viu-se forçado a apoiar Lincoln e seus colaboradores. Afirmando de modo ambíguo que gostaria que o Gabinete tivesse examinado cada medida de modo mais completo, Chase endossou a afirmação do presidente de que tinha havido acordo, na maioria das medidas adotadas. Relutante, admitiu que "nenhum membro se opusera a uma medida depois que a questão estivesse decidida". Quanto à Proclamação da Emancipação, Chase reconheceu que Seward tinha sugerido correções que a fortaleceram em termos substanciais. Nem Stanton nem Smith falaram.

Depois de quase cinco horas de conversa sem restrições, sentindo que estava ganhando espaço, Lincoln perguntou a cada um dos senadores se ele ainda desejava ver Seward abdicar do posto. Embora quatro, entre eles Lyman Trumbull, reafirmassem sua posição original, os outros tinham mudado de ideia. Quando a reunião foi suspensa à uma da manhã, os senadores suspeitaram que não seria feita mudança alguma no Gabinete.

Decepcionados, os senadores agora voltavam sua ira contra Chase, cujo comportamento dissimulado os deixou furiosos. Quando perguntaram a Collamer como Chase podia ter apresentado uma atitude tão diferente quando foi confrontado na reunião, o senador de Vermont deu uma resposta sucinta: "Ele mentiu." Lincoln concordava com a avaliação da falsidade de Chase, mas não naquela noite. Pelo contrário, depois de meses em que viera espalhando rumores mentirosos sobre Seward e o Gabinete, Chase tinha finalmente sido forçado a dizer a verdade! A habilidade política de Lincoln tinha lhe permitido acalmar a crise e expor a duplicidade de seu secretário do Tesouro.

No dia seguinte, Welles foi cedo fazer uma visita ao presidente. Disse que tinha "refletido muito sobre os acontecimentos" da noite anterior e concluído que seria um erro lamentável se Lincoln aceitasse o pedido de demissão de Seward. Em suas críticas "reais ou imaginárias" a Seward, a presunção dos senadores era "inadequada e equivocada". A fim de "manter os direitos e a independência do Executivo", Lincoln devia rejeitar as tentativas dos senadores de interferir em questões internas do Gabinete. Welles tinha esperanças de que Seward não pressionasse Lincoln a aceitar sua demissão. Feliz com esses comentários, Lincoln pediu a Welles que fosse conversar com Seward.

Welles foi de imediato à casa de Seward, onde contou ao secretário de Estado que tinha aconselhado o presidente a não aceitar seu pedido de demissão. Seward, que ficara transtornado com todo o episódio, sentiu "enorme satisfação" com a postura de Welles. Não demorou muito para outra pessoa bater à porta de Seward. Era Monty Blair, que tinha vindo também para levantar objeção à ideia de Seward pedir demissão. Foi assim que Lincoln, com um conhecimento perspicaz da natureza humana, conseguiu que o

Gabinete se reunisse em torno de um deles. Como membros de uma família que reclamam entre si nos limites da residência, enquanto rejeitam ferozes as críticas externas, o Gabinete deixou de lado sua briga com Seward, baseada principalmente na inveja por conta de sua intimidade com Lincoln, para oferecer resistência à interferência vinda de fora.

Ainda assim, os problemas para Lincoln não tinham terminado. A notícia da disposição de Seward de pedir demissão produzira comentários por toda parte — particularmente entre os radicais que esperavam que sua partida marcasse um primeiro passo rumo à reestruturação do Gabinete, do qual fossem expurgadas influências conservadoras. Recusar o oferecimento de Seward, agora que se tornara de conhecimento geral, seria interpretado como uma desfeita aos radicais. O delicado equilíbrio que Lincoln tinha lutado por manter em seu Gabinete seria destruído.

Por ironia, Salmon Chase inadvertidamente forneceu uma solução perfeita para a dificuldade de Lincoln. Quando voltou ao gabinete de Lincoln depois de conversar com Seward, Welles encontrou Chase e Stanton esperando para falar com o presidente. Humilhado depois da noite anterior, Chase tinha decidido entregar sua própria carta de renúncia. Já estava se espalhando a informação de que ele tinha orquestrado o movimento para retirar Seward "com o objetivo de obter e manter o controle sobre o Gabinete". Caso ele ficasse depois da partida de Seward, contou ele a um amigo, haveria de enfrentar a hostilidade dos muitos amigos de Seward. Contudo, um oferecimento público de juntar seu pedido de demissão ao de Seward transferiria para Lincoln a responsabilidade de lhe solicitar que continuasse a prestar serviços, o que o "eximiria de imputações por parte dos amigos de Seward e desobstruiria seu caminho futuro".

Encontrando Chase, Stanton e Welles em seu escritório, Lincoln convidou todos a se sentar com ele diante da lareira acesa. Chase disse ter se sentido "dolorosamente afetado pela reunião", que para ele tinha sido "uma surpresa total". E informou ao presidente que tinha redigido um pedido de demissão. "Onde está?", perguntou Lincoln, "com um brilho momentâneo nos olhos". Quando Chase disse que o trazia consigo, Lincoln deu um salto, exclamando: "Deixe-me vê-lo." Estendendo-se para agarrar o papel, Lincoln puxou-o das mãos de Chase, que agora parecia "relutar" em soltá-lo. Com "um ar de satisfação dominando suas feições", Lincoln disse: "Isto... corta o nó górdio." Quando começou a ler a carta, acrescentou: "Agora posso resolver essa questão sem dificuldade."

Chase lançou um olhar de "perplexidade" para Welles, sugerindo não estar satisfeito por seu colega testemunhar essa reunião perturbadora. A essa altura, Stanton também se ofereceu a apresentar seu pedido de demissão. "Não quero o seu", respondeu Lincoln, de imediato. E então, acrescentou, indicando a carta de Chase: "Esta carta... é tudo o que preciso. Ela me libera. Abre o caminho para mim. O problema está encerrado. Não os prenderei mais."

Assim que eles saíram, Lincoln escreveu cartas tanto para Seward como para Chase, acusando o recebimento dos dois pedidos de demissão, mas dizendo que "depois de refletir com extrema ansiedade", havia determinado que o "interesse público" exigia que os dois homens permanecessem no posto. "Devo, portanto, solicitar que os senhores retomem suas obrigações, cada um em seu Departamento", concluiu ele. Ao manter os dois homens, Lincoln garantiu o equilíbrio em seu Gabinete. Quando o senador Ira Harris lhe fez uma visita pouco depois de ter ele recebido o pedido de demissão de Chase, Lincoln estava com uma disposição excelente. "Sim, Juiz", disse ele, empregando uma metáfora decorrente de sua infância no meio rural. "Agora posso seguir em frente: com uma abóbora de cada lado da minha bolsa!"

Para Lincoln, a crise governamental mais séria de sua presidência tinha terminado em vitória. Ele tratara os senadores com dignidade e respeito; e ao mesmo tempo tinha firmado a integridade e a autonomia de seu Gabinete. Com uma habilidade incomparável, ele defendera o Executivo de uma tentativa do Legislativo de ordenar quem deveria compor a família política do presidente. Salvou seu amigo, Seward, de um ataque injusto, que na realidade tinha Lincoln como alvo; e simultaneamente solidificou sua própria posição como comandante das duas facções em seu Gabinete.

Capítulo 13

No início de abril de 1863, Lincoln voltou à Casa Branca depois de uma excursão ao quartel-general do Exército do Potomac em Falmouth, Virgínia, para encontrar Blair furioso com Stanton, Welles em luta com Seward e Chase ameaçando mais uma vez pedir demissão. Os dois Blair, pai e filho, estavam defendendo James S. Pleasants, um homem da União, de Maryland, que era parente do confederado John Key. Key tinha procurado refúgio na casa de Pleasants, implorando por alimento e abrigo. Relutante, o leal morador de Maryland tinha permitido que ele ficasse em sua casa. Stanton insistia que esse tipo de alta traição merecia a forca. "A discussão foi longa e acirrada", disse Elizabeth Blair a seu marido, mas por fim o presidente comutou a pena para a de prisão. Além disso, quando soube da saúde precária do homem, Lincoln concordou, a pedido dos Blair, em reduzir a sentença. Tudo isso deixou Stanton "muito desgostoso".

A disputa entre Seward e Welles dizia respeito a um navio inglês capturado em águas neutras por estar desrespeitando o bloqueio. Na suspeita de que a carga a bordo fosse destinada para a Confederação, a Marinha da União mandou o *Peterhoff* para Nova York para que um tribunal de presas de guerra decidisse o destino a ser dado à embarcação. A tradição consagrada ditava que as malas postais do navio fossem abertas pelo tribunal para determinar o verdadeiro destino da embarcação e de sua carga. A controvérsia despertara fortes protestos da Grã-Bretanha, a respeito da inviolabilidade de sua correspondência. Seward, querendo evitar a todo custo uma intervenção britânica, tinha concordado em entregar as malas intactas. Furioso, Welles alegou que essa entrega era uma violação do direito internacional e criaria um terrível precedente. Além disso, não havia razão para Seward se envolver na questão, pois a jurisdição pertencia ao Departamento da Marinha.

Dias a fio, enquanto a questão não resolvida instigava rumores de guerra com a Inglaterra, os dois colaboradores apresentaram a Lincoln a defesa de sua própria visão do caso. Eles o visitavam tarde da noite, armados com cartas explicativas de suas respectivas posições, discutiam em reuniões do Gabinete e procuravam angariar aliados. Sumner apoiou Welles na desavença, afirmando que a Inglaterra jamais entraria em guerra por essa questão. O presidente, porém, concordava com Seward, acreditando que àquela altura boas relações com a Inglaterra deveriam sobrepujar as questões legais pertinentes à correspondência. Sumner saiu bastante contrariado, considerando Lincoln "muito ignorante" dos precedentes envolvidos. Welles concordava, culpando Seward por "diariamente e quase a toda hora ficar se lamuriando aos ouvidos [de Lincoln] sobre a calamidade decorrente de uma guerra contra a Inglaterra", desse modo distraindo a atenção do presidente "da verdadeira questão". Montgomery Blair também ficou do lado de Welles, dizendo-lhe, depois de uma reunião do Gabinete, que Seward "tem menos conhecimento de direito público e de deveres administrativos que qualquer homem que jamais ocupou um lugar no Gabinete". Por fim, seguindo o conselho de Seward, o presidente determinou que as malas fossem devolvidas intactas ao governo britânico.

O descontentamento de Chase também pesou muito sobre Lincoln naquela primavera. Pela terceira vez em cinco meses, ele ameaçou renunciar a seu posto no Tesouro. Seu primeiro pedido de demissão, durante a crise do Gabinete, tinha se repetido em março, quando Lincoln, cedendo à pressão de um senador de Connecticut, decidira não renomear um dos indicados de Chase para a coletoria da receita federal em Hartford. Enfurecido, Chase informou ao presidente que a menos que sua autoridade sobre suas próprias indicações fosse estabelecida, ele não poderia continuar no Gabinete. "Sinto que não posso ser útil ao Presidente nem ao país, na posição em que me encontro." Lincoln mais uma vez conseguiu apaziguar Chase, só para receber uma terceira ameaça pouco depois. Essa última altercação foi provocada por Lincoln ter exonerado um dos indicados de Chase no distrito de Puget Sound, que tinha sido acusado de especulação com terras. Colérico por não ter sido consultado, Chase afirmou que não poderia funcionar em seu departamento, se decisões fossem tomadas, segundo alegou, "não apenas sem minha concordância, mas sem meu conhecimento". Se o presidente não podia respeitar a autoridade de seu secretário, escreveu Chase, "não hesitarei em eximi-lo de qualquer embaraço no que me disser respeito, apresentando-lhe meu pedido de demissão".

Compreendendo que "Chase estava melindrado", Lincoln tratou mais uma vez de acalmar seu orgulho ferido. Naquela noite, relatou ele mais tarde, fez uma visita a Chase em sua casa, com a carta de demissão nas mãos. Pondo seus longos braços nos ombros de Chase, ele disse: "Chase, este é um papel com o qual eu não quero ter nada a ver. Receba-o de volta e seja razoável." Ele então explicou por que tinha se sentido forçado a tomar a decisão, o que acontecera quando Chase estava ausente da cidade, e prometeu ao secretário irritadiço que ele teria plena autoridade para nomear o sucessor do indicado demitido. "Precisei argumentar com ele por muito tempo, mas finalmente tive êxito", ressaltou Lincoln, satisfeito.

Embora contrariado pela natureza arrogante mas fundamentalmente insegura de Chase, Lincoln reconhecia os feitos extraordinários de seu secretário do Tesouro. Nos dois meses desde que o Congresso entrara em recesso, Chase tinha vendido mais de 45 milhões de dólares em títulos do governo, e a procura pelos títulos vinha crescendo com regularidade. "Nunca antes as finanças de nação alguma, no meio de uma grande guerra, funcionaram de modo tão admirável quanto as nossas", salientou o *New York Times* num artigo elogioso a Chase. Contudo, ao mesmo tempo que Lincoln reconhecia o valor de Chase, ele guardava o terceiro pedido de demissão de seu secretário problemático, para consulta futura.

Enquanto isso, Monty Blair se ressentia de Chase e demonstrava pouco respeito pelos demais colaboradores. Ele considerava Seward "um mentiroso sem princípios" e Stanton "um grande canalha". Na realidade, para Blair, com exceção de Welles, e talvez de Bates, de quem ele gostava mas que não considerava um firme aliado, o Gabinete inteiro deveria ser trocado; e seu pai, "o político mais capaz e mais bem informado dos Estados Unidos", deveria se tornar o "conselheiro particular" de Lincoln. E assim uma desavença pessoal sucedia a outra, dificultando de modo extraordinário a missão do presidente.

O constrangimento de Lincoln resultante das disputas entre seus colaboradores no Gabinete não era nada em comparação com sua inquietação acerca dos movimentos iminentes do Exército do Potomac. Em 13 de abril de 1863, três dias depois de Lincoln voltar de sua viagem, Hooker deu o primeiro passo naquela que viria a ser conhecida como a Batalha de Chancellorsville. Ele despachou 10 mil soldados de cavalaria, sob o comando do general George Stoneman, rumo ao sul para se inserir entre o exército de Lee e a cidade de Richmond. Com o rompimento das linhas de abastecimento confederadas para Richmond, Hooker pretendia atravessar o Rappahannock, atrair o inimigo para longe de Fredericksburg e travar combate com ele. Chuvas pesadas e estradas intransitáveis atrasaram a investida, mas, por fim, durante a última semana de abril, os homens de Hooker começaram a atravessar o rio.

Seguiram-se dias de ansiedade para Lincoln e seu Gabinete. "Estamos passando por uma terrível expectativa aqui", escreveu Nicolay a sua noiva na segunda-feira, 4 de maio. Os combates tinham começado, mas não havia nenhuma "informação explícita" sobre o progresso da batalha. Welles juntou-se a Lincoln no Departamento da Guerra para esperar pelas notícias, que não chegavam. Bates estava especialmente tenso, sabendo que seu filho, John Coalter, estava com Hooker "no serviço mais atuante e perigoso". Lincoln admitiu para Francis Blair (pai) que ninguém parecia saber o que estava acontecendo. Welles considerou estranho que "nenhuma informação confiável" chegasse a eles, supondo acertadamente que esse era um mau prognóstico. "Na ausência de notícias, o Presidente luta para se sentir encorajado e inspirar os demais", escreveu, "mas consigo perceber que ele tem suas dúvidas e apreensões, apesar de não manifestá-las".

"Embora eu esteja ansioso, por favor não suponha que eu esteja impaciente, nem desperdice um instante pensando em mim, que o prejudique ou perturbe", escrevera Lincoln a Hooker no início da campanha. Mesmo quando chegavam fragmentos perturbadores, Lincoln se recusava a pressionar Hooker. "Que Deus abençoe a você e a todos que o acompanham. Sei que darão o melhor de si", telegrafou ele ao general na manhã do dia 6 de maio. "Não perca tempo em comunicados para satisfazer desnecessariamente nossa curiosidade."

Às três horas daquela tarde, encerrou-se o suspense, com um telegrama indesejável do chefe do estado-maior de Hooker. As forças da União tinham sido derrotadas. O Exército tinha recuado para sua posição original na margem norte do Rappahannock e 17 mil soldados da União estavam mortos, feridos ou desaparecidos.

O imediato de Hooker, o general Darius Couch, afirmaria mais tarde que Lee foi simplesmente "mais general" do que Hooker. Supondo que Lee "recuaria sem se arriscar a combater", Joe Lutador ficou "atordoado" com a ferocidade do ataque dos confederados. Ao assumir de imediato uma postura defensiva, Hooker passou a iniciativa a Lee e não conseguiu recuperar sua posição firme. Um ferimento recebido em combate nublou ainda mais as percepções de Hooker. Embora seus subordinados quisessem continuar a fazer pressão, ele deu a ordem de retirada.

Noah Brooks estava com Lincoln quando a notícia chegou. "Nunca me esquecerei daquela cena de desespero", escreveu ele, mais tarde. "Se um raio tivesse atingido o Presidente, ele não poderia ter ficado mais arrasado." Observando o rosto descorado do presidente, Brooks "deu-se conta vagamente" de que sua tez estava quase da mesma cor do papel de parede francês cinza que revestia a sala. "Com as mãos unidas para trás, ele andava de um lado para outro na sala, dizendo: 'Meu Deus! Meu Deus! Que dirá o país? Que dirá o país?!'"

Dentro de uma hora do recebimento da notícia, Lincoln chamou uma carruagem para levá-lo ao Arsenal da Marinha. Acompanhado do General Halleck, ele embarcou num vapor com destino ao quartel-general de Hooker, um contraponto penoso em comparação com sua alegre visita de abril. Mais uma vez, Lincoln encontrou alguma redenção na determinação resoluta de suas tropas. "Todos os relatos concordam", escreveu um repórter do quartel-general do Exército, "que as forças no Rappahannock saíram do recente combate sangrento com uma disposição para lutar ainda mais entranhada". Embora recém-saídos "de todos os horrores do campo de batalha, com suas fileiras dizimadas e quase exaustos de exposição e fadiga", os soldados permaneciam "destemidos e empertigados, tranquilos e prontos para se voltar no mesmo instante e acompanhar seus líderes de volta ao combate".

Além disso, embora os confederados tivessem perdido 4 mil homens a menos, sua lista de 13 mil baixas representava uma porcentagem maior de suas forças totais. Acrescente-se a isso o fato de eles terem perdido um de seus maiores generais: Thomas "Muralha de Pedra" Jackson. Retornando de uma missão de reconhecimento, Jackson, confundido com um inimigo, foi atacado a tiros por alguns de seus próprios homens. Seu braço esquerdo foi amputado num hospital de campanha próximo, mas ele morreu de pneumonia oito dias mais tarde. O sul ficou de luto. "Desde a morte de Washington", proclamou o *Richmond Whig*, "nenhum acontecimento semelhante causou impacto tão profundo e entristecedor no povo da Virgínia como a morte de Jackson".

Lincoln permaneceu apenas algumas horas no quartel-general do Exército. Antes de partir, ele entregou a Hooker uma carta em que manifestava sua confiança na continuidade da campanha. "Se estiver a seu alcance", escreveu o presidente, "eu me alegraria muito com outra movimentação, o mais cedo possível, para nos aproveitarmos do fato de estarem interrompidas as comunicações do inimigo; mas nem por esse motivo, nem por nenhum outro, quero que medida alguma seja tomada em desespero ou com precipitação". Lincoln deixou claro que estava disposto a auxiliar Hooker no desenvolvimento de um novo plano de ação. Como tinha feito tantas vezes antes, aguentou o peso da derrota, substituindo a angústia decorrente de um passado que já não podia ser alterado pela esperança num futuro ainda por mapear.

Capítulo 14

À medida que a guerra entrava em seu terceiro verão, Lincoln foi desenvolvendo respeito e admiração crescentes por Ulysses S. Grant. De modo ininterrupto e sem queixas, Grant viera avançando na direção de Vicksburg, o reduto confederado cuja captura daria à União controle sobre o rio Mississippi, dividindo, assim, a Confederação. Em meados de maio, após cinco vitórias sucessivas, Grant chegara a uma distância de ataque de Vicksburg. Depois de duas investidas diretas contra as forças de John Pemberton terem fracassado nos dias 19 e 22 de maio, ele se decidiu por um cerco, destinado a derrotar os confederados pela fome.

"Quer o General Grant consume, quer não, a captura de Vicksburg", escreveu Lincoln a um amigo em 26 de maio, "sua campanha desde o início deste mês até seu vigésimo segundo dia é uma das mais brilhantes do mundo". Durante as semanas perturbadoras com o exército de Hooker no leste, eram as notícias do exército de Grant que sustentavam o ânimo de Lincoln. Em março, Stanton tinha enviado Charles Dana, o jornalista que mais tarde se tornaria secretário assistente da Guerra, para observar o general Grant e informar sobre seus movimentos. Dana tinha desenvolvido um respeito extraordinário por Grant, que estava evidente em seus comunicados longos e detalhados. A estima do próprio Lincoln pelo general foi crescendo à medida que os informes revelavam um homem sóbrio, de caráter e ação. Solicitando ao general Banks que juntasse suas forças às dele na investida final para ganhar o Mississippi, Grant asseverou a Banks que "serviria de bom grado sob seu comando, por ser Banks seu superior hierárquico, ou simplesmente trabalharia em cooperação com ele em benefício da causa comum, se Banks assim preferisse".

Contudo, enquanto se fechava o cerco de Vicksburg no oeste, uma tranquilidade enganosa se abatia sobre o Rappahannock. Havia rumores inquietantes de que Lee pretendia invadir Washington, Maryland ou a Pensilvânia. Multiplicavam-se os relatos de que o exército de Lee estava rumando para o norte.

"O país está agora dominado pela empolgação", registrou Benjamin French em 18 de junho. "Algumas das tropas rebeldes penetraram na região superior da Pensilvânia, e o norte está muito alerta." Enquanto Welles se preocupava com uma "espécie de pânico [que] permeia a cidade", Lincoln permanecia discretamente confiante em que as tropas da União, lutando no próprio terreno, obteriam a vitória significativa tão aguardada. Tirando proveito do forte patriotismo inspirado pela invasão, ele convocou 100 mil homens das milícias da Pensilvânia, Maryland, Ohio e do novo Estado da Virgínia Ocidental.

"Seria de imaginar que esses esforços constantes o matassem", disse French, assombrado, mas o presidente, com sua capacidade de rápida recuperação, parecia estar "em excelente estado de ânimo". Inspirado pela natureza firme de Lincoln, French acrescentou, "quanto mais eu o conheço, mais me convenço de sua extraordinária bondade, sinceridade, generosidade e patriotismo".

A preocupação básica de Lincoln era com a possibilidade de Lee novamente vir a ser "mais general" do que Hooker. Sua inquietação aumentou ainda mais nas semanas finais de junho, quando ele "observou em Hooker as mesmas falhas que tinha visto em McClellan depois da Batalha de Antietam. Uma falta de entusiasmo para obedecer e pedidos ávidos por mais soldados que não podiam, e não deviam, ser tirados de outros locais". Quando Hooker enviou um telegrama agastado, pedindo para ser dispensado do comando, Lincoln e Stanton o substituíram pelo general George Meade, que tinha participado da Campanha da Península, da Segunda Batalha de Bull Run e de Chancellorsville. A mudança surpreendente transtornou Chase. Havia muito tempo que ele vinha defendendo Hooker, e recentemente retornara de um dia passado com o general em campo. Quando Lincoln informou ao Gabinete que a mudança já estava consumada, Welles percebeu que "Chase se perturbou mais do que gostaria de ter deixado transparecer".

Três dias depois, na Pensilvânia, começou a Batalha de Gettysburg. "O ponto crítico da guerra inteira parecia estar se compactando no presente", escreveu John Nicolay. "Parecia quase impossível esperar pelo resultado. Horas pareciam dias, e dias tornavam-se meses numa expectativa daquelas." Se Lee alcançasse a vitória em Gettysburg, ele poderia prosseguir para Filadélfia, Baltimore e Washington. Temia-se que sua aura de invencibilidade levasse os britânicos e os franceses a reconhecer a independência da Confederação, encerrando, assim, a guerra.

O serviço de telégrafo a partir do front era "fraco e irregular", segundo o operador David Bates. Lincoln praticamente não saía da sala do telégrafo, descansando de modo intermitente no sofá. A intervalos, Stanton, Seward, Welles e os senadores Sumner e Chandler entravam e saíam. O senador Chandler jamais se "esqueceria da ansiedade dolorosa daqueles poucos dias em que o destino da nação parecia estar por um fio; nem da preocupação desassossegada do sr. Lincoln, enquanto andava para lá e para cá na sala, lendo comunicados, falando sozinho e muitas vezes parando para passar o dedo pelo mapa pendurado na parede".

Após combates não definidos no primeiro dia, um comunicado de Meade na noite de quinta-feira, 2 de julho, informou que "depois de uma das mais graves contendas da guerra", os rebeldes tinham sido "repelidos em todos os pontos". Mesmo assim, tendo em vista recentes reviravoltas e a prolongada incerteza no presente, todos procuraram se controlar. Às 9 horas na noite seguinte, o *New York Times* informava, "não foi recebida aqui nenhuma notícia confiável proveniente do campo de batalha na Pensilvânia. A sensação geral é a de que este é o ponto crítico da guerra. Prevalece uma intensa ansiedade". As horas de incerteza continuaram até pouco depois do amanhecer de 4 de julho, quando um telegrama de Meade informou que a batalha tinha sido concluída com sucesso. Os rebeldes estavam se retirando depois de graves perdas. Mais tarde, as baixas foram calculadas em torno de 28 mil, quase um terço do exército de Lee.

O general Abner Doubleday descreveu a luta encarniçada, que custou 23 mil vidas ao lado da União, "como a mais desesperada que jamais ocorreu no mundo". Disse ele a um repórter: "Nada pode retratar os horrores do campo de batalha em torno da cidade arruinada de Gettysburg. Cada casa, igreja, casebre, celeiro está lotado com os feridos de ambos os exércitos. O solo está coberto com os mortos."

Na manhã do Quatro de Julho, Lincoln emitiu um comunicado comemorativo à imprensa, que foi levado por telegrama a todos os cantos do país.

Na cidade de Nova York, George Templeton Strong exultou com os relatos pitorescos dos jornais sobre a retirada de Lee. "Os resultados dessa vitória são inestimáveis", escreveu ele. "O governo sai quatro vezes mais forte em casa e no exterior. O ouro a 138 hoje, e títulos do governo em alta. Os simpatizantes do sul estão paralisados e mudos, pelo menos por enquanto."

Notícias triunfantes provenientes de Vicksburg acompanharam de imediato a vitória em Gettysburg. O cerco de 46 dias de Grant tinha finalmente forçado Pemberton a entregar sua tropa esfaimada. Welles recebera o primeiro aviso de que Vicksburg se rendera a Grant num comunicado do Almirante David Porter. Welles, com seus óculos e sua aparência "ligeiramente fossilizada", seguiu apressado para a Casa Branca, com o comunicado na mão. Chegando à sala onde Lincoln estava conversando com Chase e outros, Welles teria "executado dois passinhos de dança e jogado o chapéu para o alto para demonstrar que trazia boas notícias". Lincoln afirmou que "nunca antes, nem depois, ele havia visto o sr. Welles tão empolgado quanto naquela hora".

O presidente exultante "segurou minha mão", recordou-se Welles, "e, me enlaçando com um braço, exclamou, 'como podemos recompensar o secretário da Marinha por essa informação maravilhosa? Ele está sempre nos dando boas notícias. Não tenho palavras para descrever minha alegria com esse desfecho. É excelente, sr. Welles, é excelente!'"

Lincoln manifestou sua alegre gratidão a Grant numa carta notável. "Escrevo-lhe agora em reconhecimento cheio de gratidão pelo serviço quase inestimável que você prestou ao país", começou ele. Lincoln confessou que, embora tivesse aprovado a maior parte das manobras do general durante a longa luta, ele nutrira algumas dúvidas quanto à decisão de Grant de se voltar para "o norte a leste do Big Black" em vez de se unir ao general Banks. "Desejo agora admitir pessoalmente que você estava certo, e eu estava errado."

A notícia da rendição de Vicksburg desencadeou comemorações impetuosas por todo o norte. Em Washington, uma grande multidão, ao som da Banda do 34º Regimento de Massachusetts, formou-se diante do National Hotel e marchou até a Casa Branca para dar parabéns ao presidente. Lincoln apareceu diante da multidão animada, revelando os primeiros pensamentos que viriam a se aglutinar em seu histórico Discurso de Gettysburg. "Quanto tempo faz? Talvez oitenta e poucos anos, desde que no dia Quatro de Julho, pela primeira vez na história do mundo, uma nação, por meio de seus representantes, reuniu-se e declarou como uma verdade evidente que 'todos os homens são criados iguais'." Passou então a recordar os acontecimentos significativos que tinham compartilhado a data do nascimento da nação, a partir das mortes paralelas de Thomas Jefferson e John Adams no dia 4 de julho e terminando com as vitórias paralelas da União em Gettysburg e Vicksburg no mesmo dia. "Senhores", declarou o presidente, "este é um tema fabuloso e faz jus a um discurso, mas não estou preparado para proferir um que esteja à altura da ocasião". Ele preferiu falar do "louvor devido aos inúmeros oficiais e soldados valentes que lutaram pela causa da União".

A ocasião jubilosa foi prejudicada para a família Lincoln por um grave acidente de carruagem que ocorreu no segundo dia da batalha de Gettysburg. Segundo o relato dos acontecimentos feito por Rebecca Pomroy, os Lincoln estavam voltando para a Casa Branca de Soldiers' Home. Lincoln estava a cavalo enquanto Mary vinha atrás em sua carruagem. Na noite anterior, tendo supostamente como alvo o presidente, um agressor desconhecido tinha removido os parafusos que prendiam o assento do cocheiro ao corpo da carruagem. Quando o veículo começou a descer uma ladeira sinuosa, o assento soltou-se, jogando o cocheiro ao chão. Sem conseguir conter os cavalos descontrolados, Mary tentou saltar da carruagem. Caiu de costas, batendo com a cabeça numa pedra pontiaguda. O ferimento recebeu cuidados num hospital próximo, mas instalou-se uma infecção perigosa, que a manteve incapacitada por algumas semanas. Com a Batalha de Gettysburg a pleno vapor, Lincoln não tinha como dar atenção a Mary. Ele trouxe a sra. Pomroy para Soldiers' Home para cuidar de Mary o tempo todo. Robert Lincoln acreditava que sua mãe "nunca chegou a se recuperar dos efeitos da queda", que agravaram as terríveis dores de cabeça das quais ela já sofria.

Em decorrência dos triunfos em Gettysburg e Vicksburg, Lincoln previa um rápido fim para a rebelião. O general Meade, disse ele a Halleck, precisava apenas "terminar o trabalho, realizado com tanta glória até o momento, através da destruição total ou substancial do exército de Lee". Nos dias que se seguiram, tanto Halleck como Lincoln recomendaram a Meade que fosse atrás de Lee, que o atacasse com vigor, capturasse sua tropa antes que ele pudesse escapar para o interior da Virgínia. Meade não investiu contra Lee. Com a passagem dos dias, Lincoln começou a "ficar ansioso e impaciente".

Os piores temores de Lincoln concretizaram-se no dia 14 de julho, quando ele recebeu um comunicado de Meade, com a informação de que o exército de Lee tinha escapado de seu alcance, tendo conseguido atravessar o Potomac em Williamsport, Maryland, entrando na Virgínia.

Lincoln comentou com Welles sua tristeza por Lee ter ainda mais uma vez conseguido escapar. "Somente em uma ou duas ocasiões eu vi o Presidente tão perturbado, tão deprimido e desalentado", escreveu Welles. "Nosso Exército tinha a guerra na palma da mão e não quis fechá-la", disse Lincoln mais tarde. "Tínhamos passado por todo o trabalho de lavrar e semear uma enorme plantação e, quando chegou a hora da colheita, não fizemos nada."

Depois, naquela mesma tarde, Lincoln escreveu uma carta franca ao general Meade. Embora manifestasse sua profunda gratidão pelo "magnífico sucesso" em Gettysburg, ele reconhecia que estava "imensamente transtornado" pela "magnitude do revés representado pela fuga de Lee. Ele estava ao seu alcance, e tê-lo perseguido, sobretudo levando-se em conta nossos outros sucessos recentes, teria encerrado a guerra. Na situação atual, a guerra irá se prolongar indefinidamente". Antes de enviar a carta, que ele sabia que deixaria Meade desconsolado, Lincoln conteve-se, como costumava fazer quando estava irritado ou com raiva, esperando que suas emoções se acomodassem. Por fim, ele pôs a carta num envelope com a inscrição: "Para o General Meade, nunca enviada, nem assinada."

Lincoln mais tarde disse ao congressista de Connecticut Henry C. Deming que o fato de Meade ter deixado de atacar Lee depois de Gettysburg foi uma de três ocasiões em que "melhor capacidade de direção por parte do general comandante poderia ter encerrado a guerra". As duas outras falhas de comando ele atribuiu a McClellan durante a Campanha da Península e a Hooker em Chancellorsville. Ainda assim, ele reconheceu: "Não sei se eu poderia ter dado ordens diferentes se estivesse lá com eles, em pessoa. Ainda não cheguei a uma conclusão sobre como eu me comportaria com pequenas balas zunindo e aqueles enormes obuses oblongos gritando nos meus ouvidos. Talvez eu fugisse correndo."

Mesmo assim, Lincoln conseguiu livrar-se desse ânimo sombrio em questão de alguns dias. No domingo, 19 de julho, pela manhã, Hay relatou que o "Presidente estava de muito bom humor". Ele tinha composto uma estrofe humorística, zombando da "pompa e da enorme arrogância" com que Lee tinha avançado para "saquear Filadélfia". Embora permanecesse plenamente consciente das consequências de Lee ter escapado, ele tinha se forçado a reconsiderar sua perspectiva sobre o general Meade e a Batalha de Gettysburg. "Passados alguns dias", garantiu ele a um dos generais comandantes de Meade, "sinto agora uma profunda gratidão pelo que foi feito, sem críticas pelo que não foi feito. O general Meade goza de minha confiança como um oficial valente e talentoso, e como um homem leal."

Por estranho que pareça, o bom humor de Lincoln naquela manhã de domingo devia-se em parte às seis horas a fio que ele passara com Hay no dia anterior, revendo cem casos levados à corte marcial. Enquanto o jovem secretário estava "num estado de colapso total" depois do trabalho insano, Lincoln encontrou alívio e vigor renovado, no exercício do poder de perdoar. Enquanto eles examinavam os casos, Hay ficava assombrado "com a avidez com que o Presidente se agarrava a qualquer fato que justificasse sua decisão de salvar a vida de um soldado condenado".

Confrontado com casos de soldados sentenciados à pena de morte por covardia, Lincoln tipicamente reduzia a pena à de prisão ou trabalhos forçados. "Os pobres coitados ficariam apavorados demais, diante de um pelotão de fuzilamento", disse ele. Um caso envolvia um soldado raso que foi sentenciado à execução por ter desertado, apesar de mais tarde ele ter se realistado. Lincoln simplesmente propôs que o deixassem lutar em vez de fuzilá-lo. Admitiu ao general John Eaton que alguns de seus oficiais acreditavam que ele empregava o poder do perdão "com tanta liberalidade que chegaria a desmoralizar o Exército e destruir a disciplina". Embora os "oficiais vejam apenas a força da disciplina militar", explicou, ele tentava compreender cada caso do ponto de vista de cada soldado — um sentinela avançado tão exausto que o "sono o domina sem que ele perceba", um homem de família que se atrasou para voltar da licença, um rapaz "tomado de um medo físico maior do que sua força de vontade". Ele gostava de contar a história de um soldado que, quando lhe perguntaram por que fugira, respondeu: "Bem, Capitão, não foi minha culpa. Meu coração é tão valente quanto o de Júlio [César], mas essas minhas pernas sempre fogem me carregando, quando começa o combate."

Capítulo 15

Ao longo da guerra, a maior parte do Gabinete de Lincoln veio a entender e a valorizar seus dons de liderança. A exceção foi Salmon Chase. Com a sensação de estar cada vez mais marginalizado na Administração de Lincoln, a frustração de Chase só era amenizada por sonhos de glória futura, por sua esperança obstinada de que ele, não Lincoln, seria o indicado dos republicanos em 1864. Numa era em que os mandatos únicos na presidência eram a norma, ele acreditava que, se conseguisse superar Lincoln no tema da Restauração — um assunto da máxima importância para os republicanos radicais —, poderia conquistar a indicação. As recentes vitórias em Gettysburg e Vicksburg tinham criado no norte uma ilusão de que o fim da guerra estava próximo. Questões de como os Estados rebeldes deveriam ser reintegrados à União começaram a dominar as conversas nos salões do Congresso, em jantares, nos editoriais de jornais e no bar enfumaçado do Willard Hotel.

A questão dividia o Partido Republicano. Os radicais insistiam em que somente aqueles que nunca tivessem demonstrado apoio, mesmo indireto, à Confederação deveriam ter permissão para votar nos Estados reintegrados. Advogados e professores que não tivessem sido vigorosos defensores da União não deveriam ter permissão de retomar o exercício da profissão. A escravidão deveria ser abolida de imediato, sem compensação aos senhores, e em alguns casos os negros recém-libertos deveriam ter permissão para votar. Os republicanos conservadores preferiam a emancipação com compensação e uma definição indulgente de quem deveria ter acesso ao voto. Eles alegavam que, em cada Estado sulista, uma maioria silenciosa de não escravagistas tinha sido arrastada para a secessão pelos ricos proprietários de terras. Seria injusto excluí-la da nova ordem, desde que seus integrantes prestassem um voto solene de defender tanto a União como a emancipação.

Supunha-se nos círculos políticos que Lincoln seria o "líder dos conservadores", enquanto Chase seria "o paladino dos radicais". As eleições estaduais no outono serviriam presumivelmente como a rodada de abertura da corrida presidencial. Esperava-se que Chase promovesse com agressividade as candidaturas de companheiros radicais, que, por sua vez, ficariam lhe devendo apoio no ano seguinte. Embora o desejo de Chase de chegar à presidência fosse uma iniciativa tão legítima quanto a de Lincoln, observou Noah Brooks, a decisão de Chase de perseguir essa ambição de dentro do Gabinete do Presidente, em vez de renunciar a seu posto e proclamar abertamente sua campanha, pareceu a muitos uma atitude de má-fé.

A estratégia de Chase consistiu em abordar simpatizantes em potencial sem admitir expressamente que iria concorrer. Tarde da noite, em seu escritório, ele escrevia centenas de cartas a autoridades locais, líderes do Congresso, generais e jornalistas, citando os fracassos da Administração de Lincoln. "Eu não deveria temer nada", escreveu ele ao editor do *Cincinnati Gazette*, "se tivéssemos Uma Administração no primeiro sentido da palavra, conduzida por uma mente audaz, resoluta, clarividente e atuante, guiada por um coração sério e honesto. Mas isso não temos. Ah, se tivéssemos energia e economia no manejo da guerra!"

Lincoln estava plenamente consciente das maquinações de Chase. O governador Dennison alertou-o para o fato de Chase estar "trabalhando como uma formiguinha", e Seward avisou que algumas organizações estavam "se preparando para controlar nomeações de delegados favoráveis ao Sr. Chase". Samuel Cox, um congressista de Ohio, informou à Casa Branca que Chase tinha conquistado "quase todo o peso dos Estados da Nova Inglaterra". Um político da Pensilvânia contou à Casa Branca que Chase tinha buscado seu apoio com tanto fervor que o político pôde ver "o brilho da Presidência em seus olhos". John Hay soube que Chase tinha feito uma visita ao jornalista nova-iorquino Theodore Tilton, fazendo um enorme esforço para manobrar para seu lado o influente jornal *Independent*.

Enquanto o jovem e leal secretário de Lincoln ficou perturbado com "a louca busca de Chase pela Presidência", Lincoln achou graça. As ambições incessantes de Chase pela presidência faziam com que ele se lembrasse da época em que estava "lavrando um campo numa fazenda no Kentucky" com um cavalo preguiçoso que de repente ganhou velocidade e seguiu com vigor para o "fim do sulco". Quando alcançou o cavalo, ele descobriu "uma mosca enorme grudada no seu focinho e a arrancou dali" por não querer ver o velho cavalo ser picado daquela maneira. Seu companheiro disse que foi um erro tirar a mosca, porque "foi só por causa dela que ele ganhou disposição".

"Pois bem", concluiu Lincoln, "se o sr. [Chase] tem uma mosca presidencial a picá-lo, não vou livrá-lo dela, desde que ela faça seu departamento funcionar". Lincoln admitia que a tática de seu secretário era de "muito mau gosto" e "lamentava que tivesse acontecido, pois, embora a questão não o irritasse, seus amigos insistiam que ela deveria irritá-lo". Os amigos de Lincoln não conseguiam compreender por que o presidente continuava a aprovar nomeações para ávidos simpatizantes de Chase que eram reconhecidamente "hostis aos interesses do Presidente". Lincoln apenas afirmava que preferia deixar "Chase agir por conta própria nessas artimanhas sorrateiras a entrar em confronto com ele, recusando-lhe o que ele pedisse". Além do mais, não lhe passava pela cabeça dispensar Chase enquanto ele estivesse trabalhando tanto para levantar os recursos necessários para sustentar o enorme Exército da União.

A reação de Lincoln a Chase não foi nem ingênua nem desprovida de astúcia. Seu velho amigo Leonard Swett sustentava que não havia erro maior do que a impressão de que Lincoln era um "homem franco, sem malícia ou sofisticação". Na realidade, ele "lidava com os outros e os manobrava com o mesmo distanciamento com que movemos as peças num tabuleiro de xadrez". Do mesmo modo, a postura de Lincoln para com Chase não insinuava que seu desejo de um segundo mandato fosse fraco. Swett acertava em supor que Lincoln "estava muito mais interessado no segundo mandato do que estivera no primeiro". A União, a emancipação, sua reputação, sua honra e seu legado — sua chance de ter sua história contada depois que morresse — tudo isso dependia do resultado da guerra em andamento. Mas ele reconhecia que era mais seguro manter Chase como um aliado duvidoso, dentro da Administração, do que deixá-lo partir para montar uma campanha total. Entrementes, enquanto Chase permanecesse no Gabinete, Lincoln insistia em tratá-lo com respeito e dignidade.

Que Chase se sentia desconcertado com o afeto de Lincoln fica evidente numa carta que escreveu a James Watson Webb, o ex-editor que era agora o embaixador americano no Brasil. Depois de criticar o "incoerente método de administrar" de Lincoln e admitir que tinha "muitas vezes se sentido tentado a se afastar", Chase reconhecia: "O Presidente sempre me tratou com tanta gentileza pessoal, e sempre manifestou tamanha justiça e integridade de propósito, que não me sinto à vontade para rejeitar essa confiança em mim. (...) Por isso, continuo trabalhando."

Capítulo 16

Na reunião do Gabinete numa terça-feira em novembro de 1863, Lincoln informou a seus colaboradores que partiria para Gettysburg naquela quinta. Tinha sido convidado a dizer algumas palavras para consagrar o local do cemitério reservado para que os soldados da União que tinham sido enterrados perto do campo de batalha e dos hospitais, no mês de julho anterior, fossem "adequadamente sepultados". Estava programado que Edward Everett, o renomado orador e ex-diretor de Harvard, proferisse o discurso principal, depois do qual o presidente falaria. Lincoln disse ao Gabinete que esperava que eles o acompanhassem à inauguração. Seward, Blair e John Usher concordaram prontamente, mas os outros membros recearam não poder se afastar de suas obrigações, especialmente tendo em vista o prazo de umas duas semanas para a entrega de seus relatórios anuais ao Congresso.

Lincoln estava inquieto quanto à viagem. Tinha estado "extremamente ocupado", disse ele a Ward Lamon, e não tinha conseguido reservar o tempo de isolamento necessário para compor seu discurso. Era enorme seu temor de "não conseguir se sair bem" ou, pior ainda, de não chegar a "satisfazer a expectativa do público". Stanton tinha providenciado um trem especial para a comitiva do presidente viajar na manhã da inauguração, com a volta prevista para a meia-noite daquele mesmo dia. Lincoln, porém, preferiu reprogramar a partida para a quarta-feira. “Não quero permitir que o menor acidente resulte num fracasso total”, explicou ele, “e que, na melhor das hipóteses, tudo se resuma a uma ofegante exposição a críticas”.

No dia anterior à partida, Lincoln disse a um amigo que tinha “encontrado tempo para escrever metade do seu discurso”. Vários relatos sugerem que ele teria trabalhado no texto durante a viagem de quatro horas. Um rapaz, ao espiar pela janela quando o trem ficou parado algum tempo em Hanover Junction, lembrou-se nitidamente do presidente trabalhando em algum documento, “com o alto da cartola servindo de mesa improvisada”. Outros garantem que ele fez anotações esparsas num envelope, enquanto o trem seguia ruidoso. Nicolay, que estava presente, insiste em que ele não escreveu nada durante o trajeto, preferindo relaxar e entreter seus companheiros de viagem com boa conversa e histórias humorísticas.

Quando chegou a Gettysburg, Lincoln foi escoltado até a residência de David Wills, o organizador do evento, onde passaria a noite, da mesma forma que o governador Andrew Curtin e Edward Everett. “Todos os hotéis, bem como as residências particulares, estavam transbordando de gente”, informou o *New York Times*. “Parece que pessoas de todas as regiões do país aproveitaram essa oportunidade para fazer uma visita aos campos de batalha, que, daqui para a frente, imortalizarão o nome de Gettysburgh [*sic*].”

Depois da ceia, enquanto Lincoln se acomodava em seu aposento para completar seu rascunho, chegou um telegrama de Stanton com boas notícias. Tad estava adoentado quando Lincoln partira naquela manhã. Seu estado tinha assustado Mary, mas agora a informação de que Tad estava melhor aliviou a preocupação de Lincoln, permitindo que se concentrasse no discurso. Ele repassou linha por linha, revisando o final, que ainda não estava a contento.

Depois do café da manhã no dia seguinte, Lincoln fez sua última revisão, dobrou com cuidado o discurso e o colocou no bolso do casaco. Montado num cavalo baio, ele se juntou ao cortejo que se dirigia para o cemitério. Estava acompanhado de nove governadores, congressistas, embaixadores, autoridades militares e três membros do Gabinete. O tenente da Marinha Henry Clay Cochrane recordou-se de que Seward, a cavalo à direita de Lincoln, estava "totalmente despercebido" de que as pernas de sua calça tinham se encolhido muito acima dos sapatos, revelando "meias cinzentas, feitas em casa", que não condiziam com a ocasião.

Um público de aproximadamente 9 mil pessoas estava reunido em torno da plataforma, formando um semicírculo. Lincoln estava sentado na primeira fileira, entre Everett e Seward. Ao longo de duas horas, Everett proferiu seu discurso decorado, relatando de modo esplêndido as várias batalhas que tinham ocorrido durante aqueles três dias dramáticos.

Quando Everett vinha voltando para seu lugar, Lincoln levantou-se para apertar sua mão, felicitando-o calorosamente. George Gitt, um rapaz de 15 anos que tinha se posicionado logo abaixo do palanque do orador, lembrou-se mais tarde de como o "alvoroço e a vibração da multidão cessaram no instante em que o Presidente ficou de pé. Era tamanho o silêncio que seus passos, lembro-me perfeitamente, geravam eco; e, com o rangido das tábuas do palanque, era como se alguém estivesse andando pelos corredores de uma casa vazia".

Lincoln pôs seus óculos de aros de aço e olhou de relance para seus papéis. Embora tivesse tido pouco tempo para preparar o discurso, havia dedicado intensa reflexão por quase uma década ao tema que escolhera. Vinte meses antes da Proclamação da Emancipação, o presidente tinha dito a Hay que "a ideia central que permeia essa luta é a necessidade que se abateu sobre nós de provar que o governo popular não é um absurdo", prevendo que "um fracasso nosso serviria para provar a incapacidade do povo para se governar". Em Gettysburg, ele expressaria essa convicção em termos muito mais concisos e eloquentes. Agora dezenas de milhares tinham morrido na busca daquele propósito. Lincoln começou:

"Há 87 anos, nossos antepassados fizeram surgir neste continente uma nova nação, concebida na Liberdade e consagrada ao princípio de que todos os homens são criados iguais.

"Estamos agora empenhados numa enorme guerra civil, que põe à prova se essa nação, ou qualquer nação concebida e consagrada da mesma forma, tem como perdurar. Estamos reunidos num importante campo de batalha dessa guerra. Viemos consagrar uma parte desse campo, como um local de repouso final para os que deram a vida para que essa nação sobreviva. É perfeitamente correto e adequado que o façamos.

"Contudo, num sentido mais amplo, não podemos dedicar — não podemos consagrar — não podemos santificar — este campo. Os homens admiráveis, mortos e vivos, que lutaram aqui, já o consagraram muito mais do que nos permite nosso fraco poder para acrescentar ou subtrair. O mundo dará pouca atenção ao que dissermos aqui, nem se lembrará de nossas palavras por muito tempo, mas ele jamais se esquecerá do que eles fizeram aqui. Cabe a nós, os vivos, consagrarmo-nos à obra incompleta que aqueles que aqui morreram empreenderam com tanta nobreza. Cabe a nós consagrarmo-nos aqui à enorme tarefa que temos pela frente — que desses mortos que aqui honramos possamos extrair uma devoção maior à causa pela qual eles deram a última prova plena de devoção — que nós aqui assumamos o compromisso solene de que esses homens não tenham morrido em vão — que esta nação, com a bênção de Deus, tenha um novo nascimento da liberdade — e que o governo do povo, pelo povo, para o povo, não desapareça da face da terra."

Quando Lincoln terminou, "o público permaneceu imóvel e em silêncio", segundo o perplexo George Gitt. "A extrema brevidade do discurso aliada a seu fecho abrupto tinha surpreendido tanto os ouvintes que eles ficaram petrificados. Se Lincoln não tivesse se voltado e se encaminhado para seu lugar, era muito provável que a plateia tivesse permanecido muda por mais alguns momentos. Finalmente, veio o aplauso." Lincoln pode de início ter interpretado a surpresa do público como desaprovação. Assim que terminou, ele voltou-se para Ward Lamon. "Lamon, esse discurso não vai deixar marca! Foi um fracasso total, e o povo está decepcionado." Edward Everett não concordou e manifestou sua admiração e respeito no dia seguinte. "Eu me sentiria feliz", escreveu ele a Lincoln, "se pudesse me gabar de ter chegado tão perto da ideia central da ocasião em duas horas, como você o fez em dois minutos".

Lincoln havia traduzido a história de seu país e o significado da guerra em palavras e ideias acessíveis a todos os americanos. O menino que sem dormir reelaborava as longas histórias contadas por seu pai para que se tornassem compreensíveis para qualquer outro menino tinha elaborado para seu país um ideal de seu passado, presente e futuro que seria declamado e decorado por estudantes para sempre.

Pouco depois de retornar de Gettysburg, Lincoln apresentou uma forma branda de varíola. A doença duraria algumas semanas, mas não afetou seu humor. "Sim, é uma doença grave, mas tem suas vantagens", disse ele a algumas visitas. "Pela primeira vez desde que assumi o posto, agora tenho alguma coisa que posso passar a todos os que me visitarem." O repouso forçado que acompanhou sua enfermidade permitiu a Lincoln a tranquilidade de que precisava para completar sua próxima mensagem ao Congresso. A pausa em sua vida frenética revelou-se essencial, enquanto ele expunha suas próprias opiniões a respeito do problema complicado da Restauração, que considerava "a maior questão com que já se deparou a prática da arte de governar".

Quase todos supunham, escreveu Noah Brooks, "que o Presidente deixaria totalmente de lado a Restauração", como sugeriam os conservadores, ou acompanharia o conselho dos radicais e "apresentaria um programa elaborado e decisivo". Ninguém previu "uma mensagem tão original", que apaziguasse com habilidade as duas alas do partido dividido. John Hay estava presente quando a mensagem foi lida. "Nunca vi um documento público produzir um efeito semelhante", registrou ele em seu diário naquela noite. "Chandler estava encantado. Sumner, radiante; enquanto no outro extremo político [James] Dixon e Reverdy Johnson disseram que a mensagem era altamente satisfatória."

Os radicais ficaram felizes com a estipulação de que, antes que o presidente perdoasse qualquer rebelde ou restaurasse os direitos à propriedade, eles não apenas deveriam jurar lealdade à União, mas também aceitar a emancipação. Abandonar as leis e proclamações que prometiam liberdade aos escravos seria "uma espantosa e cruel quebra de confiança", disse Lincoln, acrescentando que "enquanto eu permanecer em minha posição atual, não tentarei revogar nem modificar a Proclamação da Emancipação. Tampouco devolverei para a condição de escravo qualquer pessoa que seja livre em conformidade com os termos daquela proclamação ou com qualquer outro ato do Congresso". Essa declaração deixou Sumner enlevado. "Ele torna a Emancipação a pedra angular da Restauração."

Embora concordasse que nenhum Estado rebelde pudesse ser restaurado sem a emancipação, Lincoln ainda se recusava a tolerar o desejo dos radicais de punir o sul. Ele ofereceu perdão pleno a todos os que prestassem o juramento, com exceção daqueles que tivessem servido nos altos escalões do governo da Confederação ou de seu Exército. Quando o número de homens leais que prestassem o juramento atingisse 10% dos votos registrados na eleição de 1860, a população poderia "restabelecer um governo estadual", reconhecido pelos Estados Unidos. O nome e as fronteiras dos Estados permaneceriam os mesmos.

Ao apresentar seu plano de 10%, Lincoln assegurou aos membros do Congresso que não se tratava da nada gravado em pedra. Ele escutaria as ideias deles, à medida que o processo evoluísse. Esperava simplesmente proporcionar aos Estados do sul "um ponto de reunião", levando-os a "agir mais rápido do que o fariam de outro modo". Ele reconhecia que seria devastador para o moral da Confederação ver cidadãos sulistas declarar sua lealdade à União e seu apoio à emancipação.

Embora essa feliz harmonia durasse pouco, Lincoln tinha conseguido, momentaneamente, unir o Partido Republicano. Quando os Blair, Sumner e os radicais do Missouri "concordam em aceitar" a mensagem do presidente, observou Brooks, "nós bem podemos concluir que praticamente chegamos ao milênio político, ou que o autor da mensagem é um dos homens mais sagazes dos tempos modernos". O presidente, declarou o congressista Francis Kellogg, do Michigan, "é o grande homem do século. Não existe ninguém como ele no mundo. Ele tem a visão mais ampla e mais clara que qualquer outra pessoa".

Norman Judd, o velho amigo de Lincoln, fez uma visita ao presidente na noite do discurso anual. Sua especulação foi a de que, dado o tom radical do documento, Blair e Bates "se sentiriam forçados a abandonar o governo". Pelo contrário, garantiu-lhe Lincoln, ambos "aceitaram o texto sem objeções. O único membro do Gabinete que se colocou contra foi o sr. Chase".

Chase tinha sido obstinado em sua exigência de que os Estados provassem sua "sinceridade", alterando cada um sua Constituição para perpetuar a emancipação. Essa objeção legítima teve o feliz efeito de permitir que Chase se apresentasse como alguém adiante de Lincoln quanto ao tema da Restauração, com o objetivo de solidificar sua posição em círculos radicais. Quando republicanos de todas as facções louvaram a mensagem, Chase expressou sua decepção. Escrevendo ao abolicionista Henry Ward Beecher, ele disse ter tentado em vão fazer com que Lincoln tornasse a mensagem "mais categórica e menos condicional. (...) Mas suponho que eu deva adotar uma atitude filosófica e ser grato pelo leite desnatado quando há falta de creme de leite".

Capítulo 17

O dom de Abraham Lincoln para lidar com os homens nunca esteve mais aparente do que durante o pequeno *boom* de preferência por Chase, como candidato à presidência, que chegou ao auge nos meses de inverno de 1864. Enquanto os simpatizantes de Chase abriam seu jogo prematuramente, Lincoln, segundo Alexander McClure, um político da Pensilvânia, "ocultou cuidadosamente seu ressentimento acentuado e às vezes acirrado contra Chase e esperou o tempo necessário até que pudesse, por alguma circunstância fortuita, eliminar Chase como seu concorrente ou, por alguma astuta manipulação política, acabar com suas esperanças".

O jogo começou a sério no início de janeiro. Amigos de Chase, entre eles Jay e Henry Cooke, contribuíram com milhares de dólares para que o editor da *American Exchange and Review*, uma pequena revista da Filadélfia, publicasse uma matéria biográfica em louvor do secretário do Tesouro. William Orton, um amigo de Chase, advertiu-o para o fato de que "por mais competente ou 'fiel' que a biografia fosse", sua publicação numa revista "desgastada", com reputação de vender espaço a quem quer que pagasse o suficiente, seria considerada "um tosco truque político". O bilhete de Orton não teve resposta; mas uma semana depois Chase enviou a Lincoln uma longa explicação, em tom emocional. Aparentemente o presidente teria questionado o envolvimento dos irmãos Cooke, que ainda eram agentes oficiais para a venda de títulos do governo, embora Chase tivesse reduzido sua comissão.

Chase iniciou sua carta com a afirmação de que seus atos, como sempre, tinham por origem os motivos mais puros. Alegou que "de modo consciente e deliberado, jamais feriu um semelhante". Tinha sido informado de que o editor pretendia publicar uma série de perfis de figuras proeminentes, começando por ele. "Como eu poderia fazer objeção?" As questões do Tesouro ocupavam-no a tal ponto que ele não dera mais atenção ao assunto. "O que o sr. H. D. Cooke fez acerca da infeliz biografia foi por sua própria decisão, sem nenhuma sugestão minha", insistiu Chase. Se Cooke ou seu irmão tivessem buscado seu consentimento, ele os teria impedido de prosseguir. "Não que a publicação representasse alguma intenção ou ato lesivo, mas porque ela estaria sujeita a ser mal interpretada... Peço que me perdoe por escrever num tom meio comovido. O que me faz detestar a vida pública é quando percebo como a labuta mais leal e a conduta mais correta não conseguem proteger homem algum da inveja queixosa ou de acusações malévolas."

O embaraço por conta das circunstâncias que cercaram a matéria na *Exchange and Review* não impediu Chase de escrever naquele inverno 25 longas cartas a John Trowbridge, um escritor de Boston. Suas missivas eram destinadas a fornecer a base para um pequeno livro edificante sobre sua vida, *The Ferry-Boy and the Financier* [O barqueiro e o financista]. Um trecho foi publicado naquela primavera na *Atlantic Monthly*. Essas cartas não passavam de uma pequena parte de uma campanha maciça para louvar as próprias virtudes de Chase à custa de Lincoln. Desde bem cedo de manhã até tarde da noite, Chase lutava para manter seu fluxo de correspondência com amigos e simpatizantes. "Até o momento", disse ele a um amigo em Cincinnati, "creio que cometi poucos erros.

A bem da verdade, contemplando em retrospectiva todo o terreno percorrido, com um firme desejo de detectar erros e corrigi-los, não consigo ver onde, se precisasse refazer todo o meu trabalho desde o início, eu poderia em qualquer questão agir de modo substancialmente diferente daquele com que agi".

O segundo impulso na corrida de Chase em busca da indicação para a presidência surgiu com a divulgação da abertura de um comitê "Chase para Presidente". O comitê, chefiado pelo senador Samuel Pomeroy, do Kansas, e por um bem-sucedido chefe de estação ferroviária, James Winchell, foi mais um empreendimento financiado por Jay Cooke.

Enquanto o comitê estava sendo organizado, Chase ocupava-se angariando apoio em Ohio, decidido a evitar a humilhação que tinha sofrido em 1860, quando seu próprio Estado não o tinha apoiado.

Otimista com a possibilidade de derrotar Lincoln, Chase disse a Flamen Ball, seu ex-sócio no escritório de advocacia, que se sentia imensamente "gratificado" com o comitê recém-formado e a qualidade das pessoas que patrocinavam sua candidatura, pois a tendência era a de serem "homens de grande peso". Muito dependeria do Estado dos Castanheiros, pois "se o Estado de Ohio manifestasse sua preferência por qualquer outra pessoa, eu não permitiria o uso de meu nome". Se tudo corresse bem, Chase acreditava que teria boas condições de enfrentar o presidente, porque era lamentável mas o advogado interiorano simplesmente não estava à altura da missão. "Se a seu espírito generoso e seu bom senso ele unisse uma vontade firme e uma ação enérgica, não haveria muito mais a desejar nele. Na realidade, porém, creio ser provável que ele termine seu primeiro mandato com mais crédito do que terminará o segundo, caso seja reeleito."

E Chase não restringiu suas críticas contra Lincoln a conversas com amigos de sua confiança. Conversando com Gideon Welles, no início de fevereiro, ele "lamentou a falta de energia e força por parte do Presidente, que para ele paralisava tudo". Sem dar atenção ao silêncio de Welles, ele então sugeriu que a "fraqueza" do presidente "estava esmagando" a nação. Quando Welles ainda assim "não demonstrou reação a essa nítida insinuação", Chase por fim abandonou o assunto. Chase foi igualmente imprudente com Bates, parecendo não reconhecer que, embora o secretário da Justiça de vez em quando criticasse o presidente, era "imensa" sua preferência por ele em relação a qualquer outro candidato.

Em fevereiro, o Comitê de Pomeroy distribuiu uma circular confidencial a cem importantes republicanos por todo o norte. Com a intenção de mobilizar apoio para Chase, a circular começava com uma crítica devastadora ao presidente, alegando que "mesmo que a reeleição do sr. Lincoln fosse desejável, ela é praticamente impossível", tendo em vista a oposição generalizada. Ademais, "caso seja reeleito, sua tendência manifesta a fazer concessões e a adotar expedientes provisórios em questões de políticas há de tornar-se mais forte durante um segundo mandato do que foi no primeiro". A guerra "continuaria a perder intensidade", o país iria à bancarrota e "a dignidade da nação" seria afetada. Portanto, para vencer a guerra, estabelecer a paz e "resgatar a honra da república", era essencial que os republicanos se unissem na indicação do único homem "mais provido das qualidades necessárias para um Presidente, durante os próximos quatro anos, do que qualquer outro candidato disponível" — Salmon P. Chase.

Quando a circular de Pomeroy vazou para a imprensa, ela gerou uma comoção política. Os amigos de Lincoln ficaram furiosos, enquanto os democratas festejaram a divisão visível nas fileiras republicanas.

Em pânico, Chase enviou a Lincoln uma carta em que alegava não ter tido "nenhum conhecimento" da circular até ela ser publicada no *Constitutional Union* em 20 de fevereiro. Embora tivesse sido abordado por amigos para usar seu nome na eleição vindoura, ele não tinha sido consultado acerca da formação do Comitê de Pomeroy e não conhecia bem seus integrantes. "Da mesma forma que o Presidente não é responsável por atos de terceiros", relembrou ele a Lincoln, "também não me responsabilizará por nada que eu mesmo não tenha feito ou dito". Contudo, declarou, "se houver qualquer coisa em meus atos ou em minha posição que, a seu ver, prejudique o interesse público sob minha responsabilidade, peço-lhe que me diga. Não desejo administrar o Departamento do Tesouro um dia que seja, sem sua total confiança".

É improvável que Lincoln acreditasse nos protestos de inocência de Chase. Na verdade, uma década depois, o autor da circular, James Winchell, declarou que Chase tinha sido plenamente informado de tudo e tinha, ele mesmo, afirmado que "a denúncia contra a Administração feita na circular era algo que ele endossava totalmente e cujo teor sustentaria". Mesmo assim, Lincoln reprimiu sua raiva e mediu com cuidado sua resposta, encarando a situação com uma atitude neutra. Ele compreendia o cenário político, garantiu a Bates. Havia uma quantidade de descontentes dentro de seu próprio partido que "o agrediriam de imediato, se ousassem; mas eles temem que seu golpe não surta efeito; e assim, dispõem-se a se submeter a seu poder, como inimigos derrotados". Enquanto estivesse confiante de que tinha o apoio popular, ele poderia deixar o jogo se estender um pouco mais. Mantendo Chase em suspense, Lincoln simplesmente declarou ter recebido a carta e prometeu "responder de modo um pouco mais extenso quando conseguisse um tempo para fazê-lo". Relaxou então para avaliar a reação das pessoas à circular.

Não demorou muito. Na manhã em que foi publicada, Welles previu com acerto: "Seu coice será mais perigoso, creio eu, que seu projétil. Ou seja, ela será mais prejudicial a Chase que a Lincoln." Até mesmo jornais simpáticos a Chase lamentaram a publicação da circular. "É uma atitude indigna da causa", proclamou o *New York Times*. "Protestamos contra o espírito desse movimento." Quatro dias mais tarde, Nicolay informou feliz a sua noiva Therena que o efeito da circular tinha sido o oposto do que o que seus autores pretendiam, pois ele "tinha instigado todos os amigos do sr. Lincoln a um esforço dinâmico", diminuindo gravemente as perspectivas de Chase. Em Estado após Estado, os republicanos reuniam-se e aprovavam por unanimidade resoluções favoráveis à reindicação de Lincoln. Até mesmo no Kansas, Estado de origem de Pomeroy, foi distribuída entre os republicanos uma circular contrária, que denunciava os esforços para levar o Estado para o lado de Chase e buscava reunir apoio para Lincoln.

Salientando a "longa lista" de legislaturas estaduais que tinham se manifestado a favor de Lincoln, o *Times* reconheceu que a "universalidade do sentimento popular pela reeleição do sr. Lincoln é um dos mais notáveis desdobramentos da atualidade. (...) A confiança que o povo tem no sólido discernimento e na honestidade de propósito do sr. Lincoln é tão tenaz quanto se fosse um verdadeiro instinto. Nada consegue superá-la ou enfraquecê-la em termos substanciais. Esse poder de atrair e manter a confiança popular decorre apenas de uma rara combinação de qualidades. Pouquíssimos homens públicos na história americana a possuíram em grau semelhante ao de Abraham Lincoln".

A *Harper's Weekly* concordava. Em editorial no qual endossava a reeleição do presidente, a revista afirmava que "entre todos os homens proeminentes, desde o início de nossa história, nenhum jamais revelou o poder de compreender a mente do povo com a precisão do sr. Lincoln". Ao se aproximar gradativamente da emancipação, como ele fez, observou o editor da *Harper's*, Lincoln entendeu que, numa democracia, "cada passo que desse deveria parecer sábio para o pensamento geral do público".

O golpe fatal para a campanha de Chase foi dado mais uma vez em Ohio, como acontecera quatro anos antes. Embora os amigos de Chase na reunião dos líderes políticos da União na Assembleia

Estadual tivessem anteriormente impedido tentativas de endossar a reeleição de Lincoln, a publicação da circular de Pomeroy, admitiu um aliado de Chase, "levou a situação a uma crise. (...) Ela de imediato dispôs, uns contra os outros, homens que sempre tinham sido amigos na política; e por fim produziu uma verdadeira convulsão no partido." O resultado foi a aprovação unânime de uma resolução favorável a Lincoln. "No pé em que as coisas se encontram, com tantos Estados já se tendo declarado favoráveis a Lincoln", advertiu o advogado Richard Parsons, de Cleveland, amigo de Chase, "prolongar uma disputa que acabará por dividir nossa 'casa contra si mesma', sem trazer nenhum benefício final a nosso partido, parece-me algo gravíssimo".

Percebendo o rumo dos acontecimentos, Lincoln concluiu que era chegada a hora de responder à carta de Chase. Ele lhe informou que a circular não o surpreendera, pois já "tinha conhecimento do Comitê do sr. Pomeroy", de suas "questões secretas" e seus "agentes secretos", havia algumas semanas. Contudo, não tinha intenção de responsabilizar Chase por ele. "Estou de pleno acordo com o senhor quanto a não ser justo que nenhum de nós dois seja responsabilizado pelo que nossos respectivos amigos possam fazer, sem nossa instigação ou aprovação; e asseguro-lhe, como o senhor me assegurou, que nenhum ataque lhe foi feito por instigação minha, ou com meu consentimento." Quanto a Chase dever continuar sendo o secretário do Tesouro, Lincoln decidiria exclusivamente com base em "minha avaliação dos serviços prestados". Por enquanto, escreveu ele, "não vejo motivo para mudanças".

Alguns dias depois, Chase retirou sua candidatura à indicação para a presidência.

Ulysses S. Grant, o herói de Vicksburg e Chattanooga, chegou à capital da nação no dia 8 de março de 1864, para assumir o comando de todos os exércitos da União. Um Congresso agradecido tinha reinstituído a patente de general de exército, não preenchida desde George Washington, e Lincoln tinha indicado Grant para receber essa homenagem. Com a promoção de Grant, Halleck tornou-se chefe do Estado-Maior e William Tecumseh Sherman assumiu o posto de Grant no comando dos exércitos do oeste.

A chegada de Grant a Washington foi condizente com sua imagem de despretensioso homem de ação, o oposto total de McClellan. Ele entrou no Willard Hotel ao anoitecer, acompanhado de seu filho adolescente, Fred. Sem ser reconhecido pelo encarregado da recepção, ele foi informado de que não havia nada disponível, a não ser um pequeno quarto no último andar. A situação foi corrigida somente quando o recepcionista embaraçado olhou para a assinatura do hóspede na ficha — U. S. Grant e filho, Galena, Illinois — e imediatamente trocou as acomodações. Depois de se refrescar, Grant levou o filho ao restaurante no andar do saguão. Sua constituição pequena, "ombros encurvados, amenos olhos azuis e cabelos e suíças de um castanho-claro" atraíram pouca atenção até alguém começar a apontar para sua mesa. De repente, "ouviu-se um grito de boas-vindas de todos, com um forte aplauso por parte dos ali presentes", que bateram com os punhos nas mesas até ele finalmente se levantar e agradecer.

Depois de acomodar o filho para dormir, Grant foi andando até a Casa Branca, onde havia muita gente reunida para a recepção semanal dada pelo presidente. Horace Porter, um jovem coronel que mais tarde viria a ser ajudante de ordens de Grant, estava em pé junto de Lincoln no Salão Azul, quando uma "súbita comoção perto da entrada da sala atraiu a atenção de todos". A causa foi a chegada do general Grant, "acompanhando com modéstia os outros convidados que seguiam na direção do sr. Lincoln". Encontrando-se com Grant pela primeira vez, Lincoln iluminou seu rosto com um largo sorriso. Sem querer esperar até o visitante chegar a ele, o presidente "avançou rapidamente dois ou três passos" e segurou a mão de Grant. "'Ora, eis que chega o General Grant! Bem, é um prazer imenso conhecê-lo.'"

Porter ficou impressionado com o contraste físico entre os dois homens. De sua altura incomum, o presidente "olhava de cima com uma expressão radiante" para Grant, que era uns 20 centímetros mais baixo que ele. Ao ver os dois homens juntos, Welles, que também estava presente, ficou um pouco desconcertado com a conduta de Grant, observando a ausência de uma postura militar e "certo grau de constrangimento".

Depois de falar com Grant, Lincoln passou-o para Seward, sabendo que seu gregário secretário de Estado seria o melhor para ajudar o general a lidar com a multidão de admiradores que gritava seu nome e rapidamente se abatia sobre ele. A aglomeração de fãs estava tão louca para se aproximar do herói vitorioso que "rendas se rasgaram, crinolinas se amassaram, e tudo ficou bastante confuso". Seward foi rápido em manobrar Grant para entrar no Salão Leste, onde convenceu o general a se postar de pé em cima de um sofá para todos poderem ver seu rosto. "Ele enrubesceu como uma garota", registrou o correspondente do *New York Herald*. "Os apertos de mão fizeram com que a transpiração escorresse por sua testa e pela face." Mais tarde Grant fez o comentário de que a recepção foi "sua campanha mais calorosa durante a guerra".

A visita de Grant a Washington naquele mês de março solidificou sua imagem como homem do povo. O público já tinha ouvido histórias de sua aversão ao que o congressista Elihu Washburne chamava de "adornos e parafernália tão comuns a muitos militares". Enquanto estava sendo debatido em Washington o projeto de lei para instituir a nova patente de general de exército, Washburne relatou ter passado seis dias na estrada com Grant, que "não levava consigo nem cavalo, nem ordenança, nem criado, nem baú, nem sobretudo, nem cobertor, nem mesmo uma camisa limpa". Levando consigo apenas uma escova de dentes, "ele vivia como o soldado mais raso sob seu comando, compartilhando das mesmas rações e dormindo no chão sem nenhum abrigo, a não ser a abóbada celeste". Salientando a preferência de Grant por carne de porco e feijão, o *New York Times* especulou se não estariam "tendo ataques" os banqueteiros que tinham anteriormente atendido ao "paladar delicado" de oficiais. Tudo o que Grant fez nos quatro dias de sua estada em Washington, desde sua chegada sem aviso até sua partida antecipada, "foi feito com perfeita correção", conclui o historiador William McFeely. "Ele demonstrou uma modéstia consumada e uma segurança tranquila; a imagem que manteve pelo tempo restante de sua carreira política — e mais além pela história afora."

A primavera de 1864 foi "extraordinariamente atrasada", registrou Bates em seu diário. Árvores que normalmente floriam no início de abril só começaram a "lançar folhas novas" mais para o fim do mês. Para os que esperavam ansiosos pelo início da campanha de primavera do Exército, parecia que o tempo "tempestuoso e inclemente", que trazia chuvaradas dia após dia, era uma tentativa da natureza de adiar o inevitável derramamento de sangue. Stoddard especulou sobre a possibilidade de Grant estar sendo detido pelo mesmo "antigo inimigo" que tinha paralisado McClellan, impedido o avanço de Burnside e permitido que Lee escapasse depois de Gettysburg: "o barro vermelho do Estado da Virgínia".

Na primeira semana de maio, observou William Stoddard, Washington já estava dominada por uma "sensação opressiva de alguma coisa iminente", quase como o "silêncio e a calma antes da chegada do furacão". Embora as árvores estivessem finalmente "cheias de brotos e flores" e alguns "pássaros aventureiros" tivessem começado a cantar, "o dia não trazia nenhum sol de primavera, nem a menor tentação de criar música", pois todos sabiam que acontecimentos terríveis estavam prestes a ocorrer. Apesar de a confiança em Grant continuar alta, Nicolay admitiu que muitas pessoas "começavam a se sentir supersticiosas" quanto às perspectivas dele, tendo em vista ter sido tão comum que campanhas de primaveras anteriores resultassem em "fracasso".

Consciente de que as comunicações seriam esporádicas uma vez que o general de exército Grant lançasse seu ataque contra Lee, Lincoln escreveu-lhe uma carta que Hay descreveu como "cheia de generosidade e dignidade ao mesmo tempo". Nela ele transmitia sua "total satisfação com o que o senhor já fez" e prometia providenciar qualquer coisa que pudesse estar faltando e que estivesse ao alcance do Presidente fornecer. Grant respondeu, com elegância, que até o momento "estava surpreso com a presteza com que tudo que tinha sido pedido lhe fora concedido". A última linha da carta de Grant tornou cristalina a profunda diferença entre seu caráter e o de McClellan. "Caso meu sucesso seja inferior ao que desejo e espero, o mínimo que posso dizer é que a culpa não cabe ao Presidente."

Lincoln tinha aprovado com entusiasmo o plano de Grant de movimentar-se em três direções ao mesmo tempo: o Exército do Potomac atacaria Lee de frente, forçando-o a recuar para o sul, rumo a Richmond; Sherman atravessaria a Geórgia do oeste para o leste, com o objetivo de conquistar Atlanta; Butler, entrementes, seguiria para o nordeste contra Richmond, a partir do rio James. "Essa movimentação orquestrada", lembrou Lincoln a Hay, era o que ele tinha querido o tempo todo "para fazer valer nossa vantagem pela enorme superioridade numérica". Contudo, na véspera da batalha, Lincoln sentiu grande "apreensão" por seu general de exército, dizendo a Browning que, apesar de ter total confiança em Grant, ele temia que "Lee escolhesse seu próprio terreno e esperasse pelo ataque, o que lhe daria enorme vantagem".

Os temores de Lincoln revelaram-se premonitórios. À medida que Grant rumava para o sul, Lee esperou por ele numa área imediatamente a oeste de Fredericksburg conhecida como "the Wilderness" [os ermos] — um labirinto implacável de desfiladeiros escarpados e charcos traiçoeiros, repleta de trepadeiras e arbustos espinhentos. O terreno sinistro proporcionava cobertura para os entrincheiramentos de Lee e impedia o melhor uso da primorosa artilharia de Grant: ele neutralizava com eficácia a superioridade numérica da União. Mesmo assim, Grant avançou sem trégua para o sul na direção de Spotsylvania e Cold Harbor, ligeiramente a nordeste de Richmond, travando um combate medonho com as forças de Lee. Dos dois lados, homens precisavam passar por cima dos mortos e moribundos, que "em alguns lugares jaziam em pilhas de três e quatro corpos". O biógrafo de Grant chamou a campanha de "pesadelo de desumanidade", resultando em 86 mil baixas da União e dos Confederados no espaço de sete semanas. "O mundo nunca viu uma batalha tão sangrenta e prolongada quanto a que está sendo travada", disse Grant à sua mulher ao final dos nove primeiros dias, "e espero que jamais volte a ver". Ele mais tarde admitiu, em suas memórias, que "sempre lamentou que a última investida em Cold Harbor tivesse sido realizada".

Grant enterrou os mortos e enviou os feridos para Washington, onde eles chegavam aos milhares. Noah Brooks registrou a cena comovente, à medida que vapores atracavam nos cais da cidade, transportando os "destroços" de bravos soldados. "Longos comboios de ambulâncias estão à espera, e os heróis em sofrimento são tratados com cuidado e retirados dos navios em macas, embora para alguns deles até mesmo o toque mais delicado signifique dor e tortura."

"A carnificina não tem precedentes", lamentou-se Bates, deprimido, em seu diário. Mesmo o otimista Seward reconheceu em sua circular europeia* que "a mim mesmo parece um exagero, quando, ao descrever um conflito após o outro, nesta campanha vigorosa, vejo que sou sempre forçado a dizer, acerca do último confronto, que se tratou da batalha mais acirrada da guerra".

---

*Comunicado enviado aos representantes dos EUA na Europa, a respeito da guerra civil. [*N. da T.*]

Lincoln jamais perdeu a confiança em Grant. Ele tinha consciência de que, enquanto "qualquer outro General" teria recuado depois de sofrer perdas tão terríveis, Grant de algum modo mantinha a "obstinação pertinaz (...) que vence". Ele deu um abraço e um beijo na testa de um jovem repórter que chegou à Casa Branca com um recado verbal do general: "Não haverá recuo". Ficou ainda mais animado quando leu as famosas palavras do comunicado de Grant do dia 11 de maio: "Proponho-me a lutar até o fim neste avanço, nem que demore o verão inteiro." Quando um visitante perguntou um dia sobre as perspectivas do Exército sob o comando de Grant, o rosto de Lincoln iluminou-se "com aquele sorriso característico que sempre surge, quando ele está prestes a contar uma boa história". A pergunta, disse ele, "fez com que me lembrasse de uma pequena anedota acerca do autômato jogador de xadrez, que muitos anos atrás espantou o mundo com sua perícia nesse jogo. Depois de algum tempo, o autômato foi desafiado por um jogador célebre, que, para sua grande tristeza, foi derrotado duas vezes pela máquina. Ao final da segunda partida, o jogador, apontando nitidamente para o autômato, exclamou em tom categórico: 'Tem um homem aí dentro!'" Esse, explicou ele, referindo-se a Grant, era "o segredo" do destino do Exército.

No início de junho, quando estava programado que a Convenção Republicana tivesse início em Baltimore, Salmon Chase começou a ficar inquieto. Embora tivesse se retirado da corrida no mês de março daquele ano, ele ainda nutria a esperança de que os acontecimentos pudessem apresentar uma reviravolta que lhe fosse favorável. Thurlow Weed tinha repetidas vezes avisado ao presidente que a retirada de Chase era simplesmente uma "manobra astuciosa" que lhe permitiria "ressurgir com mais força do que nunca". O chefe político bem-informado tinha compilado uma longa lista de funcionários do Tesouro que estavam dedicando todas as suas energias à campanha de Chase. O que era ainda mais perturbador era o fato de Weed ter ouvido de uma quantidade de fontes que agentes corruptos do Tesouro estavam trocando suprimentos do Exército por algodão da Confederação, em descumprimento da lei do Congresso que proibia qualquer comércio entre os Estados livres e os Estados escravagistas, sem permissão expressa do Tesouro. Weed não conseguia conceber por que motivo Lincoln se recusava a dispensar Chase, prevendo que, se o presidente "entrar na busca dos votos, com essa enorme pedra amarrada no pescoço, será inevitável que se afogue".

Fazia calor no dia 7 de junho de 1864, quando os republicanos se reuniram em Baltimore para escolher seus candidatos para presidente e vice-presidente. Noah Brooks ficou comovido com a visão dos representantes do povo se reunindo "no meio de uma guerra civil e ao alcance dos estrondos do combate" para cumprir a função mais preciosa da democracia. Os democratas também se reuniriam naquele verão, apesar de terem adiado sua convenção para fins de agosto, para ter uma melhor oportunidade de reagir aos acontecimentos mais recentes no campo de batalha.

Enquanto a grande quantidade de delegados de 25 Estados chegava à Convenção Republicana, que tinha recebido o novo nome de Convenção Nacional da União, a reindicação de Lincoln estava garantida. Até mesmo Horace Greeley, embora ainda esperasse por uma alternativa, reconhecia que o presidente tinha conquistado um lugar de honra no coração dos americanos seus semelhantes. "As pessoas pensam nele noite e dia; rezam por ele; e mantêm o coração ali onde investiram tanto." Muito antes que a convenção abrisse as portas, o comitê oficial da indicação declarou que "o instinto popular indicou nitidamente [Lincoln] como seu candidato", e a função da convenção era simplesmente a de registrar "a vontade popular". Embora políticos em Washington pudessem ter nutrido outras expectativas, observou Brooks, "o país como um todo realmente não pensou em outro nome que não fosse o de Lincoln".

Na noite anterior à convenção de Baltimore, Lincoln conversou com Noah Brooks. Quando Brooks observou que sua "reindicação era uma certeza absoluta", Lincoln "concordou alegre com essa avaliação sem nenhuma falsa modéstia". Com o entendimento de que havia alguns candidatos para a vice-presidência, entre eles o atual, Hannibal Hamlin, Daniel Dickinson, de Nova York, e Andrew Johnson, o governador militar do Tennessee, Lincoln negou-se a manifestar sua preferência.

Apesar de Thurlow Weed não ser um delegado, sua presença dominadora desempenhou um papel crucial na escolha de Andrew Johnson. Sempre alerta para os interesses de seu velho amigo, Seward, Weed de imediato compreendeu que, se Daniel Dickinson de Nova York fosse aprovado como candidato a vice-presidente, Seward talvez não mantivesse sua posição como secretário de Estado. Uma regra tácita ditava que dois postos significativos não podiam ser designados para um único Estado. Weed tinha de início apoiado Hamlin, mas logo viu que o sentimento crescente por um "democrata favorável à guerra" resultaria na indicação de Dickinson ou Johnson. Assim, ele pôs a máquina Weed-Seward a serviço do vitorioso Johnson.

No dia seguinte, um comitê designado pelos delegados chegou à Casa Branca para notificar Lincoln oficialmente de sua indicação. Na ocasião, um visitante disse a Lincoln que "nada poderia derrotá-lo, a não ser que Grant conquistasse Richmond, e a isso se seguisse a indicação [do general] em Chicago", onde a Convenção Democrata estava programada para se realizar mais tarde naquele verão. "Bem", disse Lincoln, "tenho uma sensação muito parecida com a do homem que disse que não tinha nenhuma vontade de morrer; mas, se morrer fosse preciso, era exatamente dessa doença que ele queria morrer."

Capítulo 18

Durante a última semana de junho, finalmente esgotou-se a complacência que Lincoln por muito tempo demonstrara para com seu ambicioso secretário do Tesouro. A dramática revolução no Gabinete teve início quando John Cisco, tesoureiro assistente de Nova York, anunciou seu pedido de demissão. Cisco mantivera-se no prestigiado posto ao longo de três administrações diferentes e era muito respeitado por todas as facções. Lincoln estava preocupado em escolher um substituto que satisfizesse às duas alas do Partido Republicano de Nova York. Havia vários meses, o presidente vinha sendo bombardeado por queixas de amigos de Nova York, incluindo Thurlow Weed e o senador Edwin Morgan, de que Chase estava preenchendo todos os postos na Alfândega com membros de seu partido — antigos democratas que agora eram republicanos radicais e apoiavam as esperanças presidenciais de Chase.

Percebendo a preocupação de Weed, Lincoln disse a Chase para consultar o senador Morgan e assegurar que sua escolha fosse satisfatória para todos os lados. Chase discutiu o assunto com o poderoso senador de Nova York, mas, passando por cima da forte objeção por parte de Morgan, enviou a Lincoln uma indicação formal de Maunsell Field. Jornalista democrata com ligações na sociedade nova-iorquina, Field exercia a função de terceiro secretário assistente do Tesouro, posto criado por Chase como uma recompensa por Field ter lhe proporcionado acesso aos círculos mais fechados da vida social e literária de Nova York. A nomeação foi surpreendente, lembrou o Controlador do Tesouro, Lucius Chittenden, uma vez que Field "não tinha nenhuma reputação financeira nem política, e suas habilidades naturais eram de cunho literário, não executivo".

Sem se deixar intimidar, Chase aparentemente supunha que seus próprios serviços fossem tão indispensáveis que Lincoln preferiria aceitar uma nomeação controversa a correr o risco de um desentendimento desnecessário, quando a saúde financeira da nação estava em jogo. No dia seguinte àquele em que enviou a indicação de Field à Casa Branca, Chase acordou de manhã e, bem-disposto, fez sua leitura diária da Bíblia. Quando chegou ao Departamento, porém, encontrou sobre sua mesa uma nota preocupante do presidente. "Não posso, sem enfrentar sérios problemas, fazer essa nomeação", informava-lhe Lincoln, "principalmente por conta da firme objeção do senador Morgan". Ele ficaria "realmente grato", disse ainda, se Chase e o senador Morgan pudessem chegar a um acordo sobre outro nome.

Ainda confiante de que poderia fazer o presidente mudar de ideia, Chase escreveu um pedido imediato para uma entrevista pessoal. Como não recebeu uma resposta de Lincoln, Chase decidiu resolver a dificuldade à sua própria maneira. Mandou um telegrama para Cisco em Nova York e pediu que ele ficasse por mais três meses. Antes de ter a resposta de Cisco, recebeu a de Lincoln ao seu pedido de entrevista. "A dificuldade", escreveu Lincoln, "não se limita, em seu aspecto principal, a uma conversa entre nós dois". E Lincoln passou a falar das críticas que recebera nos meses anteriores sobre as nomeações do Tesouro em Nova York, dizendo que não levar em consideração a opinião de Morgan nesse caso poderia desencadear uma "revolta declarada".

A concordância de Cisco em permanecer teria colocado um ponto final no assunto; Chase, porém, agastado com a recusa de Lincoln em recebê-lo pessoalmente e decidido a restabelecer sua autoridade sobre as nomeações, não parou aí. Ele decidiu punir o presidente com o que era, em essência, sua quarta carta de demissão, certo de que esta também seria recusada. Ele começou a carta, anexando o telegrama em que Cisco retirava seu pedido de demissão, o que, admitiu Chase, "ameniza a atual dificuldade". Acrescentou, porém: "Não consigo deixar de sentir que minha posição aqui não é de todo do seu agrado; e ela com certeza me traz um excesso de constrangimento, dificuldade e penosa responsabilidade para que eu me permita o mais leve desejo de continuar nela. Por conseguinte, sinto ser meu dever encaminhar-lhe meu pedido de exoneração."

Lincoln estava à mesa em seu gabinete, lembrou-se tempos depois, quando um mensageiro lhe entregou uma carta do Departamento do Tesouro. "Abri a carta, reconheci a caligrafia de Chase, li a primeira frase e deduzi de seu teor que o assunto estava a caminho de uma solução satisfatória. Fiquei verdadeiramente feliz, e, deixando a carta com o anexo em cima da mesa, continuei a conversar. Até as 3 horas da tarde recebi várias pessoas e me esqueci completamente da carta de Chase. Àquela hora do dia pensei em descer para um rápido almoço. Por acaso minha mulher estava fora, e se esqueceram de me chamar no horário habitual. Enquanto estava sozinho à mesa do almoço, meus pensamentos se voltaram para a carta de Chase, e decidi respondê-la assim que subisse de novo para o gabinete.

"Bom, assim que voltei, peguei papel e caneta e me preparei para escrever, mas me ocorreu que eu deveria ler a carta antes de responder. Tirei-a do envelope e, nesse momento, outro anexo caiu no chão. Peguei-o, li e disse para mim mesmo: 'Ora, ora, o caso muda de figura!' Era seu pedido de demissão. Coloquei a caneta na boca, mordendo-a. Não levei muito tempo para refletir."

Lincoln percebeu de pronto o que Chase em essência estava dizendo: "O senhor está agindo muito mal. A menos que se desculpe, peça-me para ficar e aceite que terei poder absoluto e que o senhor não receberá nada, por mais que implore, eu vou embora." Esse tipo de presunção o presidente não pôde, nem quis, aceitar. Lincoln tirou a caneta da boca e começou a escrever.

"Aceito seu pedido de exoneração do cargo de secretário do Tesouro", começou o presidente, lacônico. "Não retiro nada do que já disse em elogio à sua capacidade e lealdade; contudo, o senhor e eu chegamos a um ponto de constrangimento recíproco, em nossa relação oficial, que parece não poder ser superado, nem sustentado por mais tempo, em atendimento ao interesse público."

Bem cedo na manhã seguinte, Lincoln chamou John Hay a seu Gabinete e pediu que ele desse a notícia da exoneração de Chase ao Senado assim que fossem iniciados os trabalhos, junto com sua recomendação do ex-governador de Ohio, David Tod, como seu sucessor. "Esse me deu trabalho", disse. "Achei que não ia conseguir aguentar mais." Apesar da preocupação de que o presidente estivesse cometendo um grave erro, o leal Hay seguiu para o Capitólio, chegando ao Senado exatamente no momento em que o capelão fazia a oração de abertura da sessão.

Ainda sem saber da carta do presidente, Chase foi cuidar de suas tarefas diárias, antevendo o pedido penitente de Lincoln para que ele permanecesse no cargo. Talvez Lincoln fosse pessoalmente ao seu gabinete, colocasse um braço sobre seu ombro e mais uma vez lhe dissesse o quanto ele era necessário. Depois do café da manhã, foi para seu gabinete, onde soube que o senador Fessenden, do Maine, desejava vê-lo imediatamente no Capitólio. Na carruagem, ele deduziu que o presidente do Comitê de Finanças queria discutir os vários projetos de lei referentes a finanças que estavam no momento diante dele. No meio de sua conversa com Fessenden, chegou um mensageiro para informar ao senador a indicação de

David Tod. "Você pediu exoneração?", perguntou o transtornado Fessenden. "Estou sendo convocado para ir ao Senado e soube que o Presidente enviou a indicação de seu sucessor." Atônito, Chase explicou que tinha, sim, entregue seu pedido de exoneração, mas não sabia que ele havia sido aceito.

Voltando de imediato ao Departamento, encontrou a carta de Lincoln. Ao chegar à parte em que Lincoln falava do "constrangimento recíproco" em sua relação, Chase ficou perplexo. "Eu tinha percebido um grande constrangimento da parte dele", registrou em seu diário naquela noite, "mas não conseguia imaginar que tipo de constrangimento ele sentiu da minha parte, a menos que tenha sido o fato de eu não estar disposto a nomeações com base no empreguismo ou em benefícios que atendam a pedidos de divisões, facções, panelinhas e indivíduos, em vez de pensar na adequação da escolha". Ofuscado por sua presumida superioridade moral e trajando o que Nicolay e Hay chamaram de "sua armadura completa de nobres sentimentos", Chase recusava-se a ver que, ao escolher o inexperiente Field, ele, e não o presidente, estava preenchendo um cargo com base em facção, não em adequação.

Amigo de Chase, o congressista de Massachusetts Samuel Hooper foi ter com o presidente na tarde daquele dia. Ele disse que se sentia "muito nervoso e desolado" com a saída de Chase. O Controlador do Tesouro, Lucius Chittenden, estava igualmente aflito, e disse a Lincoln que a perda de Chase era "pior do que se houvesse outra derrota em Bull Run", uma vez que não havia um único homem no país que pudesse substituí-lo. "Vou contar-lhe qual é o problema de Chase", disse Lincoln. "A coisa mais fácil do mundo é um homem adquirir um mau hábito. Chase adquiriu dois maus hábitos. (...) Ele acha que se tornou indispensável ao país. (...) Também acredita que deveria ser Presidente; quanto a isso não tem a menor dúvida." Essas duas tendências nefastas, explicou Lincoln, fizeram com que Chase se tornasse "irritadiço, desconfortável, de forma que ele nunca está completamente feliz se não estiver totalmente infeliz".

Nesse momento, segundo Chittenden, Lincoln fez uma pausa: "E ainda assim, não há um homem na União que pudesse ser um Presidente do Supremo Tribunal tão bom como Chase", continuou, "e, se eu tiver oportunidade, farei dele o Presidente do Supremo Tribunal dos Estados Unidos". Chittenden concluiu que essa extraordinária ausência de revanchismo para com alguém que lhe tinha causado tantos aborrecimentos provava que Lincoln "devia pertencer a um plano mais elevado e ser influenciado por motivos mais nobres do que qualquer outro homem" que ele tivesse conhecido. Não obstante, apesar de Lincoln ter de fato uma alma de impressionante magnanimidade, ele era também um político sagaz. Ele fez menção à presidência do Supremo Tribunal para Chittenden sabendo que, assim que Chase tomasse conhecimento disso, a perspectiva abrandaria sua atitude pública de oposição. Lincoln fez um comentário semelhante ao congressista Hooper. Numa conversa tranquila, ele expressou sua "estima" por Chase e seu sincero "pesar" pelo fato de que eles dois tivessem se tornado tão "desconfortáveis" e "reticentes" quando estavam juntos. Quando Hooper transmitiu esses comentários ao amigo, Chase ficou tocado, sugerindo que "tivesse esse tipo de manifestação de boa vontade" acontecido antes de seu pedido de exoneração, ele talvez tivesse agido de outra maneira. Infelizmente, era tarde demais.

Era vital escolher um sucessor digno, e não estava claro se David Tod se encontrava à altura da função. Todavia, quaisquer preocupações que Lincoln pudesse ter a respeito de sua escolha apressada foram amenizadas, quando ele recebeu um telegrama do ex-governador declinando do posto por motivos de saúde. Segundo Francis Carpenter, Lincoln "ficou acordado na cama durante algumas horas esquadrinhando em sua mente os méritos de vários homens públicos". Pela manhã, já havia chegado à solução perfeita, um candidato tão perfeito que ele deveria tê-lo considerado desde o primeiro momento: William Pitt Fessenden. "Em primeiro lugar", disse a Hay na manhã seguinte, "ele sabe o caminho das pedras: como Presidente do Comitê do Senado para Finanças, ele tem tanto conhecimento sobre esse assunto específico quanto o sr. Chase. Em segundo, trata-se de um homem que possui reputação em nível nacional e goza da confiança do país. Em terceiro, é um radical, sem a irritação maléfica e petulante de muitos radicais."

A nomeação de Fessenden foi recebida com louvor universal. "Ele é um homem de indiscutível conhecimento de questões financeiras e integridade pessoal incomparável", escreveu o *Chicago Tribune*, refletindo o sentimento de muitos jornais nortistas. Os radicais sentiam que ele era um dos seus, enquanto os conservadores elogiavam sua inteligência e sua experiência. "Sou o homem mais popular do meu país", ressaltou Fessenden, com ironia, alguns dias depois de ter aceitado a nomeação.

Se Chase tinha tido esperança de que seu pedido de demissão causasse consternação e pesar entre os colegas do Gabinete, ficou decepcionado. Na noite em que foi anunciada sua saída, Blair e Bates fizeram uma visita a Welles para conversar sobre o surpreendente acontecimento. Se por um lado todos ficaram surpresos, por outro nenhum deles ficou triste por vê-lo ir embora. "Vejo isso como uma bênção", disse Welles. Bates saudou a saída de Chase com "um vago sentimento de alívio de um peso e uma esperança de tempos melhores", observando que as relações de Chase com seus pares do Gabinete Ministerial já tinham deixado de "ser cordiais" havia muito tempo. E Monty Blair, cuja família considerava Chase um inimigo mortal, estava eufórico. O velho Blair informou, feliz, a Frank que Chase tinha "finalmente caído, como uma pera podre, para surpresa dele próprio e de todo mundo". Seward, ao contrário de seus colegas, não expressou nenhum prazer pessoal com a saída de Chase. Simplesmente informou Frances de seu alívio por não ter a "crise do Gabinete" desencadeado um "grave choque" no país. Para ele, a origem dos problemas atuais remontava ao "primeiro dia da Administração", quando, não seguindo seu conselho, Lincoln criara seu Gabinete heterogêneo.

Em sua infelicidade, Chase procurava os motivos para Lincoln ter aceitado com tanta rapidez seu pedido de exoneração. As respostas a que chegava deixam transparecer uma relutância em assumir a menor responsabilidade que fosse por suas próprias falhas. "Consigo ver apenas um motivo", escreveu. "Sou sincero demais, antiescravagista demais e, digamos, radical demais para que ele quisesse me ver associado à Administração; da mesma forma que minha opinião é que ele não é sincero o suficiente, não é antiescravagista o suficiente, não é radical o suficiente — mas acompanha naturalmente aqueles que me são hostis." À medida que se aprofundava sua melancolia, Chase criava outra explicação que denunciava a obtusidade farisaica que sempre se revelara prejudicial à sua carreira como político. "A raiz da questão", disse ao seu amigo Whitelaw Reid, "foi uma dificuldade de temperamento. A verdade é que eu jamais consegui fazer piadas com essa guerra."

"O mês de agosto não começa nada bem", relatou Noah Brooks. Uma sucessão de acontecimentos desfavoráveis gerou um clima de desânimo generalizado em todo o norte. Grant tinha passado ao sul de Richmond para atacar Petersburg pela retaguarda. Esse movimento inspirou Lee a enviar o general Jubal Early e 15 mil soldados para o norte, na esperança de pegar Washington desprevenida. Early desbaratou tropas federais no rio Monocacy, e então avançou com violência pelo interior rumo a Washington, destruindo as linhas férreas, moinhos e casas. As tropas confederadas chegaram a uma distância de uns 8 quilômetros da Casa Branca antes de serem rechaçadas, e então Early se retirou da mesma forma veloz e misteriosa com que havia chegado, deixando atrás de si uma avalanche de recriminações.

Em seguida a esse fiasco, a convocação de 500 mil voluntários adicionais feita pelo presidente em meados de julho deixou preocupados muitos republicanos, que temiam repercussões negativas nas eleições do outono seguinte. O próprio Lincoln reconhecia o "descontentamento" com seu novo esforço de recrutamento, mas enfatizou que "os homens eram necessários, e precisavam estar disponíveis; e se ele tivesse de cair em consequência disso, teria ao menos a satisfação de ter cumprido seu dever".

Enquanto isso, os comunicados que chegavam de Grant revelavam um impasse contínuo no sítio a Petersburg. Uma tentativa engenhosa feita por um regimento de antigos mineiros de carvão de colocar minas sob os entrincheiramentos dos confederados e fazer um buraco nas linhas inimigas acabara resultando numa tragédia de proporções espetaculares. Na confusão que se seguiu à explosão, soldados da União avançaram para dentro da cratera de quase 10 metros de profundidade, em vez de darem a volta, ficando presos lá dentro. "Empilhados uns sobre os outros, como carneiros apavorados", eles foram alvo fácil para uma carnificina. Quando chegou o final daquele dia, Grant havia perdido aproximadamente 4 mil homens. "Foi a coisa mais triste que testemunhei na guerra", disse Grant a Halleck num telegrama. "Jamais vira uma forma de tomar fortificações de assalto como essa, e espero não ver nunca mais."

Lincoln recusou-se a deixar que o incidente abalasse a confiança absoluta que depositava em Grant. No dia seguinte à Batalha da Cratera, encontrou-se com Grant no Forte Monroe, onde os dois homens olharam de forma resoluta para o futuro. Grant recebera informações sigilosas de que o incansável Early tinha atravessado mais uma vez o Potomac, espalhando terror e devastação em Chambersburg, Pensilvânia. Ele despachou o general Philip Sheridan, um de seus melhores comandantes, para o Vale do Shenandoah, com instruções de encontrar Early "e persegui-lo até a morte. Aonde quer que o inimigo vá, nossas tropas irão também". Tão determinado quanto Grant a levar a batalha diretamente ao inimigo sem trégua, Lincoln respondeu: "Isso, a meu ver, é a coisa certa."

A confiança de Lincoln não era agora compartilhada pelo país. A sucessão de desastres serviu para criar "muita vicissitude e grande humilhação na terra", observou um Welles desconsolado. "O povo está desesperado por Paz", foi o aviso de Thurlow Weed a Seward.

Enquanto ficavam cada vez mais acaloradas as exigências de um fim para o conflito, Weed e outros líderes republicanos se convenciam de que seu partido seria derrotado em novembro. Weed foi a Washington durante a primeira semana de agosto e disse a Lincoln "que sua reeleição era uma impossibilidade". Leonard Swett viu-se obrigado a informar seu amigo de um crescente movimento para "convocar uma convenção e substituí-lo". A data estabelecida para a nova convenção seria o dia 22 de setembro, em Cincinnati, três semanas após a Convenção dos Democratas. Swett advertiu Lincoln de que uma "depressão alarmante" tomara conta de seus antigos seguidores, e que, se não fosse feita alguma coisa para "reverter essa tendência", a situação não teria remédio.

Henry Raymond, editor do *New York Times* e presidente do Partido Nacional Republicano, só fez aumentarem as aflições de Lincoln. "Tenho me correspondido com frequência com seus mais leais amigos em cada um dos Estados, e todos eles me dizem apenas uma coisa", escreveu Raymond em fins de agosto. "A maré está fortíssima contra nós." E continuou prevendo que, se a eleição fosse realizada naquele momento, Lincoln sairia derrotado em Illinois, Pensilvânia e Indiana.

Apesar das previsões sombrias, a campanha de reeleição do presidente recebeu um alento significativo quando a Convenção dos Democratas, muito postergada, finalmente aconteceu, em 29 de agosto de 1864.

Embora durante todo o verão os democratas, cheios de entusiasmo, tivessem tirado proveito das dissensões dentro do Partido Republicano, seu próprio partido estava dividido pela irritação entre os democratas favoráveis à guerra, que defendiam a continuação da guerra até que fosse assegurada a conciliação (mas não a abolição), e os democratas favoráveis à paz, que exigiam um armistício imediato a qualquer preço. Quando foram iniciados os trabalhos da Convenção, segundo relato de Noah Brooks, parecia que os democratas favoráveis à paz estavam em vantagem. "Era perceptível como os homens, as medidas e os sentimentos de paz eram ovacionados de maneira estrondosa, enquanto expressões patrióticas, que foram poucas, não suscitavam nenhuma reação da multidão." O som de *Dixie* foi recebido com vivas, ao passo que músicas da União foram recebidas praticamente com silêncio.

Embora a ala da paz dominasse as emoções no salão de convenções, a suposição geral era que o indicado seria o democrata favorável à guerra George McClellan. "Seus seguidores estão unidos e têm muito dinheiro", observou Brooks, "enquanto seus oponentes estão divididos quanto à escolha que farão". A ala da paz, encabeçada pelo governador de Nova York, Horatio Seymour, pelo congressista Fernando Wood e pelo ex-congressista Clement Vallandigham, que tinha retornado do exílio no Canadá, oscilavam entre diversos nomes, mas sem nenhum consenso. O resultado foi que McClellan teve uma vitória fácil na votação.

Se a vitória de McClellan "era esperada", escreveu em seu diário George Templeton Strong, "a ausência de dignidade de sua plataforma de governo foi inesperada. Ela poderia ter sido elaborada por Jefferson Davis. A palavra 'rebelde' não aparece nela. O que se contempla ali é rendição e degradação". Imposta ao partido pelo contingente a favor da paz, a plataforma declarava que, "depois de quatro anos de tentativas fracassadas para restaurar a União pela experiência da guerra", era chegada a hora de "exigir esforços imediatos para a cessação de hostilidades". Strong previu que se McClellan concordasse em representar essa plataforma desonrosa, "seu nome estaria condenado ao descrédito". A bem da verdade, houve rumores de que ele "recusaria a indicação naqueles termos". Para os democratas, a capitulação exigida em sua plataforma foi excessivamente inoportuna.

Três dias depois chegou a espantosa notícia de que Atlanta tinha caído. "Atlanta é nossa, e conquistada com justiça", telegrafou Sherman para Washington no dia 3 de setembro. Essa notícia alvissareira, que chegou na esteira da tomada de Mobile Bay, Alabama, pelo almirante David Farragut, fez com que Lincoln ordenasse uma salva de tiros de cem armas em Washington e em várias outras cidades para comemorar as vitórias. Manchetes exultantes encheram os jornais nortistas.

Seward recebeu a notícia do Departamento da Guerra quando estava em sua biblioteca em Auburn, onde ele finalmente se refugiara por alguns dias para visitar a família. Mal tinha acabado de ler o telegrama de Stanton, quando uma multidão se reuniu em sua casa para comemorar. À medida que a notícia se espalhava, a multidão ia crescendo, até que transbordou pelo parque adjacente à residência. "Bandeiras foram hasteadas por toda a cidade", relatou um correspondente local, "todos os sinos começaram a soar e uma centena de armas foi disparada numa salva". Atendendo ao pedido do animado grupo, que incluía "várias centenas de voluntários, que aguardavam a convocação", Seward falou de improviso durante mais de uma hora.

Enquanto isso, McClellan permanecia recluso em sua casa em Orange, Nova Jersey. Sentia-se sob uma enorme pressão das duas facções de seu partido dividido, quando tentava rascunhar sua carta de aceitação. Os democratas favoráveis à guerra advertiram-no de que, a menos que repudiasse a plataforma de paz, sua candidatura estaria fadada ao fracasso. Os democratas favoráveis à paz ameaçaram "retirar seu apoio", caso ele hesitasse em abraçar o armistício proposto. Antes de, finalmente, entregar a carta ao Comitê de Indicação dos Democratas, à meia-noite do dia 8 de setembro, ele já tinha feito seis rascunhos.

McClellan começou com um aceno positivo à ala da paz. Tivesse a guerra sido conduzida com o único propósito de preservar a União, argumentou, "o trabalho de reconciliação teria sido fácil, e nós poderíamos ter colhido os benefícios de nossas muitas vitórias em terra e no mar". Se ele estivesse no poder, "esgotaria todos os recursos de governança" para promover a paz. Dito isso, passou a condenar aspectos da clamorosa exigência pela paz a qualquer custo, insistindo que as hostilidades não teriam fim sem a restauração da União. "Eu não conseguiria olhar nos olhos de meus corajosos camaradas do Exército e da Marinha, que sobreviveram a tantas batalhas sangrentas, e lhes dizer que seus esforços, bem como o sacrifício de tantos de nossos irmãos feridos ou mortos, foram em vão." Os favoráveis à paz ficaram furiosos, mas não tinham um candidato alternativo. Estava tudo pronto para a eleição do outono.

A queda de Atlanta provocou uma extraordinária transformação no humor dos republicanos. "Vamos vencer a eleição presidencial", escreveu a Nicolay o crítico de longa data de Lincoln, Theodore Tilton. "Todas as divisões serão sanadas. Nunca vi uma reanimação tão súbita da disposição do público como essa, desde a recente vitória em Atlanta. Esse grande acontecimento, em seguida à plataforma de Chicago — manifesto político dos mais abomináveis da história americana! — assegurou uma unanimidade repentina em torno do sr. Lincoln." Mesmo Tilton, "que jamais fora adepto da reeleição do sr. Lincoln, muito pelo contrário", tinha a intenção de aconselhar todos que conhecia a "se unirem a favor de Lincoln".

Leonard Swett, que apenas semanas antes advertira Lincoln de que a reeleição parecia incerta, acreditou que Deus tinha dado à União a gloriosa vitória para que o navio do Estado, que estava em apuros, "se aprumasse, como faz um navio numa tempestade depois de uma enorme onda quase tê-lo feito soçobrar". Aliviado, Thurlow Weed informou a Seward que, com o sucesso militar, "malogrou a conspiração contra o sr. Lincoln".

Os republicanos foram mais uma vez brindados com boas notícias no dia 19 de setembro, quando Philip Sheridan, após ter finalmente alcançado Jubal Early no vale do Shenandoah, travou uma batalha brutal, mas vitoriosa, que destruiu mais de um quarto do exército de Early. Em todos os departamentos do governo podia-se ouvir a "gritaria de funcionários" quando a notícia chegou. "Isso ajudará muito a encorajar e estimular todos os homens que amam a União", registrou Welles em seu diário.

No dia da eleição, 8 de novembro de 1864, dizia o editorial do *New York Times*: "Antes que se ponha o sol desta manhã, os destinos desta república, no que depender da intervenção humana, estarão selados para a alegria ou para a dor". Eleger Lincoln seria escolher a "guerra, tremenda e terrível, que, não obstante, anunciava toda a segurança e toda a glória nacional no final". Escolher McClellan seria optar "pela sombra zombeteira de uma paz (...) que com certeza nos privará de nosso direito inato e legará a nossos filhos uma União dividida e discórdia incessante".

Em Washington, o tempo estava "escuro e chuvoso". Ao chegar à Casa Branca por volta do meio-dia, Noah Brooks ficou surpreso ao ver o presidente "completamente só". Lincoln não viu nenhuma necessidade de esconder de Brooks sua ansiedade. "Tenho suficiente experiência como político para saber que não havia muitas dúvidas a respeito do resultado da convenção de Baltimore; mas quanto ao dia de hoje estou longe de ter certeza. Quisera ter."

Quando o relógio soou as sete horas, o presidente, acompanhado de John Hay, foi caminhando até a agência dos telégrafos para começar a longa vigília.

Os primeiros resultados foram positivos, revelando ampla maioria republicana, embora Nova York, com seu grande número de imigrantes irlandeses de tradição democrata, continuasse sem resultado definido. Lá pela meia-noite, porém, quando foi servida uma ceia de ostras fritas, a vitória de Lincoln estava garantida, apesar de sua vitória no colégio eleitoral desequilibrado só vir a ser conhecida depois de vários dias. No final das contas, ele venceria em todos os Estados, à exceção de três — Nova Jersey, Delaware e Kentucky —, o que lhe valeu 212 votos no colégio eleitoral contra os 21 de McClellan. Nos votos populares a disputa foi mais de perto; a diferença entre os dois candidatos foi de aproximadamente 400 mil votos. Ainda assim, os resultados foram bem melhores do que Lincoln havia previsto. O Partido Republicano/da União conquistara 37 assentos no Congresso e elegeu 12 governadores. Ele obteve ainda o controle da maioria das legislaturas estaduais, com o poder de nomear a próxima leva de senadores federais.

Já passava das duas da madrugada quando Lincoln deixou a sala dos telégrafos. A chuva tinha parado, e ao longo da Pennsylvania Avenue, uma multidão tinha se reunido de improviso e "cantava *The Battle Cry of Freedom** a plenos pulmões". Quando foi dormir naquela noite, Lincoln carregava consigo a consciência de que, como disse Brooks, "o veredicto do povo tinha a probabilidade de ser tão veemente, claro e inequívoco que não pudesse ser questionado", permitindo-lhe, dessa forma, a oportunidade de continuar a guerra até que tanto a liberdade quanto a União estivessem asseguradas.

---

*"O grito de guerra da liberdade". [*N. da T.*]

Capítulo 19

Quando começou seu segundo mandato, Lincoln "era, em pensamento, corpo e nervos", observou John Hay, "um homem muito diferente daquele que tinha prestado o juramento em 1861". Quatro anos de tensão implacável tinham tocado o espírito e as feições de Lincoln. O rosto envelhecido, cansado, que aparece na máscara feita em vida por Clark Mills na primavera de 1865, mal se assemelhava ao molde tirado por Leonard Volk cinco anos antes. Em 1860, salientou John Hay, "a boca grande e expressiva está pronta para falar, gritar ou rir; o nariz adunco e arrogante é largo e sólido, com as narinas abertas; é um rosto cheio de vida, de energia, de nítida aspiração". A segunda máscara feita em vida, com a testa enrugada e as faces encovadas, tem "um ar de alguém a quem a dor e a preocupação conseguiram fazer o pior (...) toda a expressão é de uma tristeza indescritível e de uma força absoluta".

Em fins de março, Lincoln, Mary e Tad viajaram para City Point em visita ao general Grant. Para Lincoln, essa estada de 18 dias foi seu mais longo afastamento de Washington em quatro anos. Grant tinha feito o convite, por sugestão de sua mulher, Julia, que ficara impressionada com as constantes matérias nos jornais sobre "a aparência exausta do Presidente". Grant de início preocupou-se com a correção de convidá-lo, quando o presidente poderia visitá-lo sem esperar "por um convite"; mas no dia 20 de março ele escreveu um bilhete a Lincoln: "O senhor não poderia visitar City Point por um dia ou dois? Eu gostaria muitíssimo de vê-lo e creio que o descanso lhe faria bem."

Encantado com a ideia, Lincoln pediu ao Departamento da Marinha que providenciasse um navio para levá-lo ao sul.

A comitiva do presidente, que incluía o capitão do Exército Charles B. Penrose, Tad e Mary Lincoln, a criada de Mary e o guarda-costas de Lincoln, W. H. Crook, partiu do Cais do Arsenal na Sixth Street à uma da tarde na quinta-feira, 23 de março, a bordo do vapor *River Queen*.

Crook recordou-se de que "já tinha escurecido no dia 24" quando o *River Queen* chegou a City Point. Ele por muito tempo se lembraria da beleza da cena que se estendia à sua frente, "as luzes multicoloridas dos barcos no porto e as luzes da cidade que iam se dispersando ao subir pelos altos penhascos da margem, encimados pela iluminação do quartel-general de Grant lá no alto".

O recém-promovido capitão Robert Lincoln acompanhou o general Grant e senhora a uma visita ao presidente pouco depois da chegada. "Nosso gentil Presidente recebeu-nos na prancha de embarque", relembrou-se Julia Grant, "cumprimentou o General com extrema cordialidade e, dando-me seu braço, conduziu-nos até onde a sra. Lincoln aguardava". Deixando as duas mulheres juntas, os homens entraram na sala do presidente para uma breve conversa, "ao final da qual", relatou Crook, "o sr. Lincoln aparentou estar particularmente satisfeito", tranquilizado pela estimativa de Grant de que o conflito se aproximava do fim. Depois que os Grant partiram, Lincoln e Mary, aparentemente "com ótima disposição", conversaram até tarde da noite.

Enquanto os Lincoln tomavam o café da manhã no dia seguinte no convés inferior, Robert veio informar que a revista programada para aquela manhã teria de ser adiada. Rebeldes tinham iniciado um ataque contra o Forte Stedman, a menos de 13 quilômetros dali. Com

Grant e Sherman fechando o cerco, Lee tinha resolvido abandonar Petersburg e transferir seu exército para o sul, para a Carolina do Norte, esperando juntar-se ao general Joseph Johnston e impedir Sherman de alcançar Grant. Abandonar Petersburg significava perder Richmond, mas era o único meio de salvar seu exército. O ataque ao Forte Stedman, com o objetivo de abrir uma rota de fuga, surpreendeu as forças federais. Não obstante, em questão de horas, os homens de Grant conseguiram retomar o forte e restaurar a linha original.

Depois do café da manhã, Lincoln subiu a pé pelo penhasco rumo ao quartel-general de Grant, onde foram feitos planos para uma visita ao front. Enquanto a comitiva presidencial passava pelos locais de combate, tornou-se claro que a luta tinha sido mais grave do que imaginado de início. "O terreno imediatamente em torno de nós estava coalhado de mortos e feridos", recordou-se Barnes. Os confederados tinham sofrido quase 5 mil baixas; os federais mais de 2 mil. Pelotões de sepultamento já trabalhavam enquanto ambulâncias transportavam feridos para o hospital e os cirurgiões atendiam aqueles que ainda jaziam no campo. Quando uma longa fileira de soldados confederados capturados passou por eles, "Lincoln fez um comentário sobre sua condição triste e lastimável (...) com todo o seu rosto demonstrando compaixão pelo sofrimento ao redor." Na viagem de volta ele observou "que tinha visto o suficiente dos horrores da guerra, que esperava que esse fosse o início do fim e que não mais houvesse derramamento de sangue e destruição de lares".

Sentado ao redor da fogueira naquela noite, Lincoln pareceu a Horace Porter muito mais "circunspecto e sua fala muito mais séria do que de costume". Sem dúvida, não era fácil descartar as imagens medonhas dos mortos e feridos. Com o passar da noite, o presidente recuperou-se e "distraiu o comandante em chefe e alguns membros de seu estado-maior com uma conversa interessante sobre questões públicas, ilustrando os assuntos mencionados com suas anedotas incomparáveis". Mais para o fim da noite, Grant perguntou-lhe: "Sr.

Presidente, em algum momento o senhor duvidou do sucesso final da causa?" E Lincoln respondeu: "Nem por um momento."

Na manhã de domingo, o *River Queen* levou a comitiva presidencial rio abaixo para onde a flotilha do almirante Porter os esperava, "disposta em fila dupla, ornamentada com bandeiras, as tripulações no convés, dando vivas". À medida que cada embarcação passava, relatou Barnes, Lincoln "agitava sua cartola como se estivesse cumprimentando velhos amigos em sua cidade natal e parecia feliz como um menino". Depois do almoço a bordo da capitânia de Porter, o *River Queen* partiu para Aiken's Landing. Ali tinham sido feitos preparativos para que Lincoln seguisse a cavalo com Grant ao acampamento do general Ord, a uns 6,5 quilômetros de distância, enquanto Mary Lincoln e Julia Grant acompanhavam numa ambulância. "O presidente estava muito animado", observou Barnes, "rindo e batendo papo com o general Grant e depois com o general Ord, enquanto eles avançavam pelos bosques e charcos." Tendo chegado ao local do desfile antes das senhoras, eles decidiram começar a revista sem elas, já que os soldados estavam esperando havia horas, não tendo feito sua refeição do meio-dia. A mulher do general Ord, Mary, perguntou se seria "correto ela acompanhar a parada" sem a sra. Lincoln e a sra. Grant. "Claro que sim", disseram-lhe. "Venha conosco!"

Enquanto isso, a ambulância que transportava as mulheres deparava-se com grave incômodo em decorrência da estrada revestida com toras de madeira, que as lançava para o alto cada vez que a ambulância atingia uma tora. Preocupada com a velocidade angustiosamente lenta que as faria chegar atrasadas para a revista, Mary ordenou ao cocheiro que fosse mais depressa. Isso só piorou as coisas, pois o primeiro "tranco fez com que todos saltassem dos bancos", batendo com a cabeça no alto da carroça. Mary "agora insistiu em saltar e ir andando", relembrou-se Horace Porter, que fora designado para acompanhar as senhoras, "mas, como a lama estava praticamente na altura dos eixos das rodas, a sra. Grant e eu a persuadimos de que era melhor ficar na carroça, que era nosso único refúgio".

Quando Mary por fim chegou ao local do desfile e viu a atraente sra. Ord a cavalo ao lado de seu marido no lugar de honra que deveria ter sido seu, ela irrompeu numa longa invectiva contra a sra. Ord, chamando-a de "nomes imundos na presença de um grupo de oficiais". A sra. Ord, segundo um observador, "desatou a chorar, perguntando o que tinha feito, mas a sra. Lincoln se recusou a ser apaziguada e continuou vociferando até se cansar. A sra. Grant tentou apoiar a amiga, e todos ficaram chocados e horrorizados".

Naquela noite Mary continuou seu "sermão" durante o jantar, afligindo nitidamente o marido, cuja atitude para com ela, como descreveu com assombro o capitão Barnes, "sempre foi da solicitude mais afetuosa, tão acentuada, tão delicada e sem afetação que ninguém conseguia vê-los juntos sem se sentir impressionado com ela". Consciente de que sua mulher acordaria no dia seguinte humilhada por uma manifestação tão pública de raiva, Lincoln não tinha o menor desejo de exacerbar a situação. Talvez, como sugere o biógrafo de Mary, o golpe que Mary sofreu na cabeça na ambulância tivesse dado início a uma enxaqueca, detonando a explosão irracional de cólera. Fosse por estar mal, fosse por se sentir mortificada, ela permaneceu isolada em seu camarote particular por alguns dias.

Nessa ocasião, o general Sherman estava a caminho de City Point. Seu exército tinha parado em Goldsboro, na Carolina do Norte, para se reabastecer, permitindo-lhe alguns dias para visitar Grant e examinar planos para a investida final. Quando Sherman chegou, ele e Grant cumprimentaram-se calorosamente, "num aperto de mãos forte e cordial". Para Horace Porter, "seu encontro foi mais semelhante ao de dois garotos de volta à escola, depois das férias, do que à reunião dos principais personagens na grande tragédia de uma guerra". Depois de conversar por uma hora, eles desceram até o cais e se reuniram ao presidente no *River Queen*.

Lincoln cumprimentou Sherman “com atitude e expressão calorosas”, de que o general se lembraria por muito tempo, e iniciou uma “conversa animada”, interrogando Sherman com atenção sobre sua marcha de Savannah a Goldsboro.

A conversa ensombreceu-se quando Sherman e Grant demonstraram estar de acordo quanto à probabilidade de ocorrer “mais uma batalha sangrenta (...) antes do término da guerra”. Eles acreditavam que a única opção de Lee agora era a de recuar para as Carolinas. Lá unindo forças com Johnston, ele empreenderia um ataque desesperado contra Sherman ou Grant. “É necessário que mais sangue seja derramado?”, perguntou Lincoln. “Não há como evitar essa última batalha sangrenta?” Essa decisão não estava nas mãos deles, explicaram os generais. Tudo dependeria das medidas tomadas por Robert E. Lee.

Na manhã do dia seguinte, 28 de março, Sherman e Grant, dessa vez acompanhados pelo almirante Porter, voltaram ao *River Queen* para uma longa conversa com Lincoln no salão superior. Com a guerra se aproximando do fim, indagou Sherman a Lincoln: “O que se haveria de fazer com os exércitos rebeldes, quando derrotados? E o que se deveria fazer com os líderes políticos, como por exemplo Jefferson Davis entre outros?” Lincoln respondeu que “tudo o que queria de nós era que derrotássemos os exércitos adversários e fizéssemos com que os homens que compunham os exércitos confederados voltassem para casa, para trabalhar em suas terras e em suas lojas”. Ele não queria retaliação, nem vingança. “Deixem que mantenham seus cavalos para arar a terra e, se vocês quiserem, suas armas para atirar nos corvos. Não quero que ninguém seja punido, tratem a todos com liberalidade. Nós queremos que essas pessoas voltem a ser leais à União e que se submetam às leis.”

Na tarde daquele mesmo dia, Sherman deixou City Point para voltar para suas forças e se preparar para a batalha esperada. Despedindo-se do presidente, ele “ficou mais impressionado do que nunca com sua natureza bondosa, sua compaixão profunda e séria pelas aflições do povo inteiro", e sua "absoluta fé na coragem, hombridade e integridade dos exércitos em combate". Uma década depois, Sherman permanecia convencido da liderança sem par de Lincoln. "De todos os homens que conheci, ele parecia possuir mais elementos de grandeza, associados à bondade, que qualquer outro."

Lincoln caminhou até a estação ferroviária bem cedo na manhã seguinte para despedir-se de Grant, que rumava para o front, para o que eles esperavam ser a ofensiva final contra Lee. Oprimido por pensamentos sobre a batalha vindoura, "Lincoln estava mais sério do que em qualquer outra hora desde que tinha visitado o quartel-general", recordou-se Horace Porter; "as rugas em seu rosto pareciam mais fundas, e as olheiras estavam num tom mais escuro". Enquanto o trem ia se afastando, Grant e sua comitiva bateram continência em homenagem ao presidente. Em resposta, com a "voz embargada de uma emoção que mal conseguia disfarçar", Lincoln disse: "Adeus, senhores. Que Deus abençoe a todos vocês!"

Lincoln tinha consciência de que o trabalho estava se acumulando em sua mesa na Casa Branca, mas permaneceu em City Point. Em 1º de abril, não saiu da sala do telégrafo, esperando ansioso por notícias de Grant. Ao voltar para o *River Queen,* ele podia ver "os clarões dos canhões" ao longe, indicando que a batalha por Petersburg tinha começado. "Quase a noite inteira, ele andou para lá e para cá no convés", recordou-se Crook, "parando de quando em quando para escutar ou perscrutar a escuridão, no esforço de ver alguma coisa. Nunca vi tanto sofrimento no rosto de homem algum, como havia no dele naquela noite."

A batalha foi acirrada; mas, antes que amanhecesse, os federais já tinham penetrado as linhas externas da defesa de Petersburg e quase tinham chegado à base de comando do General Lee na Turnbull House. Percebendo que não conseguiria continuar a resistir, Lee ordenou a seus soldados que se retirassem tanto de Petersburg como de Richmond. Naquela noite, Lincoln recebeu a notícia de que Grant tinha "cercado Petersburg totalmente, de rio abaixo a rio acima", e tinha feito "cerca de 12 mil prisioneiros". Grant convidou o presidente para visitá-lo em Petersburg no dia seguinte.

Para chegar a Grant, que esperava "numa casa de alvenaria de aspecto confortável, com um pátio na frente" na Market Street em Petersburg, Lincoln precisou cavalgar pelos campos de batalha, coalhados de soldados mortos e moribundos. Anos mais tarde, seu guarda-costas relembrou a visão de "um homem com um ferimento a bala que atravessou sua testa e de outro com os dois braços arrancados por tiros". Enquanto Lincoln absorvia o quadro desolador, Crook percebeu que seu "rosto foi se fixando nas velhas marcas de tristeza". Quando encontrou Grant, porém, ele já havia se recuperado. Horace Porter, ajudante de ordens de Grant, observou enquanto Lincoln "desmontava na rua e entrava pelo portão da frente a passos largos e rápidos, com o rosto radiante de satisfação. Ele pegou a mão do general Grant, enquanto o general se adiantava para cumprimentá-lo, e ficou algum tempo nesse aperto de mãos". Lincoln demonstrou tanta exultação que Porter duvidou se ele teria "algum dia tido um momento mais feliz em sua vida".

O presidente e seu general de exército conversaram por cerca de uma hora e meia no alpendre na frente da casa, enquanto cidadãos curiosos passavam por ali. Apesar de não ter ainda chegado nenhuma notícia de Richmond, Grant presumiu que, com a queda de Petersburg, Lee não tinha escolha a não ser evacuar a capital e seguir para o oeste ao longo da Danville Road, na esperança de escapar para a Carolina do Norte. E nesse caso os federais tentariam "antecipar-se a ele e bloquear sua retirada". Grant esperava receber algum aviso da queda de Richmond, enquanto ainda estava com o presidente, mas, como não chegou mensagem alguma, ele se sentiu levado a unir-se a sua tropa no campo de batalha.

Lincoln estava de volta a City Point quando recebeu a notícia de que tropas da União chefiadas pelo general Weitzel tinham ocupado Richmond. "Graças a Deus eu vivi para ver isso acontecer!", comentou ele com o almirante Porter. "Parece que estou tendo um pesadelo horrendo há quatro anos, e agora ele se foi."

A notícia da captura de Richmond em 3 de abril de 1865 chegou ao Departamento da Guerra em Washington pouco depois do meio-dia. Quando pelo telégrafo chegaram as palavras "Em quatro anos esta é a primeira mensagem de Richmond para vocês", o telegrafista deu um salto de seu lugar e gritou pela janela, "Richmond caiu." A notícia rapidamente foi "espalhada por milhares de bocas" e "quase por mágica as ruas ficaram lotadas, com aglomerações de pessoas que falavam, riam, davam vivas e gritavam na plenitude da alegria". Um repórter do *Herald* registrou que muitos "choravam como crianças" enquanto "homens se abraçavam e se beijavam nas ruas, amigos que estavam afastados havia anos agora apertavam as mãos e renovavam os votos de amizade".

Às oito horas da manhã de terça-feira, 4 de abril, Lincoln partiu em sua viagem histórica para Richmond a bordo da canhoneira da Marinha, *Malvern*. Quando a embarcação chegou ao canal nas proximidades da cidade, sua passagem foi bloqueada por "destroços de todos os tipos", entre eles "cavalos mortos, peças quebradas de artilharia não portátil, embarcações destruídas" e torpedos flutuantes. Eles foram forçados a se transferir para o escaler do capitão, que foi puxado por um pequeno rebocador tripulado por fuzileiros navais. Quando o rebocador encalhou, a chegada do presidente ficou a cargo da capacidade de remar de uma dúzia de marinheiros. A situação deixou Crook perturbado. "De cada lado", recordou ele, "passamos tão perto de torpedos que poderíamos ter esticado as mãos para tocar neles".

"Ali estávamos num barco solitário", lembrou-se o almirante Porter, "tendo partido com uma quantidade de navios de guerra, com bandeiras hasteadas em todos os mastros, esperando entrar na capital conquistada num estilo condizente com a importância do Presidente dos Estados Unidos". Lincoln não se perturbou nem um pouco. A situação fazia com que se lembrasse, comentou ele com descontração, de um homem que o abordara em busca de uma alta posição como cônsul: "Ao descobrir que não conseguiria aquela posição, ele baixou o pedido para algum posto mais modesto. Por fim, pediu para ser auxiliar de alfândega. Quando viu que também isso não conseguiria, ele me pediu que lhe desse um par de calças velhas. Mas é bom ter humildade."

Mal a comitiva presidencial tinha chegado ao embarcadouro quando Lincoln foi cercado por um pequeno grupo de trabalhadores negros aos gritos "Louvado seja o Senhor! (...) Ali vai o grande Messias! (...) Glória, Aleluia!" Primeiro um e depois mais alguns deixaram-se cair de joelhos. "Não se ajoelhem diante de mim", disse Lincoln, com a voz cheia de emoção, "isso não é certo. Vocês devem ajoelhar-se somente diante de Deus e agradecer-Lhe a liberdade de que desfrutarão de agora em diante." Os homens levantaram-se, juntaram as mãos e começaram a cantar um hino religioso. As ruas, que antes estavam "totalmente desertas", tornaram-se "de repente movimentadas" com multidões de negros "que vinham chegando e gritando do alto dos montes e da beira-rio".

Uma multidão que não parava de crescer ia atrás de Lincoln, enquanto ele seguia pela rua. "Era um dia de calor", registrou o almirante Porter, e Lincoln, cuja alta estatura "sobrepujava a de qualquer outro homem por ali", era facilmente visível. Das janelas das casas ao longo do trajeto de mais de 3,5 km, centenas de rostos brancos contemplavam com curiosidade a figura magricela, "que caminhava com seu costumeiro passo largo e descuidado, olhando ao redor com interesse e absorvendo tudo o que via".

O guarda-costas de Lincoln ficou aliviado quando eles finalmente chegaram à segurança da base de comando do general

Weitzel, pois acreditou ter visto de relance um vulto em uniforme da Confederação com uma arma apontada para Lincoln numa janela no percurso. Weitzel e seus oficiais tinham ocupado a mansão de estuque que Jefferson Davis abandonara só dois dias antes. O capitão Barnes lembrou-se de que, quando Lincoln entrou no escritório "muito bem mobiliado" do presidente da Confederação, ele atravessou a sala "até a poltrona e se deixou cair nela". Para todos os presentes, aquele pareceu ser "um momento extraordinário", mas Lincoln não deixou transparecer nenhuma sensação de exultação ou triunfo. Suas primeiras palavras, em voz baixa, foram apenas para pedir um copo d'água.

Passeando pela cidade naquela tarde numa carruagem aberta, o presidente e sua comitiva encontraram a Assembleia Legislativa da Confederação "em terrível desordem, sinal de uma fuga repentina e inesperada; as mesas dos parlamentares estavam viradas, fardos de papel-moeda da Confederação estavam jogados pelo chão e muitos documentos oficiais de algum valor estavam espalhados". Quando eles por fim voltaram para a capitânia, tanto o almirante Porter quanto William Crook sentiram imenso alívio. Tendo passado o dia inteiro preocupado com a segurança de Lincoln, Crook mais tarde escreveu que não foi "nada menos que um milagre que algum atentado contra a vida [de Lincoln] não tivesse sido perpetrado. Ficará para honra eterna do sul o fato de ele ter podido ir e vir em paz".

Enquanto Lincoln descansava no *Malvern* naquela noite, todos os prédios públicos na capital da nação foram iluminados por ordem do secretário de Estado. "A cidade resplandecia com foguetes, fogos de artifício e iluminações de todos os tipos", observou Noah Brooks, "com as ruas formando um clarão de esplendor". Parecia que "toda a população de Washington" tinha saído de casa para compartilhar a vitória e apreciar o brilhante espetáculo produzido por "milhares de velas acesas".

Embora participasse das comemorações gloriosas, Seward continuava a se preocupar. No dia seguinte, ele disse a Welles que tinha conseguido uma pequena embarcação da guarda costeira, para levá-lo a Richmond com alguns documentos importantes que exigiam a atenção imediata do presidente. "Ele está dominado pela ansiedade de ver o Presidente", registrou Welles em seu diário, "e essas manobras são seu pretexto".

Minutos após despedir-se de Welles, Seward quase perdeu a vida num acidente de carruagem. Fanny e sua amiga Mary Titus tinham ido ao Departamento para acompanhar o pai e o irmão, Fred, em seu "costumeiro" passeio da tarde. Quando os cavalos iam subindo pela Vermont Avenue, o cocheiro parou para fechar a porta da carruagem, que não tinha sido devidamente trancada. Antes que ele pudesse voltar a seu assento, os cavalos dispararam, "fazendo o cocheiro girar pelas rédeas, como alguém giraria um gato pelo rabo". Tanto Fred como Seward saltaram da carruagem, na esperança de conseguirem deter os cavalos assustados. Fred não se feriu, mas o salto do calçado de Seward ficou preso na carruagem quando ele pulou, fazendo com que ele caísse "com violência no calçamento" e perdesse a consciência.

"Os cavalos seguiam desembestados", registrou Fanny em seu diário, e "parecia que estávamos rodando rumo à destruição certa". Num beco, os cavalos fizeram uma curva, e a carruagem roçou numa árvore, indo direto para a quina de uma casa, onde Fanny temeu "morrer esmagada". Felizmente, um soldado que passava conseguiu controlar as rédeas e encerrou a corrida apavorante. Voltando apressada para o lugar onde o pai tinha caído, Fanny ficou horrorizada ao encontrar seu corpo jogado, "com o sangue escorrendo da boca". De início, ela receou que ele tivesse morrido.

Depois que foi transportado para casa, Seward permaneceu inconsciente por duas horas. Quando por fim voltou a si, delirava de tanta dor, tendo sofrido uma fratura do maxilar e um grave deslocamento do ombro. Médicos chegaram, e Fanny podia ouvir os gritos de agonia do pai através da porta do quarto. Quando ela finalmente teve permissão de vê-lo, "ele estava tão desfigurado pelas contusões (...) que praticamente não apresentava um traço de semelhança consigo mesmo".

Ao ouvir a notícia, Stanton correu para a cabeceira de Seward, onde, recordou-se Fanny, ele agiu "como uma mulher no quarto de um enfermo". Cuidou com carinho do amigo, "limpou seus lábios" onde o sangue tinha coagulado, "falava baixinho com ele" e permaneceu a seu lado horas a fio. Voltando para o Departamento da Guerra, Stanton enviou um telegrama a Lincoln em City Point: "O sr. Seward foi atirado de sua carruagem, sua omoplata fraturada no alto da articulação, cabeça e rosto muito contundidos e, na minha opinião, seus ferimentos foram graves. Creio que sua presença aqui é necessária."

Recebendo a mensagem pouco depois da meia-noite, Lincoln avisou a Grant que o acidente de Seward exigia seu retorno a Washington. Algumas horas mais tarde, porém, ele recebeu notícias de que Seward estava se recuperando. Postergando sua volta mais alguns dias, Lincoln visitou Petersburg, retornou a City Point e passou uma tarde junto aos leitos de soldados feridos.

Assim que chegou a Washington, Lincoln foi visitar Seward, ainda acamado. "Foi depois que escureceu", recordou-se Fred Seward, "a iluminação a gás estava bem baixa, e a casa estava tranquila, todos se movimentando com delicadeza e falando aos sussurros". Seu pai tinha piorado muito. Uma febre alta surgira, e os médicos que o atendiam estavam muito apreensivos com a possibilidade de "seu organismo não sobreviver às lesões e ao choque". Frances viera às pressas de Auburn para encontrar o marido num estado mais grave do que tinha imaginado, com o rosto "tão machucado, intumescido e descorado que as pessoas mal conseguiam se convencer de sua identidade; a voz tão alterada; a pronúncia quase totalmente prejudicada pelo maxilar fraturado e pela língua inchada. Dói-me o coração de olhar para ele." Sua mente, porém, estava com uma "lucidez perfeita" e ele se mantinha, como sempre, "paciente e sem queixas".

Quando entrou no quarto, Lincoln foi até o outro lado da cama e se sentou perto do paciente coberto de ataduras. "Você voltou de Richmond?", indagou Seward, com a voz hesitante, quase inaudível. "Voltei", respondeu Lincoln, "e creio que finalmente estamos nos aproximando do fim." Para continuar a conversa com mais intimidade, Lincoln estendeu-se ao longo da cama. Apoiando a cabeça com a mão, o presidente deitou-se ao lado de Seward, como tinha acontecido na ocasião em que se conheceram em Massachusetts muitos anos antes.

Finalmente, quando viu que Seward tinha caído num sono muito necessário, Lincoln levantou-se em silêncio e saiu do quarto. Deprimido por sua preocupação com a angustiante condição de Seward, Lincoln reanimou-se quando Stanton irrompeu pela Casa Branca, trazendo um telegrama de Grant: "O General Lee entregou o exército da região norte da Virgínia esta tarde, sob condições propostas por mim." Houve comentários posteriores de que "o Presidente deu-lhe um forte abraço de alegria" ao ouvir a notícia, e então foi de imediato contar a Mary.

Embora fossem quase dez da noite, Stanton sabia que Seward desejaria que o acordassem para receber essa notícia. "Deus o abençoe", disse Seward, quando Stanton leu o telegrama. Essa era a terceira vez que Stanton viera ver Seward naquele domingo. "Não tente falar", disse Stanton. "Você me fez chorar pela primeira vez na vida", respondeu Seward.

Ao amanhecer do dia seguinte, Noah Brooks ouviu "um enorme estrondo". A reverberação de uma salva de quinhentas armas "perturbou o ar enevoado de Washington, sacudindo a própria terra e quebrando as janelas de casas em torno da Lafayette Square". Os jornais matutinos dariam os detalhes, mas "esse foi o modo de o secretário Stanton dizer ao povo que o exército da região norte da Virgínia tinha por fim deposto as armas".

"A nação parece delirar de alegria", observou Welles. "São disparos de armas, repiques de sinos, tremular de bandeiras, risos de homens, vivas de crianças — todos, todos, exultantes. Essa rendição do famoso comandante rebelde e do exército mais temível e bem conceituado dos secessionistas praticamente significa o fim da Rebelião." Foi declarado um feriado espontâneo em todos os Departamentos. Os funcionários encheram as ruas.

Novamente iluminada, a cidade era um espetáculo de se contemplar. Nas janelas de cada prédio governamental estavam acesas velas e lanternas; e as luzes da cúpula recém-terminada do Capitólio eram visíveis num raio de quilômetros. "Fogueiras foram acesas em muitas partes da cidade, e foguetes eram lançados" em comemoração permanente. Sabendo que o presidente iria se dirigir ao público, Stanton pôs seus homens a trabalhar decorando a fachada do Departamento da Guerra "com bandeiras, insígnias de divisões e ramos de coníferas".

Quando Lincoln chegou a uma janela do segundo andar da ala norte da Casa Branca, "ele trazia na mão um rolo com um manuscrito". Tinha explicado a Noah Brooks que se tratava de uma "precaução" contra expressões coloquiais que pudessem ofender homens como Charles Sumner, que tinha feito objeções anteriormente a expressões como, por exemplo, "os rebeldes fugiram com o rabo entre as pernas" ou "dourar a pílula". Ao ver o presidente, a multidão imensa liberou seu entusiasmo em "ondas e mais ondas de aplausos", exigindo que ele ficasse ali parado algum tempo até o alvoroço se acalmar.

"O discurso", observou Noah Brooks, "foi mais longo do que a maioria das pessoas tinha esperado e de um teor diferente". Em vez de simplesmente celebrar o momento, Lincoln quis tratar do debate nacional que cercava a reintrodução dos Estados sulistas na União, "a maior questão", ainda acreditava ele, "com que já se deparou a prática da arte de governar". Ele reconheceu que na Louisiana, onde o processo já tinha começado, alguns estavam desapontados com o fato de que, na nova Constituição do Estado, "o direito ao voto não é dado ao homem de cor". Para ele, o direito ao voto deveria ser estendido aos negros — àqueles que fossem alfabetizados e aos que "sirvam nossa causa como soldados". Por outro lado, a nova Constituição da Louisiana continha uma série de dispositivos notáveis. Ela emancipava todos os escravos dentro das fronteiras do Estado e estipulava "o benefício de escolas públicas igualmente para negros e brancos". À legislatura estadual, que já tinha revelado suas boas intenções ao ratificar a 13ª Emenda à Constituição*, foi outorgado o poder específico de "conferir o direito do voto ao homem de cor". Lincoln fez a pergunta retórica se eles iriam desprezar todo o árduo trabalho já feito ou confiar em que esse trabalho era o início de um processo que acabaria por resultar num "sucesso completo". Recorrendo a uma imagem simples e rústica para transmitir a questão complexa, ele se perguntou se "teremos o pintinho mais rápido deixando que ele parta o ovo, ou se esmagarmos o mesmo ovo".

Na multidão naquela noite estava o simpatizante da causa da Confederação John Wilkes Booth. Irmão mais jovem do afamado ator shakespeariano Edwin Booth, cujas atuações Lincoln tinha apreciado, Wilkes também tinha conquistado popularidade como ator. Diferentemente de seu irmão mais velho, que apoiava a União, John Wilkes "tinha passado os anos mais influenciáveis de sua juventude no sul" e desenvolvera uma paixão permanente pela causa dos rebeldes. Em meses recentes, essa paixão havia se tornado um ódio obsessivo e total pelo norte. Desde o verão anterior, ele e um pequeno grupo de conspiradores tinham trabalhado num plano

---

*Emenda à Constituição que aboliu a escravatura e proibiu os serviços forçados, salvo como punição por um crime. [*N. da T.*]

para sequestrar Lincoln e levá-lo para Richmond, onde ele poderia ser trocado por rebeldes que tivessem sido capturados como prisioneiros de guerra. A conquista de Richmond e a rendição de Lee tornaram seu plano inútil, mas Booth não estava disposto a ceder. "Estando nossa causa quase perdida", escreveu ele em seu diário, "é preciso fazer algo decisivo e grandioso."

Mais dois conspiradores estavam com Booth na multidão — o atendente de farmácia David Herold e o ex-soldado confederado Lewis Powell, também conhecido como Lewis Payne. Quando Lincoln falou de seu desejo de estender o voto aos negros, Booth voltou-se para Powell. "Isso significa a cidadania para os negros. Esse é o último discurso que ele chegará a fazer", disse ele. Booth implorou a Powell que desse um tiro em Lincoln naquele exato momento. Quando Powell fez objeção, Booth declarou: "Por Deus, eu darei cabo dele."

A Sexta-feira da Paixão, dia 14 de abril de 1865, foi sem dúvida um dos dias mais felizes de Lincoln. A manhã começou com um tranquilo café da manhã na companhia de seu filho Robert, recém-chegado a Washington. "Pois bem, meu filho, você voltou em segurança do front", disse Lincoln. "A guerra agora está terminada, e em breve viveremos em paz com os homens valentes que lutaram contra nós." Ele recomendou a Robert que deixasse "de lado" seu uniforme do Exército e terminasse sua educação superior, talvez preparando-se para uma carreira ligada ao Direito. Enquanto o pai transmitia esse conselho, Elizabeth Keckley observou que "seu rosto estava mais animado do que [ela] o tinha visto havia um bom tempo".

Às onze da manhã, Grant chegou à Casa Branca para participar da reunião do Gabinete, programada regularmente para as sextas-feiras. Tinha tido esperança de receber a notícia de que o exército de Johnston, a última força rebelde de porte significativo, tivesse se rendido a Sherman, mas não recebera nenhuma palavra nesse sentido. Lincoln disse a Grant para não se preocupar. Ele previa que a boa notícia logo viria, pois na noite anterior tivera "o costumeiro sonho" que precedera "quase todos os acontecimentos graves e importantes da Guerra". Welles pediu-lhe que descrevesse o sonho. Voltando-se para Welles, Lincoln disse que ele envolvia seu "elemento, a água — que ele parecia estar em alguma embarcação singular e indescritível, movimentando-se a enorme velocidade rumo a uma costa indefinida; que tinha tido esse sonho antes de Sumter, Bull Run, Antietam, Gettysburg, Stone River, Vicksburg, Wilmington e assim por diante". Grant salientou que nem todos aqueles grandes acontecimentos tinham sido vitórias, mas Lincoln manteve a esperança de que dessa vez o resultado seria favorável.

As complexidades do restabelecimento da lei e da ordem nos Estados sulistas dominaram a conversa. Lincoln disse acreditar ser providencial que "essa grande rebelião tenha sido esmagada exatamente quando o Congresso está em recesso", tendo em vista ser mais provável que ele e o Gabinete realizassem "mais sem eles do que com eles" no que dissesse respeito à restauração. Ele percebeu que havia homens no Congresso cujas intenções, embora fossem boas, ainda assim eram impraticáveis, e havia outros que nutriam sentimentos de ódio e vingança dos quais ele não compartilhava nem poderia participar. Ele esperava que não houvesse nenhuma perseguição, nenhum derramamento de sangue, depois do fim da guerra.

Depois da reunião do Gabinete, Stanton e Speed desceram juntos a escada. "Nosso Chefe não estava com excelente aparência hoje?", perguntou Stanton. Anos mais tarde, Speed ainda guardava a lembrança "da aparência pessoal de Lincoln" naquele dia, "com as faces recém-barbeadas, as roupas bem escovadas e o cabelo e a barba bem cuidados", um forte contraste com seu costumeiro aspecto amarfanhado. Stanton mais tarde escreveu que Lincoln parecia "mais animado e feliz" que em qualquer outra reunião do

Gabinete, empolgado com a "perspectiva bem próxima de uma paz sólida e duradoura no país e no exterior". Durante a discussão, relembrou-se Stanton, Lincoln "falou com muita generosidade sobre o General Lee e outros da Confederação", manifestando "em grau acentuado a bondade e humanidade de sua disposição, bem como o espírito terno e clemente que o distinguiu de modo tão notável".

As lembranças de Mary Lincoln da felicidade contagiante de seu marido naquele dia espelham as recordações do círculo mais íntimo. Ela nunca o tinha visto tão "animado", como contou a Francis Carpenter, "sua atitude estava até mesmo brincalhona. Às três da tarde, ele saiu comigo na carruagem aberta. Quando íamos saindo, perguntei-lhe se alguém não deveria nos acompanhar, e ele respondeu de imediato, 'Não, prefiro dar nossa volta sozinhos, hoje.' Durante o passeio, ele estava tão alegre que eu lhe disse, rindo, 'Meu querido, você quase me espanta com toda essa animação', e ele respondeu 'e é justificável que eu me sinta assim, Mary, pois considero que, neste dia, a guerra chegou ao fim'. Então acrescentou, 'Nós dois precisamos ser mais alegres no futuro; com a guerra e a perda de nosso querido Willie, nós sofremos muito.'"

Enquanto a carruagem seguia na direção do Arsenal da Marinha, Mary lembrou-se de que "ele falou da velha casa em Springfield, de recordações da infância, do pequeno chalé marrom, do escritório de advocacia, do tribunal, da pasta verde para seus memoriais e documentos jurídicos, das aventuras quando acompanhava o juiz itinerante". Tinham percorrido uma distância inimaginável juntos, desde seu primeiro baile em Springfield, um quarto de século antes. Ao longo dos anos, tinham apoiado um ao outro, se irritado mutuamente, compartilhado seu amor pela família, pela política, pela poesia e pelo teatro. A queda de Mary em depressão depois da morte de Willie havia aumentado imensamente a carga sobre os ombros de Lincoln, e as terríveis pressões da guerra tinham prejudicado ainda mais seu relacionamento. A intensa concentração de

Lincoln em suas responsabilidades presidenciais com frequência deixou Mary sentindo-se abandonada e ressentida. Agora, com a guerra terminando e o tempo trazendo algum consolo para sua dor, os Lincoln podiam planejar um futuro mais feliz. Eles esperavam viajar um dia... para a Europa e a Terra Santa, atravessar as Montanhas Rochosas até chegar à Califórnia e então voltar para casa em Illinois, onde sua vida em comum tinha começado.

Quando a carruagem se aproximava da Casa Branca, Lincoln viu que um grupo de velhos amigos, entre eles o governador de Illinois, Richard Oglesby, estava indo embora naquele instante. "Tratem de voltar, rapazes. Vamos voltar", disse-lhes, apreciando a companhia relaxante de amigos. Eles permaneceram algum tempo lá, recordou-se o governador Oglesby. "Lincoln começou a ler de algum livro humorístico; creio que o autor era 'John Phoenix'. Não paravam de chamá-lo para jantar. Todas as vezes ele prometia ir, mas continuava a leitura. Por fim, recebeu uma ordem peremptória para ir jantar imediatamente."

Era necessário jantar cedo, pois o casal planejava assistir a Laura Keene em *Our American Cousin* [Nosso primo americano] no Teatro Ford, naquela noite. Depois de jantar, o presidente reuniu-se com Noah Brooks, George Ashmun, um congressista de Massachusetts e com o presidente da Câmara, Colfax, que logo partiria em viagem para a Califórnia. "Como eu gostaria de fazer essa viagem!", disse Lincoln a Colfax, "mas minhas obrigações prendem-me aqui, e só posso ter inveja do seu prazer". O presidente convidou-o para juntar-se a ele na ida ao teatro naquela noite, mas Colfax estava assoberbado de compromissos.

O presidente da Câmara, Colfax, foi um entre vários que recusaram o convite dos Lincoln para ir ao teatro. A edição matutina do *National Republican* tinha anunciado que os Grant estariam com os Lincoln no camarote presidencial naquela noite, mas Julia Grant estava decidida a ir visitar os filhos em Nova Jersey, e com isso Grant pediu para ser dispensado de comparecer. Os Stanton também recusaram o convite. Stanton considerava o teatro uma diversão tola e, o que era mais importante, perigosa. Havia meses que ele lutava em vão para manter o presidente longe desse tipo de recinto público, e acreditava que sua presença serviria apenas para sancionar um risco desnecessário. Mais cedo naquele dia, "sem querer estimular o projeto da ida ao teatro", Stanton tinha se recusado a permitir que seu telegrafista chefe, Thomas Eckert, aceitasse o convite de Lincoln, muito embora o presidente, em tom de provocação, o solicitasse por sua força extraordinária — dizia-se que ele "conseguia quebrar um atiçador com a força do braço" — e poderia servir de guarda-costas.

Passava das oito quando os Lincoln entraram na carruagem para ir ao teatro. "Acho que está na hora de ir", disse Lincoln a Colfax, "embora eu preferisse ficar". Apesar de nada ter proporcionado maior diversão do que o teatro, durante as noites difíceis de seu mandato, Lincoln não precisava distrair-se nessa noite feliz. Entretanto, ele tinha se comprometido. "Foi anunciado que estaremos lá", disse ele ao guarda-costas, Crook, que estava de folga naquela noite, "e eu não posso decepcionar as pessoas". Clara Harris — a filha do senador Ira Harris, amigo de Mary — e seu noivo, o major Henry Rathbone, juntaram-se aos Lincoln na carruagem.

Enquanto os Lincoln seguiram para o Teatro Ford na 10th Street, John Wilkes Booth e três conspiradores estavam a um quarteirão de distância, na Herndon House. Booth tinha tramado um plano que levaria aos assassinatos simultâneos do presidente Lincoln, do secretário de Estado Seward e do vice-presidente Johnson. Tendo tomado conhecimento naquela manhã da programação de Lincoln de comparecer ao teatro, ele decidira que aquela noite proporcionaria a melhor oportunidade. Lewis Powell, com sua compleição vigorosa, acompanhado de David Herold, foi designado para matar

Seward em sua residência na Lafayette Square. Enquanto isso, o segeiro George Atzerodt deveria matar o vice-presidente em sua suíte no Kirkwood Hotel. Booth, cuja familiaridade com os auxiliares do teatro lhe garantiria o acesso, assassinaria o presidente.

Exatamente como Brutus tinha sido honrado com o assassinato do tirano Júlio César, Booth acreditava que seria exaltado por matar um "tirano" ainda maior. Assassinar Lincoln não seria suficiente. "Booth sabia", observou seu biógrafo, "que no final, a conspiração de Brutus foi frustrada por Marco Antônio, cujo famoso discurso tornou proscritos os assassinos e fez de Júlio César um mártir". William Henry Seward, o Marco Antônio de Lincoln, não deveria sobreviver. Por fim, para desbaratar o norte inteiro, também o vice-presidente deveria morrer. O tríplice homicídio foi programado para as dez e quinze da noite.

Ainda acamado, Seward passara seu melhor dia desde o acidente quase fatal de carruagem nove dias antes. Fanny Seward registrou em seu diário que o pai havia dormido bem na noite anterior e tinha ingerido "alimentos sólidos pela primeira vez". Durante a tarde, ele tinha "escutado com um ar de prazer a narração dos eventos da reunião do Gabinete", à qual Fred, como secretário assistente, havia comparecido no lugar do pai. Ainda naquela tarde, ele escutou enquanto Fanny lia em voz alta o poema "Enoch Arden" e comentou que estava gostando muito da leitura.

A casa de três andares estava cheia de gente. A família inteira, exceto Will e Jenny, estava lá: Frances, Augustus, Fred, Anna e Fanny. Além da meia dúzia de domésticos e do mensageiro do Departamento de Estado, que ficava alojado no terceiro andar, dois soldados tinham sido designados por Stanton para permanecer com Seward. Ao entardecer, Edwin Stanton fizera uma visita para ver como estava o amigo e colega de Gabinete. Ele se demorou um pouco, batendo papo com outras visitas até que o som de música marcial fez com que se lembrasse de que os funcionários do Departamento da Guerra tinham planejado fazer-lhe uma serenata naquela noite em sua casa, a seis quarteirões de distância.

Após a partida de todas as visitas, começaram os "preparativos tranquilos para a noite". Para se certificar de que Seward nunca fosse deixado sozinho, os membros da família se revezavam à sua cabeceira. Naquela noite, estava programado que Fanny ficasse com ele até as onze, quando seu irmão, Gus, tomaria seu lugar. George Robinson, um dos soldados que Stanton tinha destacado para a residência, estava à disposição. Pouco depois das dez, Fanny percebeu que o pai estava adormecendo. Ela fechou o volume de *Lendas de Carlos Magno,* reduziu a iluminação a gás e foi se sentar no outro lado da cama.

Posteriormente Fred Seward escreveu que "não pareceu haver nada de extraordinário quando um homem alto e bem-vestido, mas desconhecido, se apresentou" à porta. Powell disse ao criado que atendeu à campainha que trazia medicação para o sr. Seward e tinha recebido instruções do médico para entregá-la pessoalmente. "Eu lhe disse que ele não poderia subir", depôs o criado mais tarde, "que, se ele me entregasse a medicação, eu transmitiria ao sr. Seward como tomá-la". Powell insistiu tanto que o rapaz permitiu que passasse. Quando ele chegou ao patamar, Fred Seward o deteve. "Meu pai está dormindo. Dê-me a medicação e as instruções. Eu as levarei até ele." Powell argumentou que precisava entregá-la pessoalmente, mas Fred não permitiu.

A essa altura, recordou-se Fred, o intruso "ficou aparentemente indeciso". Ele começou a descer a escada. E então, "de repente dando meia-volta, ele avançou de um salto, tendo sacado um revólver da Marinha, que mirou na minha cabeça, resmungando alguma imprecação, e puxou o gatilho." Essa foi a última lembrança que Fred teria daquela noite. A pistola negou fogo, mas Powell usou-a para golpear Fred com tanta brutalidade que lhe esmagou o crânio em dois pontos, expondo seu cérebro e o deixando inconsciente.

Ao ouvir a comoção, o soldado Robinson correu da cabeceira de Seward para a porta do quarto. No momento em que a porta se abriu, Powell entrou correndo, com a pistola agora quebrada numa das mãos e um facão na outra. Ele golpeou Robinson na testa com a faca, derrubando-o "parcialmente" e se dirigiu para junto de Seward. Fanny foi correndo ao lado de Powell, implorando-lhe que não matasse seu pai. Ao ouvir a palavra "mate", Seward acordou, o que lhe permitiu ver "um relance do rosto do assassino, ali debruçado" antes que o grande facão mergulhasse em seu pescoço e rosto, retalhando de tal modo sua bochecha que "a aba de carne ficou suspensa de seu pescoço". O que foi estranho foi que mais tarde ele se recordaria de que suas únicas impressões foram as de que Powell era um homem de bela aparência e "como era bonito o tecido de seu sobretudo".

Os gritos de Fanny trouxeram seu irmão Gus ao quarto, no instante em que Powell investia novamente contra Seward, que tinha sido derrubado ao chão pela força dos golpes. Gus e Robinson, já ferido, conseguiram tirar Powell dali, mas não sem que ele antes atingisse Robinson novamente e fizesse um corte na testa e na mão direita de Gus. Quando Gus correu para pegar sua pistola, Powell desceu a escada em disparada, esfaqueando nas costas o jovem mensageiro do Departamento de Estado, Emerick Hansell, antes de sair pela porta e fugir pelas ruas da cidade.

O clamor tinha despertado a casa inteira. Anna mandou a criada ir buscar o dr. Verdi, enquanto o soldado Robinson, apesar do sangramento na cabeça e nos ombros, levantou Seward e o pôs na cama, ensinando Fanny a "estancar o sangue com roupas e água". Ainda temendo que outro assassino pudesse estar escondido na casa, Frances e Anna verificaram o sótão, enquanto Fanny examinava os cômodos do térreo.

O dr. Verdi jamais se esqueceria da primeira visão que teve de Seward naquela noite. "Ele parecia um cadáver exangue. Quando me aproximei dele, meus pés se afundaram em sangue. Escorria sangue de um grande corte em sua bochecha inchada; bochecha que agora estava aberta." Tão "medonho" era o ferimento e "tão grave a hemorragia" que Verdi supôs que a veia jugular tivesse sido cortada. Por milagre, isso não aconteceu. Um exame mais detido revelou que a faca tinha sido desviada pelo dispositivo de metal que mantinha no lugar o maxilar de Seward. De um modo espantoso, o acidente de carruagem lhe salvara a vida.

"Eu mal tinha acabado de limpar as manchas de sangue de seu rosto e de repor no lugar a bochecha", recordou-se Verdi, "quando a sra. Seward, com ar desesperado, me chamou. 'Venha ver o Frederick', disse ela." Sem entender por quê, ele acompanhou Frances ao quarto contíguo, onde "encontrou Frederick com um profuso sangramento na cabeça". A aparência de Fred era tão assustadora e seus ferimentos tão extensos que Verdi receou que ele não sobrevivesse, mas com a aplicação de "compressas de água gelada", o médico conseguiu estancar temporariamente o sangramento.

Assim que Fred se estabilizou, Frances levou o dr. Verdi para outro quarto no mesmo andar. "Pelo amor de Deus, sra. Seward", perguntou o médico atordoado, "que significa tudo isso?" Verdi encontrou Gus deitado na cama com facadas na mão e na testa, mas garantiu a Frances que ele se recuperaria. Frances mal teve tempo de absorver essas palavras de consolo, antes de solicitar ao dr. Verdi que fosse ver o soldado Robinson. "Parei de ficar me perguntando", recordou Verdi, "minha mente ficou como que paralisada. Acompanhei-a como um autômato e examinei o sr. Robinson. Ele tinha quatro ou cinco cortes nos ombros."

"Mais alguém?", perguntou Verdi, embora não imaginasse que a carnificina pudesse continuar. "Sim", respondeu Frances, "só mais um". Ela o conduziu até o sr. Hansell, "que inspirava pena, gemendo na cama". Ao tirar as roupas do rapaz, Verdi "encontrou um profundo corte pouco acima da cintura, perto da coluna".

"E tudo isso", pensou Verdi, "obra de um único homem... sim, de um único homem!"

Preparando-se para o segundo ataque, este contra o vice-presidente, George Atzerodt tinha reservado um quarto no Kirkwood Hotel, onde Johnson estava hospedado. Às 10h15, ele deveria tocar a campainha da suíte 68, entrar no aposento a força, encontrar seu alvo e o assassinar. Quando foi informado de que o plano original de sequestrar o presidente tinha sido alterado para um assassinato tríplice, ele recuou. "Não vou fazer isso", insistira ele. "Apresentei-me para sequestrar o presidente dos Estados Unidos, não para matar." Ele acabara concordando em ajudar, mas 15 minutos antes da hora marcada, sentado no bar do Kirkwood, ele mudou de ideia, saiu dali e nunca voltou.

John Wilkes Booth tinha deixado pouquíssimo ao acaso em seu plano para matar o presidente. Embora já fosse bem familiarizado com a planta do Teatro Ford, Booth assistira a um ensaio geral, na véspera, para se preparar melhor para atirar em Lincoln no camarote presidencial e depois fugir para um beco ao lado do teatro. Naquela manhã ele tinha mais uma vez visitado o teatro para apanhar sua correspondência, batendo um papo amistoso no saguão com Harry Ford, irmão do dono. Booth já tinha ocupado seu lugar dentro do teatro, quando os Lincoln chegaram.

A peça já havia começado quando a comitiva presidencial entrou no camarote ornamentado com a bandeira, no balcão nobre. Os acordes da marcha presidencial fizeram a plateia levantar-se, com aplausos entusiásticos, esticando o pescoço para ver o presidente. Lincoln respondeu "com um sorriso e um agradecimento com a cabeça" antes de se sentar numa poltrona no centro do camarote, com Mary ao seu lado. Clara Harris sentou-se na outra extremidade do camarote, enquanto Henry Rathbone ocupou um pequeno sofá à sua esquerda. Observando os Lincoln, um espectador percebeu que ela "ficou com a mão pousada no joelho dele por um bom tempo, e muitas vezes chamou sua atenção para alguma situação humorística no palco".

Durante a apresentação, o lacaio da Casa Branca entregou uma mensagem ao presidente. Mais ou menos às dez horas e doze minutos, John Wilkes Booth, em trajes impecáveis, apresentou seu cartão de visitas ao lacaio e teve acesso ao camarote. Uma vez ali dentro, ele ergueu a pistola, mirou a nuca do presidente, e atirou.

Quando Lincoln caiu para a frente, Henry Rathbone tentou agarrar o intruso. Booth sacou sua faca, feriu Rathbone no peito e conseguiu saltar do camarote para o palco, 4,5 metros mais abaixo. "Quando deu o pulo", recordou-se uma testemunha ocular, "uma das esporas de suas botas prendeu-se nas dobras da bandeira disposta na fachada do camarote, fazendo com que ele caísse parcialmente de quatro ao atingir o palco". Outro espectador observou que "ele estava sofrendo fortes dores", mas, "com um esforço desesperado, conseguiu se levantar". Erguendo "o punhal reluzente, que refletia a luz como se fosse um diamante", ele gritou as palavras agora históricas do lema do Estado da Virgínia — *"Sic semper tyrannis"* [Assim sempre aos tiranos] — e saiu correndo do palco.

Até irromperem gritos do camarote do presidente, muitos na plateia acharam que o momento dramático fizesse parte da peça. Então, viram Mary Lincoln fazendo gestos frenéticos. "Atiraram no Presidente!", gritava ela. "Atiraram no Presidente!" Charles Leale, um jovem médico sentado perto do camarote presidencial, foi o primeiro a atender. "Quando me aproximei do Presidente", recordou-se, "ele estava quase morto, com os olhos fechados". Sem conseguir de início localizar o ferimento, ele tirou o casaco e o colarinho de Lincoln. Examinando a base do crânio, descobriu o "orifício perfeitamente liso aberto pela bala". Usando o dedo "como uma sonda" para remover o "coágulo que estava grudado com firmeza no cabelo", ele liberou o fluxo de sangue, aliviando de algum modo a pressão no cérebro de Lincoln. Outro médico, o dr. Charles Sabin Taft, meio-irmão de Julia Taft, logo chegou, e foi tomada a decisão de remover o presidente do camarote lotado para um quarto na hospedaria Petersen, do outro lado da rua.

A essa altura, as pessoas já se aglomeravam na rua. Começou a se espalhar o rumor de que assassinos tinham atacado não apenas Lincoln, mas Seward também. Joseph Sterling, um jovem funcionário do Departamento da Guerra, partiu apressado para informar Stanton da calamidade. No caminho, encontrou-se com seu companheiro de quarto, J. G. Johnson, que se juntou a ele na terrível tarefa. "Quando Johnson e eu chegamos à residência de Stanton", relembrou-se Sterling, "eu estava sem fôlego"; por isso, quando o filho de Stanton, Edwin Jr., abriu a porta, foi Johnson quem falou. "Viemos", disse Johnson, "contar a seu pai que o Presidente Lincoln foi alvejado." O jovem Stanton correu até o pai, que estava se despindo para ir dormir. Quando o secretário da Guerra veio à porta, recordou-se Sterling, "ele praticamente esbravejou comigo: 'Sr. Sterling, que notícia é essa que está me trazendo?'" Sterling contou-lhe que tinham ocorrido tentativas de assassinato tanto contra Lincoln como contra Seward. Na esperança desesperada de que essa notícia fosse apenas um boato, Stanton permaneceu calmo e cético. "Ah, não pode ser", disse ele, "não pode ser!" Porém, quando mais um funcionário chegou à porta para descrever o ataque a Seward, Stanton ordenou que trouxessem sua carruagem imediatamente e, contra as súplicas de sua mulher, que temia que ele também pudesse ser um alvo, rumou para a casa de Seward na Lafayette Square.

A notícia chegou a Gideon Welles quase ao mesmo tempo. Ele já tinha ido dormir, quando sua mulher informou que havia alguém à porta. "Levantei-me de imediato", registrou Welles em seu diário, "e abri uma janela, quando meu mensageiro, James, gritou para mim que o sr. Lincoln, o Presidente, tinha levado um tiro" e que Seward e o filho tinham sofrido tentativas de assassinato. Welles achou a história "muito incoerente e improvável", mas o mensageiro assegurou-lhe que já tinha passado pela casa de Seward para se certificar de sua veracidade antes de vir ver seu chefe. Também desconsiderando os protestos de sua mulher, Welles vestiu-se e partiu na noite enevoada rumo à casa de Seward, do outro lado da praça.

Ao chegar à casa de Seward, Welles e Stanton ficaram chocados com o que encontraram. Havia sangue por toda parte: no "revestimento de madeira da entrada", nas escadas, nos vestidos das mulheres, no assoalho do quarto. O leito de Seward, recordou-se Welles, "estava encharcado de sangue. O secretário jazia deitado de costas, com a parte superior da cabeça coberta por um pano, que se estendia até tapar seus olhos." Welles sussurrou perguntas ao dr. Verdi, mas Stanton não conseguiu abrandar sua voz retumbante até o médico pedir silêncio. Depois de dar uma olhada no corpo inconsciente de Fred, os dois desceram juntos a escada. No saguão inferior, eles trocaram as informações que tinham recebido referentes ao presidente. Welles achava que deveriam ir à Casa Branca, mas Stanton acreditava que Lincoln ainda estava no teatro. O chefe do serviço de intendência do Exército, Meigs, que tinha acabado de chegar, implorou-lhes que não fossem à 10th Street, onde milhares de pessoas tinham se aglomerado. Quando eles insistiram, ele decidiu ir junto.

Ao chegarem ao quarto apinhado na hospedaria Petersen, Stanton e Welles encontraram Lincoln atravessado em diagonal numa cama, para que sua longa estrutura fosse acomodada. Despidos da camisa, "seus braços fortes", observou Welles, "eram de um tamanho que não se teria imaginado em alguém de aparência tão magra". Seu ferimento devastador, relataram os médicos, assombrados, "teria matado a maior parte dos homens instantaneamente ou em pouquíssimos minutos. Mas o Sr. Lincoln tinha tanta vitalidade" que continuou lutando contra o fim inevitável.

Mary passou a maior parte da noite interminável chorando numa sala contígua, onde algumas amigas tentavam em vão consolá-la. "Mais ou menos de hora em hora", observou Welles, ela "vinha à cabeceira do marido moribundo, e com lamentações e lágrimas ali permanecia, até ser dominada pela emoção". Ela só conseguia repetir maquinalmente "Por que ele não atirou em mim? Por que ele não atirou em mim?" Apesar de todos no quarto saberem que o presidente estava morrendo, Mary não foi informada, pois temiam que ela sofresse um colapso. Sempre que ela entrava no quarto, recordou-se o dr. Taft, "guardanapos limpos eram dispostos sobre as manchas vermelhas no travesseiro".

Mary não demorou para mandar um mensageiro buscar Robert, que havia ficado em casa naquela noite na companhia de John Hay. Ele já tinha ido se deitar quando o porteiro da Casa Branca foi a seu quarto. "Aconteceu alguma coisa com o Presidente", disse Thomas Pendel a Robert, "seria bom você ir ao teatro ver o que foi". Robert pediu a Pendel que chamasse Hay. Chegando ao quarto de Hay, disse-lhe Pendel: "O Capitão Lincoln quer vê-lo de imediato. O Presidente foi alvejado." Pendel recordou-se de que, ao ouvir a notícia, Hay "ficou com uma palidez mortal, com a cor fugindo totalmente de seu rosto". Os dois rapazes embarcaram numa carruagem e apanharam o senador Sumner no caminho.

Mary não conseguia decidir se devia chamar Tad, mas estava aparentemente convencida de que o garoto emotivo ficaria arrasado se visse o estado do pai. Tad e seu preceptor tinham ido naquela noite ao Teatro Grover ver *Aladim.* O teatro tinha sido decorado com emblemas patrióticos, e um poema em homenagem à reconquista do Forte Sumter foi lido em voz alta entre os atos. Uma testemunha ocular lembrou-se de que a plateia estava "apreciando o espetáculo de *Aladim*" quando o gerente do teatro se adiantou, "pálido como um fantasma". Um ar de "aflição mortal" contorceu seu rosto quando ele anunciou para a plateia espantada que o presidente tinha sido alvejado no Teatro Ford. No meio do pandemônio que se seguiu, houve quem visse Tad correndo "como um pequeno cervo, aos berros de agonia".

"O coitadinho do Tad", recordou-se Pendel, voltou para a Casa Branca em pranto. "Ai, Tom Pen! Tom Pen!", choramingava Tad. "Mataram Papai. Mataram Papai!" Pendel carregou o menino para o quarto de dormir de Lincoln. Arrumando a cama, ele ajudou Tad a trocar de roupa e por fim conseguiu que ele se deitasse. "Eu o cobri e me deitei ao seu lado, pus um braço em torno dele e conversei com ele até ele cair num sono profundo."

Antes da meia-noite, o Gabinete inteiro, com exceção de Seward, estava reunido no pequeno quarto na hospedaria Petersen. Uma testemunha ocular percebeu que Robert Lincoln "se comportou com enorme firmeza e procurava constantemente aliviar a dor de sua mãe, dizendo-lhe que confiasse em Deus". Apesar de seus admiráveis esforços para consolar outros, ele às vezes era "totalmente dominado" e se "retirava para o corredor para dar vazão a lamentos de partir o coração". Quase ninguém conseguiu conter sua dor naquela noite, pois, como observou uma testemunha, "não havia ali uma criatura que não amasse o Presidente".

Coube a Edwin Stanton a tarefa opressiva de alertar os generais, tomar o depoimento das testemunhas no teatro e orquestrar a busca pelos assassinos. "Embora estivesse evidentemente abalado pelo enorme choque que nos mantinha a todos paralisados sob sua influência", ressaltou o coronel A. F. Rockwell, "ele não apenas manteve controle sobre si mesmo, mas também inequivocamente teve o poder de dominar a todos. A bem da verdade, os membros do Gabinete, como crianças diante de seu pai, instintivamente acolhiam tudo o que ele dizia."

Durante a noite inteira, Stanton ditou inúmeros comunicados, que eram levados à sala de telégrafo do Departamento da Guerra por uma equipe de revezamento de estafetas posicionados ali perto. "Cada estafeta", recordou-se o secretário de Stanton, "depois de entregar um comunicado ao próximo, voltava correndo para seu posto para aguardar o comunicado seguinte". O primeiro telegrama foi para o general Grant, solicitando sua presença imediata em Washington. "O Presidente foi alvejado no Teatro Ford às 10h30 da noite e não tem como sobreviver. (...) Também houve um atentado contra o secretário Seward e seu filho Frederick em sua residência, e a vida dos dois corre perigo." O comunicado chegou a Grant no Bloodgood Hotel, onde estava jantando. Ele "deixou cair a cabeça", recordou-se Horace Porter, "e ficou sentado em perfeito silêncio". Percebendo que ele empalidecera muito, Julia Grant teve o palpite de que tinham chegado más notícias e lhe pediu que lesse o telegrama em voz alta. "Primeiro, prepare-se para a notícia mais dolorosa e espantosa que pudesse ser recebida", advertiu ele. Enquanto fazia planos para retornar a Washington, ele disse a Julia que a notícia o enchia "com a mais sombria apreensão. O Presidente tinha a tendência a ser generoso e magnânimo, e sua morte nesta hora é uma perda irreparável para o sul, que agora precisa tanto de sua ternura quanto de sua magnanimidade".

À uma da manhã, Stanton telegrafou ao chefe de polícia de Nova York, dizendo-lhe que "mandasse imediatamente para cá três ou quatro de seus melhores investigadores". Meia hora depois, ele informou ao general Dix: "O ferimento é mortal. O Presidente está inconsciente desde que foi atingido e agora está morrendo." Três horas mais tarde, ele enviou informações atualizadas a Dix: "O Presidente continua inconsciente e está piorando." Stanton revelou que relatos de testemunhas oculares iniciais sugeriam que "dois assassinos estavam envolvidos no crime horrendo, sendo Wilkes Booth o que matou o Presidente".

Pouco depois do amanhecer, Mary entrou no quarto pela última vez. "Os estertores da morte tinham começado", registrou Welles.

"Quando ela entrou no aposento e viu como as feições amadas estavam deformadas, caiu desmaiada no chão." Ela foi reanimada com sais e auxiliada a voltar para o sofá na sala de estar, sem nunca mais ter visto o marido vivo.

Mal "os relógios da cidade bateram sete horas", recordou-se um observador, e "a natureza da respiração do Presidente mudou, tornando-se fraca e baixa. A intervalos, ela cessava de todo, até acharmos que ele tivesse morrido. E então ela reiniciava". As nove horas de luta de Lincoln tinham chegado a seus momentos finais. "Façamos uma prece", disse o Reverendo Phineas D. Gurley, e todos os presentes se ajoelharam.

Às 7h22 da manhã de 15 de abril de 1865, Abraham Lincoln foi declarado morto. A homenagem concisa de Stanton ainda ecoa através dos tempos: "Ele agora pertence à História."

Quando disseram a Mary que ele tinha morrido, ela perguntou, num tom de dar pena: "Ai, por que não me contaram que ele estava morrendo?" Seus lamentos podiam ser ouvidos pela hospedaria inteira. Afinal, com a ajuda de Robert, ela foi levada para sua carruagem, que esperara diante da casa a noite inteira.

Até o momento da morte de Lincoln, a "frieza e autocontrole" de Stanton pareceram "notáveis" aos que se encontravam ao redor. Agora, ele não conseguia conter as lágrimas que lhe escorriam pelo rosto. Nos dias que se seguiram, mesmo enquanto trabalhava incansavelmente para proteger a cidade e capturar os conspiradores, "a dor de Stanton era incontrolável", recordou-se Horace Porter, "e à menção do nome do Sr. Lincoln, ele se descontrolava e chorava amargamente".

Não deram a Seward a notícia da morte de Lincoln. Os médicos temiam que ele não suportasse o choque. No domingo da Páscoa, porém, enquanto olhava pela janela na direção de Lafayette Park, ele percebeu que a bandeira do Departamento da Guerra estava a meio mastro. "Ele ficou olhando um bom tempo", relatou Noah Brooks, e então, voltando-se para seu assistente, declarou: "O Presidente morreu." O assistente tentou negar, mas Seward sabia com uma certeza inabalável. "Se ele estivesse vivo, teria sido o primeiro a vir me visitar", disse ele, "mas não esteve aqui, nem mandou perguntar como estou, e lá está a bandeira a meio mastro". Ele se recostou na cama, "com lágrimas enormes escorrendo pelas faces retalhadas, começando a absorver a terrível verdade". Seu bom amigo, seu comandante e chefe, tinha morrido.

"A história dos governos", observou John Hay, "oferece poucos exemplos de uma ligação oficial abençoada por uma amizade tão absoluta e sincera quanto a que existia entre esses dois espíritos magnânimos. Em Chicago, Lincoln tinha arrancado das mãos de Seward o prêmio de toda uma vida de trabalho, quando ele parecia ao seu alcance. Entretanto, Seward foi o primeiro nome indicado para seu Gabinete e foi o primeiro a reconhecer sua superioridade pessoal. (...) Desde o início da Administração até aquela hora sombria e terrível, quando ambos foram derrubados pelo ato de traição assassina, jamais houve sombra de inveja ou dúvida que perturbasse sua mútua confiança e consideração."

As bandeiras permaneceram a meio mastro na capital nacional até a última semana de maio, quando cidadãos de todos os cantos do país vieram a Washington para assistir à "marcha de despedida" de quase 200 mil soldados da União, que logo se dispersariam e voltariam cada um para sua casa. Stanton orquestrou o desfile de dois dias como uma homenagem final aos bravos que tinham lutado em campos de batalha de Antietam a Fredericksburg, de Gettysburg a Vicksburg, de Atlanta até o mar. "Nunca na história de Washington", relatou Noah Brooks, "tinha havido um influxo tão enorme de visitantes como naquela ocasião. Por muitas semanas, o volume de pedidos de acomodações nos hotéis e hospedarias vinha sendo tamanho que todos os cantos já estavam tomados".

As escolas e os prédios do governo permaneceram fechados para a ocasião. Arquibancadas tinham sido levantadas ao longo da Pennsylvania Avenue, "do Capitólio até a Casa Branca". Um palanque coberto tinha sido erguido para acomodar o presidente Andrew Johnson, o general Grant e uma quantidade de dignitários. O tempo estava perfeito nos dois dias: "O ar estava luminoso, límpido e revigorante."

O primeiro dia foi dedicado ao Exército do Potomac. Por horas a fio, as tropas se apresentaram em desfile — a cavalaria, a artilharia montada, a infantaria, as brigadas de engenharia —, cada uma com seu uniforme e suas insígnias características, acompanhadas pelo "ruído dos cascos no calçamento, pelo retinir dos sabres, pelo som agudo das cornetas". Foi um "espetáculo magnífico e imponente", comentou Gideon Welles, assombrado.

"Nesses exércitos veem-se", previu Stanton, "os alicerces de nossa República — nossos futuros administradores ferroviários, congressistas, presidentes de bancos, senadores, industriais, juízes, governadores e diplomatas. Sim, e não menos que meia dúzia de presidentes". (Ele quase acertou o cálculo, pois cinco dos sete presidentes seguintes seriam veteranos da Guerra Civil: Ulysses S. Grant, Rutherford B. Hayes, James Garfield, Benjamin Harrison e William McKinley.)

O segundo dia pertenceu ao exército do oeste, que marchou com solene dignidade atrás do general Sherman. "As ruas estavam lotadas de gente para ver o desfile", recordou-se Sherman. "Quando cheguei ao prédio do Tesouro e olhei para trás, a visão era simplesmente magnífica. A coluna era compacta, e os mosquetões cintilantes davam a impressão de uma sólida massa de aço, movendo-se com a regularidade de um pêndulo."

Quando Sherman chegou à esquina de Lafayette Square, alguém apontou para uma janela superior de uma casa de tijolos, para onde Seward, ainda fraco demais para andar sozinho, tinha sido levado para assistir ao desfile. "Voltei-me naquela direção e tirei minha cobertura para o Sr. Seward", recordou-se Sherman. "Ele reconheceu e retribuiu o cumprimento; e então nós seguimos adiante, passando pelo Presidente, saudando-o com nossas espadas."

Washington em peso estava presente, observou Gideon Welles, com tristeza: congressistas, senadores, juízes, diplomatas, governadores, altas autoridades militares, os integrantes do Gabinete, pais e filhos, mães e filhas. "Mas Abraham Lincoln não estava lá. Todos percebiam isso." Ninguém sentia essa ausência com maior intensidade que os membros de seu Gabinete, o notável grupo de rivais que Lincoln tinha reunido para formar sua família oficial. Eles tinham se oposto uns aos outros com ferocidade e muitas vezes contestaram seu chefe quanto a questões importantes; mas, como Seward comentou mais tarde, "um Gabinete que concordasse de uma vez a respeito de toda e qualquer questão não seria melhor, nem mais seguro, que um único conselheiro". Ao chamar esses homens para perto de si, Lincoln lhes havia proporcionado uma oportunidade para exercer seus talentos em plenitude e participar do trabalho e da glória da luta que reuniria e transformaria seu país, além de garantir o lugar deles na posteridade.

O nome de nenhum homem brilharia mais forte na história que o de Abraham Lincoln. "Não tenho dúvida de que Lincoln será a figura mais proeminente da guerra", previu Ulysses S. Grant. "Ele foi incontestavelmente o maior homem que conheci."

O poeta Walt Whitman tinha uma sensação muito semelhante: "Mais de uma vez, já imaginei", escreveu Whitman em 1888, "o tempo em que o século atual tenha se encerrado e o novo século tenha se iniciado, em que os homens e feitos dessa contenda tenham de algum modo se tornado vagos e míticos". Ele imaginou que, em alguma comemoração daqueles tempos anteriores, um "velho soldado" estaria sentado cercado de um grupo de homens jovens cujos olhos e "perguntas ávidas" denunciariam sua sensação de assombro. "Como!? O senhor viu Abraham Lincoln — e o ouviu falar — e tocou em sua mão?" Embora admitisse que o futuro poderia tirar uma conclusão diferente acerca do presidente interiorano, Whitman não via dificuldade em falar por sua própria geração: "Em toda a tela apinhada do Século XIX, Abraham Lincoln parece-me ser o vulto mais importante até agora."

Até mesmo Whitman talvez se surpreendesse com a abrangência do legado de Lincoln já na virada do século. Em 1908, numa área remota e afastada do Cáucaso do norte, Leon Tolstoi, o maior escritor da época, era o convidado de um chefe tribal "que morava nas montanhas, longe da vida civilizada". Reunindo a família e os vizinhos, o chefe pediu a Tolstoi que contasse passagens da vida dos homens famosos da história. Durante horas, Tolstoi brindou o público atento com narrativas sobre Alexandre, César, Frederico, o Grande, e Napoleão. Quando ele se preparava para terminar, o chefe levantou-se e disse: "Mas você não nos contou nada sobre o maior general e governante do mundo. Queremos ouvir alguma coisa. Ele foi um herói. Falava com a voz do trovão, ria como o amanhecer, e seus feitos tinham a força das rochas. (...) Seu nome era Lincoln e a terra em que viveu chama-se América, uma terra tão distante que, se um rapaz saísse a pé para viajar até lá, ele já estaria velho quando lá chegasse. Fale-nos desse homem."

"Olhei para eles", recordou-se Tolstoi, "e vi seus rostos alvoroçados, enquanto seus olhos ardiam. Vi que aqueles toscos bárbaros realmente estavam interessados num homem cujo nome e cujos feitos já tinham se tornado lendários". Ele lhes contou tudo o que sabia sobre Lincoln, sua "vida doméstica e sua juventude (...) seus hábitos, sua influência sobre o povo e sua força física". Quando terminou, eles ficaram tão gratos pela história que o presentearam com "um maravilhoso cavalo árabe". Na manhã do dia seguinte, quando Tolstoi se preparava para partir, eles perguntaram se ele teria como conseguir para eles um retrato de Lincoln. Como acreditava que poderia encontrar um na casa de um amigo na cidadezinha próxima, Tolstoi pediu a um dos cavaleiros que o acompanhasse. "Consegui obter uma fotografia de bom tamanho com meu amigo", recordou-se Tolstoi. Quando a entregou ao cavaleiro, ele percebeu que a mão do homem tremia ao aceitá-la. "Ele ficou alguns minutos olhando para ela em silêncio, como alguém que faz uma prece com reverência, os olhos marejados de lágrimas."

Tolstoi fez então o seguinte comentário: "Este pequeno incidente prova como o nome de Lincoln é venerado pelo mundo afora e como sua personalidade se tornou lendária. Ora, por que Lincoln foi tão grande a ponto de suplantar todos os outros heróis nacionais? Na realidade, ele não foi um grande general, como Napoleão ou Washington; não foi um estadista hábil, como Gladstone ou Frederico, o Grande; mas sua supremacia se expressa totalmente em sua singular força moral e na grandeza de seu caráter.

"Washington foi um americano típico. Napoleão foi um francês típico. Mas Lincoln foi um humanitário, com a abrangência do mundo. Ele foi maior que seu país — maior que todos os Presidentes reunidos."

"Ainda estamos próximos demais de sua grandeza", concluiu Tolstoi. "Contudo, depois de mais alguns séculos, nossa posteridade há de considerá-lo maior do que nós o consideramos. Sua genialidade ainda está forte demais e poderosa demais para a compreensão comum, exatamente como o sol queima demais quando sua luz brilha direto sobre nós."

"Diz-se que todo homem tem sua ambição particular", escreveu Abraham Lincoln, aos 23 anos, em sua carta aberta ao povo do Condado de Sangamon durante sua primeira candidatura a um cargo eletivo, na legislatura estadual de Illinois. "Seja ou não verdade, posso dizer por mim mesmo que não tenho outra [ambição] tão forte quanto a de ser realmente estimado por meus próximos, tornando-me digno de sua estima. Até onde serei capaz de realizar essa ambição ainda está por se revelar."

O desejo de estabelecer uma reputação digna de estima — para que sua história pudesse ser relatada após sua morte — levara Lincoln a superar a infância árida, o enorme esforço para se instruir, sua série de fracassos políticos e uma depressão tão profunda que ele se declarou mais do que disposto a morrer, a não ser que realizasse "algo que fizesse algum ser humano se lembrar" de que ele tinha vivido. Uma inabalável noção de propósito o havia sustentado durante a desintegração da União e ao longo dos meses mais sombrios da guerra, quando foi repetidas vezes chamado a encorajar seus compatriotas desalentados, a abrandar a animosidade de seus generais e a ser o mediador entre integrantes muitas vezes contenciosos de sua Administração.

Na realidade, sua extraordinária associação de uma humildade profunda e delicada com uma ambição de toda uma vida, de ajudar a moldar seu tempo e gravar sua memória na mente dos homens, permitiu que ele fizesse amizades e alianças com quem já tivesse falado mal dele; que assumisse responsabilidade pelos fracassos de terceiros; que reconhecesse falhas e aprendesse com erros; e que deixasse de lado preocupações menores para se fixar nas importantes.

Sua convicção de que os Estados Unidos são uma única nação, indivisível, "concebida na Liberdade, e dedicada à proposição de que todos os homens são iguais", levou ao renascimento de uma União livre da escravidão. E ele expressou essa convicção numa linguagem de duradoura clareza e beleza, manifestando uma genialidade literária à altura de sua genialidade política.

Com sua morte, Abraham Lincoln pareceu tornar-se a encarnação de suas próprias palavras — "Sem hostilidade para com ninguém; com caridade por todos" — proferidas em seu segundo discurso de posse, para traçar a visão de um caminho para a restauração da União. O nome imortal que ele procurava desde o início tinha se expandido muito além do Condado de Sangamon e Illinois, atravessando todos os Estados verdadeiramente Unidos, até seu legado, como Stanton tinha conjeturado no instante de sua morte, pertencer não apenas aos Estados Unidos da América, mas à História — para ser reverenciado e louvado por todos os tempos.

Este livro foi composto na tipografia
Warnock Light, em corpo 11,5/16, e impresso em
papel off-white no Sistema Digital Instant Duplex
da Divisão Gráfica da Distribuidora Record.